VOYAGE PITTORESQUE DE LA FRANCE.

DESCRIPTION DE LA PROVINCE DU ROUSSILLON.

AVIS AU RELIEUR pour placer les Planches.

Planches		Planches	
I.	aux pages 18 et 19.	XVI.	à la page 13.
II.		XVII.	
III.		XVIII.	aux pages 14 et 15.
IV.		XIX.	
V.		XX.	
VI.		XXI.	
VII.		XXII.	à la page 13.
VIII.		XXIII.	
IX.		XXIV.	à la page 29.
X.	à la page 10.	XXV.	
XI.		XXVI.	à la page 77.
XII.	aux pages 12 et 13.	XXVII.	
XIII.		XXVIII.	à la page 80.
XIV.	à la page 29.	XXIX.	
XV.		XXX.	

Le Tableau de la Généalogie de *Guifre d'Arria*, à la page 22.

VOYAGE PITTORESQUE
DE LA FRANCE,

AVEC

LA DESCRIPTION DE TOUTES SES PROVINCES,

OUVRAGE NATIONAL,

DÉDIÉ AU ROI,

Et orné d'un grand nombre de Gravures, exécutées avec le plus grand soin, d'après les Dessins des meilleurs Artistes.

PAR UNE SOCIÉTÉ DE GENS DE LETTRES.

PROVINCE DU ROUSSILLON.

A PARIS,

Chez LAMY, Libraire, quai des Augustins, n°. 26.

DE L'IMPRIMERIE DE MONSIEUR.

M. DCC. LXXXVII.

AVEC APPROBATION, ET PRIVILÈGE DU ROI.

VOYAGE PITTORESQUE DE LA FRANCE.

DESCRIPTION DE LA PROVINCE DE ROUSSILLON.

CHAPITRE PREMIER.

Description historique & géographique [1].

LES changemens fréquens de domination opèrent toujours la destruction des monumens qui pourroient transmettre à la postérité les lois, les mœurs et les usages des peuples : le Roussillon en est un exemple frappant, peu de pays ont éprouvé autant de révolutions et ont changé aussi souvent de maitres. Aussi, une nuit obscure règne-t-elle sur les premiers peuples qui ont habité cette province, et n'avons-nous que des connoissances superficielles sur ceux qui leur ont succédé. Les Phéniciens, les Égyptiens et les Phrygiens sont les premiers dont on ait parlé ; mais on ne s'est appuyé que sur des conjectures dénuées de preuves. Les plus anciens peuples sur lesquels on ait quelque certitude, sont les Gaulois, qui se répandirent du nord au midi de la France.

Le Roussillon fut peuplé plusieurs siècles avant J. C. par une colonie que les Celtes y laissèrent, lorsqu'ils le traversèrent pour se répandre sur les bords de l'Èbre, dans la Catalogne, l'Aragon et la Castille. Il appartenoit déja à ces peuples, lorsque Annibal ayant passé les Pyrénées l'an 536 de Rome, pour porter la guerre en Italie, et ayant campé auprès d'*Illiberis*, fut arrêté par les rois des Celtes Tectosages, qui s'assemblèrent à *Ruscino* pour lui fermer le passage. Les peuples qui l'habitoient, étoient distingués en *Sardones*, en *Consuarani* et en *Ceretani*. Les premiers occupoient la côte depuis Salses jusqu'au Cap de Cervera ; leurs villes principales étoient *Illiberis*, aujourd'hui *Elne*, et *Ruscino*, qui, suivant quelques-uns, avoit donné son nom à cette contrée, et, suivant d'autres, l'avoit reçu de la rivière qui baignoit ses murs. Ces deux villes étoient déja alors très-florissantes. Les *Consuarani* habitoient l'intérieur du Roussillon proprement dit, et une partie du Vallespir. Les *Ceretani* étoient les habitans de la Cerdagne. On ignore le nom de ceux qui occupoient le Conflent. Les villes de ces trois derniers peuples ne sont pas plus connues que leurs mœurs et leurs usages : on sait seulement que sous les empereurs Romains, les *Ceretani* prirent le surnom de *Juliani*, et que leur ville capitale fut *Julia-Livia*, aujourd'hui *Llivia*, bâtie par Auguste, qui lui donna son nom et celui de Livie son épouse.

Vers l'an 633 de Rome, les Romains étendirent leurs conquêtes dans la partie des Gaules que borde la Méditerranée. Il y a lieu de croire que c'est à cette époque qu'ils subjuguèrent le Roussillon. On rapporte l'honneur de cette conquête à *Q. Marcius Rex*, qui fonda l'année suivante la colonie de Narbonne, appelée de son nom *Narbo Marcius*. La ville de *Ruscino* devint alors une colonie Romaine, et le Roussillon fit partie de la Gaule Narbonnoise. Il paroît cependant que cette province passa dans la suite du gouvernement des Gaules à celui de l'Espagne ; l'an 300 de l'ère chrétienne, *Decius*, préfet des empereurs Romains en Espagne, fit souffrir le martyre à S. Vincent à Collioure :

[1] La province de Roussillon n'est pas connue ; on a négligé absolument d'en écrire l'histoire : nous nous permettrons en conséquence de donner à notre travail pour ce pays, un peu plus d'étendue que sur les autres provinces de la France : nous espérons que nos lecteurs nous sauront quelque gré d'avoir excédé à cet égard les bornes que nous nous sommes prescrites.

cette ville, et le Roussillon où elle se trouve, devoient donc faire partie de son département.

Le témoignage des historiens, et les médailles romaines qu'on trouve en fouillant les terres, sur-tout aux environs de l'ancienne ville de *Ruscino*, ne laissent aucun doute sur la domination des Romains. On voit même encore derrière la Tour-bas-Elne, et entre Ceret et Maurellas, des vestiges de la voie militaire pour la marche des troupes Romaines : des restes de chaussées, et des endroits pavés avec de grandes pierres, donnent une idée de la beauté de ce chemin. Nous en trouvons l'itinéraire dans *Tite-Live* et *Strabon :* il commençoit *ad Salsulas*, Salses ; il alloit ensuite *ad Combustum*, que les uns croient être Rivesaltes, les autres Tora, village dont il ne reste aucun vestige ; *ad Ruscinonem*, Château-Roussillon, après avoir passé la rivière de la Tet sur un pont que l'on croit avoir été dans le même endroit où est aujourd'hui celui de Perpignan ; *ad Stabulum*, le Volo ; *ad Centurionem*, Ceret, où l'on passoit le Tec sur un pont dont on voit les vestiges au dessus de celui qui existe aujourd'hui ; *ad Pyrenæum ;* c'est le lieu où est actuellement le col de Pertus, ainsi appelé du mot latin *Portus*, qui signifioit anciennement une gorge par où l'on passoit d'un pays dans un autre.

Cette province demeura soumise à l'Empire Romain pendant les quatre premiers siècles de l'ère chrétienne. Au commencement du cinquième, vers l'an 409, les Alains, les Vandales et les Suèves y pénétrèrent et s'y établirent; ils en furent bientôt chassés, soit par *Didymus* et *Verinianus*, qui en avoient la garde, soit par les Visigoths ; ceux-ci s'en emparèrent en 414 par la force des armes, et en vertu de la cession des empereurs Honorius, Sévère et Népos : ils y introduisirent leurs lois et leurs usages. Leur empire dura environ trois cents ans; ils le perdirent vers l'an 719, à la suite de la fameuse bataille de 712, où leur roi Roderic fut défait et tué par les Sarrasins. Ces barbares entrèrent en Roussillon et dans la Gaule Narbonnoise ; ils y persécutèrent les habitans, les réduisirent en servitude, renversèrent les temples, et détruisirent les anciens monumens. Ils en furent chassés à leur tour, en 760, par Pepin, roi de France, auquel les habitans se soumirent volontairement pendant que ce prince faisoit le siége de Narbonne.

Le Roussillon, devenu une province de la France, conserva ses lois, mais fut gouverné, au nom de ses nouveaux souverains, par des Comtes, qui usurpèrent insensiblement la souveraine puissance, et devinrent héréditaires. Il le fut d'abord par les Comtes de Barcelonne; il eut ensuite ses Comtes particuliers, qui n'étendirent pas cependant leur domination sur le Conflent et la Cerdagne : ces deux contrées eurent leurs Comtes sous le nom de Comtes de Cerdagne, et le haut Vallespir fut pendant quelque tems assujetti aux Comtes de Besalu. Le Conflent et la Cerdagne passèrent aux Comtes de Barcelonne en 1120, en vertu du testament du Comte Bernard-Guillaume, mort sans enfans, et ensuite, en 1134, aux rois d'Aragon par le mariage de Raimond V, Comte de Barcelonne, avec Pétronille, fille et héritière de Ramire II, roi d'Aragon. Gérard, le dernier des Comtes du Roussillon, se trouvant sans enfans, fit son testament à Perpignan, le 4 des nones de juillet 1172 (1), et légua son comté à Alfonse II, roi d'Aragon. Ce prince étant mort quelques jours après, le roi d'Aragon se rendit à Perpignan, prit possession du comté de Roussillon, et y exerça les premiers actes de souveraineté. Son fils, Pierre I, céda les comtés de Roussillon et de Cerdagne à Sanche son oncle, dont le fils, Nunio-Sanche, lui succéda, quitta ensuite le monde, se fit chanoine d'Elne, et laissa ses états, en 1235, à Jacques I, roi d'Aragon, son cousin.

Cette province avoit été toujours regardée comme un fief de la France : les Comtes avoient constamment reconnu la souveraineté de ses rois ; leurs chartes et tous les actes

(1) M. *de Marca* s'est trompé en rapportant ce testament à l'an 1173. Nous en avons vérifié la date à l'Hôtel-de-Ville de Perpignan, où on le trouve dans le livre-vert-majeur. L'erreur est d'autant plus évidente, que le roi d'Aragon avoit succédé avant cette époque au Comté de Roussillon. Nous avons une charte de ce prince du 14 des kalendes d'août 1172, par laquelle il ratifia la confirmation des usages de Perpignan, accordée par le comte Gérard.

étoient datés par les années du règne de ces derniers; ceux-ci y avoient exercé plusieurs fois des actes de souveraineté; Lothaire avoit permis, en 973, au Comte Guifre de relever les murs de Colliouvre et de repeupler cette ville : nous avons encore un grand nombre de dons, de concessions, de privilèges, faits aux églises et à des particuliers, par Charles le Chauve, Louis II, Carloman et Charles le Simple. Les rois d'Aragon reconnurent également la souveraineté des rois de France sur le Roussillon; ils continuèrent de dater les actes des années du règne de ces rois, jusqu'à ce qu'en 1180, un concile de Terragone ordonna de les dater de l'Incarnation de J. C. Ils ne devinrent indépendans, que par la renonciation du roi Louis IX en faveur de Jacques I, qui lui céda à son tour ses prétentions sur une partie du Languedoc, par le traité de Corbeil de 1258.

Le Roussillon étoit destiné à changer souvent de domination : à peine étoit-il revenu sous celle des rois d'Aragon, qu'il se vit sujet à celle des rois de Majorque. Jacques I, roi d'Aragon, mourut en 1276; il partagea ses états entre les princes Pierre et Jacques ses fils; il laissa au premier le royaume d'Aragon, et donna au dernier celui de Majorque, et les comtés de Roussillon et de Cerdagne. La domination de ces nouveaux souverains fut agitée par des troubles continuels : les rois d'Aragon réclamoient les droits de souveraineté; ceux de Majorque vouloient être indépendans; forcés à la reconnoître, ils cherchèrent de nouveau à s'y soustraire. Le Roussillon fut la victime des démêlés de ces princes : il devint le théâtre d'une guerre longue et sanglante; ses campagnes furent dévastées, ses villes ruinées, son commerce détruit, les fortunes renversées; enfin, Pierre III fit prononcer juridiquement la saisie féodale de cette province : il entra en Roussillon en 1344, s'en empara, et le réunit à perpétuité à la principauté de Catalogne.

Jacques II, troisième et dernier roi de Majorque, avoit aliéné les cœurs de ses sujets par des vexations et des cruautés inouïes; le détail en fait frémir; il est consigné dans une procédure singulière, qu'on conserve à l'Hôtel-de-Ville de Perpignan. Il s'empara des biens des particuliers; il dressa des faux actes d'obligation pour colorer ses exactions; il dépouilla les églises; il enleva leurs vases sacrés : toujours accompagné d'une escorte de brigands, il faisoit main-basse sur ceux qui lui déplaisoient ou dont il convoitoit la fortune; il varioit et multiplioit à son gré les tortures et les supplices, pour leur arracher l'abandon de leurs richesses et la cession de leurs biens : il fit tenailler trois consuls de Perpignan, après leur avoir fait arracher la langue, et tout leur crime étoit d'avoir osé lui porter les humbles remontrances des habitans : aussi cette ville attendoit-elle le roi d'Aragon comme son libérateur, et les vœux des habitans ne furent-ils remplis que lorsque ce prince en fut le paisible possesseur.

Le Roussillon, revenu sous la domination douce et paisible de ses anciens maîtres, goûta les douceurs d'un gouvernement modéré, répara ses pertes, rétablit ses campagnes, vit refleurir son commerce, et s'attacha de plus en plus à des souverains qui ne s'annonçoient que par des bienfaits : mais il étoit encore destiné à passer sous une domination étrangère. Jean II, roi d'Aragon, l'engagea le 3 mai 1462, à Louis XI, roi de France, pour 300,000 écus d'or, et le duc de Nemours en prit possession pour ce souverain en 1471. Il ne resta pas long-tems à la France : par le traité de Narbonne du 18 janvier 1492, Charles VIII le rendit à Ferdinand II, roi d'Aragon, devenu roi d'Espagne sous le nom de Ferdinand V, par son mariage avec Isabelle, fille et héritière de Henri roi de Castille, sans exiger le remboursement de la somme prêtée par Louis XI.

La domination espagnole fit bientôt regretter aux habitans du Roussillon le gouvernement de ses anciens maîtres, les rois d'Aragon, et même celui des rois de France. Le despotisme du souverain, les vexations des gouverneurs, l'infraction des privilèges, la multiplication des impôts aliénèrent les esprits. Cette province, après avoir gémi pendant long-tems dans l'oppression, et avoir éprouvé plusieurs fois l'inutilité des humbles remontrances qu'elle portoit aux pieds du trône, se donna enfin à la France, ensemble avec la Catalogne, par les traités faits entre Louis XIII et les députés des Etats généraux de ces deux provinces, le 16 décembre 1640, et le 19 décembre 1641. Ce souverain porta ses armes dans le Roussillon : le prince de Condé s'empara en 1641 d'Elne, de Canet, de Clayra, de la Roca, d'Argelès et d'Ille; Louis XIII fit lui-même le siége de Perpignan, qui capitula le 29 août 1642, après un siége de plus de trois mois; un détachement de son armée, sous les ordres des maréchaux de Schomberg et de la Meilleraye, s'empara de Salses, et toute la province se trouva réduite sous son obéissance. La possession du Roussillon fut assurée à la France en 1659, par le traité des Pyrénées, et dès ce moment cette province fut réunie à la Couronne.

Les bornes que nous devons nous prescrire ne nous permettent point d'entrer dans de plus grands détails sur l'histoire de cette province, qui est peu connue, quoique très-importante. Le Roussillon est un des anciens grands fiefs de la couronne de France; il a éprouvé des révolutions presque continuelles; il fait la séparation des deux plus puissans royaumes de l'Europe; il a été souvent l'objet et la victime des démêlés des souverains; il a joué un grand rôle dans toutes les guerres de la France et de l'Espagne; on a négligé cependant d'en écrire l'histoire. M. *Fossa*, avocat distingué à Perpignan, et professeur-doyen de la Faculté de Droit de cette ville, s'en occupe depuis long-tems; des recherches longues, pénibles et profondes l'ont conduit à des découvertes précieuses; il se dispose à publier son travail, qui sera aussi intéressant par la manière dont il sera présenté, que par les matières qui en seront l'objet.

Nous passons à la description géographique du Roussillon; nous la considérerons sous trois époques différentes, sous les Celtes, les Romains et les Visigoths, sous ses Comtes et dans l'état actuel.

Sous la première époque, la partie habitée par les *Consuarani* étoit bornée à l'Est par les *Sardones*, à l'Ouest par les peuples du Conflent, au Sud par les Pyrénées et l'Espagne, et au Nord par une portion de la Gaule Narbonnoise, qui fait aujourd'hui partie du haut Languedoc; elle comprenoit la partie occidentale du comté de Roussillon et une partie du Vallespir. La partie des *Ceretani* avoit à l'Est les peuples du Conflent, au Nord les *Atacini*, peuple qui habitoit le long de la rivière d'Aude, au Sud l'Espagne, à l'Ouest les *Ilegertes*, appelés ensuite *Augustani*, peuples du pays d'Urgel; elle comprenoit la Cerdagne. La partie habitée par les *Sardones* étoit le long de la mer; elle s'étendoit sur toute la côte de la Méditerranée comprise depuis le cap de Cervera jusqu'à Salses; elle avoit au Nord le territoire de Narbonne, à l'Ouest les *Consuarani*, et au Sud l'Espagne; elle étoit séparée de cette dernière par le Promontoire de Vénus, voisin du Port du même nom, aujourd'hui *Port-Vendres*, ainsi appelés l'un et l'autre à cause d'un temple de Vénus qui n'en étoit pas éloigné, et qu'on croit avoir été dans l'endroit où est aujourd'hui le monastère de S. Pierre de Rodes, et par la partie des Pyrénées qui s'étend depuis ce Promontoire jusqu'aux trophées de Pompée.

Ces trophées étoient des tours chargées des dépouilles des ennemis vaincus, que Pompée avoit élevé sur les Pyrénées à la suite d'une expédition en Espagne, où il avoit défait Sertorius; il y avoit fait placer son portrait, avec une inscription qui portoit que, depuis les Alpes jusqu'aux extrémités de l'Espagne ultérieure, il avoit soumis 816 villes. Dans la suite, César traversant les Pyrénées à son retour d'Espagne, où il venoit de triompher des fils de Pompée, consacra un autel auprès de ces trophées, comme un monument de ses victoires sur ce général. Il ne reste aucun vestige ni des trophées, ni de l'autel : les historiens varient même sur le lieu où ils étoient placés; les uns croient que c'est à Pampelune, les autres du côté de Caudiès, quelques autres dans la vallée d'Andorra; mais il y a lieu de croire avec M. *de Marca*, qu'ils furent placés dans la partie qui conduit de la plaine du Roussillon dans celle de l'Ampourdan, aux environs de l'endroit où est aujourd'hui Bellegarde.

Sous les Comtes, ce pays appartenoit à deux Comtes différens, celui du Roussillon et celui de Cerdagne; le premier possédoit le Roussillon et le Vallespir, le dernier le Conflent,

le

le Capsir et la Cerdagne ; il y a eu aussi un tems où le haut Vallespir a appartenu aux Comtes de Besalu. Les divisions et les limites de ces différentes parties étoient les mêmes qu'elles le sont aujourd'hui.

La province de Roussillon, telle qu'elle est actuellement, est située entre le 19e degr. 29 min. et le 20e degr. 50 min. de longitude, et entre le 42e degr. 22 min. et le 42e degr. 54 min. de latitude. Elle a environ trente lieues (1) de l'Est à l'Ouest et 15 du Nord au Sud. Elle est bornée à l'Est par la partie de la mer Méditerranée connue sous le nom de Golfe de Lyon; au Sud par l'Ampourdan en Catalogne, dont elle est séparée par une chaîne des Pyrénées; à l'Ouest par la Cerdagne Espagnole, et au Nord par le haut Languedoc, qui en est séparé par des montagnes. Elle a quinze lieues de côte depuis le Languedoc jusqu'aux Caps de Creus et de Cervera. Cette côte est basse, unie et sablonneuse dans toute la partie de la plaine du Roussillon ; mais celle du bas Vallespir jusqu'à Colliouvre, et ensuite jusqu'au Cap de Creus, est bordée de rochers escarpés et presque inaccessibles.

Cette province, dans laquelle on compte environ 140,000 habitans, a Perpignan pour capitale : elle forme un seul Gouvernement militaire, qui est divisé en trois Vigueries, celles du Roussillon, du Conflent et de la Cerdagne, et comprend encore la vallée de Carol.

La Viguerie du Roussillon comprend le Comté de Roussillon et le Vallespir.

COMTÉ DE ROUSSILLON. C'est une vaste plaine, qui a dix lieues de l'Est à l'Ouest et douze du Nord au Sud. Elle est bornée à l'Est par la mer, au Sud par le Vallespir, dont elle est séparée par la rivière du Tec et par quelques petites montagnes, à l'Ouest par le Conflent, et au Nord par le Languedoc : elle est séparée du Conflent par la montagne de Terranera, et du Languedoc par celles des Corbières. On passe en Conflent par une colline, appelée *Col de Terranera*, qui domine cette plaine, et qui est l'endroit le plus propre à en distinguer l'étendue et la beauté : c'est une vue des plus pittoresques; une longue chaîne de hautes montagnes à gauche, quelques montagnes à droite, qui vont en s'éloignant et en s'abaissant, la mer dans l'éloignement, une plaine grande, belle, fertile, bien cultivée, toujours verte, qui s'élargit à mesure qu'elle s'éloigne, couverte d'arbres, remplie de villes et de villages, arrosée par plusieurs rivières, forment un ensemble riant, qui frappe agréablement les yeux du voyageur. Les principales villes du Comté de Roussillon sont *Perpignan*, *Rivesaltes*, *Opol*, *Pesilla*, *Ille*, *Millas*, *Tuyr*, *Elne*, *Estagel*, *Canet* et le *Volo*; on y trouve deux places fortes, *Perpignan* et *Salses*.

VALLESPIR, *Vallis aspera*, c'est-à-dire *Vallée âpre*, suivant les uns; *Vallis pyria*, *Vallée de feu*, suivant les autres. Il a vingt lieues de l'Est à l'Ouest, et cinq du Nord au Sud. Il est borné à l'Est par la mer, au Nord par le comté de Roussillon et le Conflent, au Sud et à l'Ouest par la Catalogne : il est séparé du Conflent par le Canigou, de la Catalogne par des hautes montagnes, et dans la partie du *bas Vallespir* par celles de Sureda, de la Roca, de l'Albera et de Banyuls-del-Marcsme. Le *haut Vallespir* est à la partie occidentale, et s'étend depuis vis-à-vis le Volo jusqu'à la frontière de l'Espagne au dessus de Prats-de-Mollo. C'est un pays rempli de montagnes, coupé par des vallées, ordinairement petites, arides, rudes et escarpées. Le passage principal de France en Espagne se trouve dans son extrémité orientale sur les Pyrénées, au lieu appelé *le Col de Pertus*, dont nous avons déja parlé : il étoit presque impraticable ; mais depuis environ trente ans, il a été ouvert et on y a construit des chemins magnifiques et commodes, aux dépens des deux couronnes de France et d'Espagne. Ce passage présente d'un côté le Fort de Bellegarde et son Fortin, qui défendent l'entrée du Roussillon, de l'autre côté la Redoute du Pertus; on découvre de cet endroit la montagne du Canigou (2). Le *haut Vallespir* a deux villes, *Ceret* et *Arles*, et trois places fortes, *Prats-de-Mollo*, le *Fort des Bains* et *Bellegarde*.

Le *bas Vallespir* est à la partie orientale ; il s'étend depuis vis-à-vis le Volo jusqu'à la

(1) Nous parlons ici de lieues de France ; les lieues catalannes, telles qu'on les compte en Roussillon, sont beaucoup plus longues; nous les rapporterons toujours à la mesure adoptée pour tout le royaume.

(2) Voyez la planche XVII.

mer. C'est une plaine longue, étroite, riante et fertile, bordée à la droite par les hautes montagnes de l'Albera : elle va se joindre à la gauche à celle du Roussillon, avec laquelle elle paroît se confondre, et dont elle est séparée par le Tec; elle est arrosée par une rivière assez considérable, et terminée par la mer; on en découvre toutes les beautés, lorsqu'on l'examine du château de la Roca. Il a deux villes, *Argelès* et *Collioure*, qui est une place forte, et un port sur la Méditerranée, le *Port-Vendres*.

La Viguerie du *Conflent* comprend le *Conflent* et le *Capsir*.

CONFLENT, *Confluens*, ainsi appelé à cause de la grande quantité d'eau qui y coule de toutes parts. Il a dix lieues de l'Est à l'Ouest, et quatre du Nord au Sud. Il est borné à l'Est par le Comté de Roussillon, au Nord par le haut Languedoc, à l'Ouest par la Cerdagne et le Capsir, au Sud par le haut Vallespir et la Catalogne. Il est séparé du Roussillon à l'Est par la montagne de Terranera, du Languedoc au Nord par une chaîne formée par les montagnes de Marcevol, d'Arbussols, d'Eus, de Coumes, de Molitx et de Mosset; celle-ci s'étend jusqu'au Col de Jau : du Capsir à l'Ouest par celle de Madres; de la Cerdagne à l'Ouest par la vallée de Prats, et au Sud-sud-ouest par la rivière de la Tet depuis Saint-Thomas jusqu'au pont de la Llagone; de la Catalogne au Sud par la montagne de Prats et le Serrat de Collmija, et du Vallespir au Sud par le Canigou. Ses principales villes sont *Vinça*, *Prades*, *Aulette* et *Villefranche*, qui en est la capitale, et qui est une place forte.

C'est un pays enclavé au milieu de hautes montagnes, mais belles, fertiles et couvertes d'arbres. On peut le diviser en montagnes, collines et vallées : celles-ci sont toutes arrosées par des ruisseaux ou des petites rivières, et ne le cèdent point en fertilité aux meilleurs endroits de la plaine du Roussillon; il y en a qui présentent des sites intéressans, comme celles de *Joch*, de *Cornella*, de *Prats*; celle de *Prades* mérite sur-tout de fixer l'attention; c'est une vallée d'une lieue et demie de large sur deux lieues de long, couverte d'arbres, fertile, riante, arrosée par une rivière et un grand nombre de ruisseaux, entourée de hautes montagnes, presque toutes cultivées, au pied ou sur le penchant desquelles sont bâtis plusieurs villages, terminée par la ville de *Prades*, et laissant voir dans l'éloignement la petite vallée de *Cuxa*, où l'on apperçoit l'abbaye de Saint-Michel (1). Au sortir de cette vallée, on commence à pénétrer dans les hautes montagnes; le passage se rétrécit et devient une gorge, dont les bords sont escarpés; mais on voit avec plaisir les montagnes qu'on côtoie à droite, cultivées avec le plus grand soin, malgré la rapidité de leur chûte. Ce passage se rétrécit encore plus au dessus d'Aulette; le chemin, pratiqué sur les flancs des montagnes nues et escarpées, qui bordent la rive gauche de la Tet, domine sur des abymes, dont les yeux n'osent mesurer la profondeur, et paroît devoir être à tout moment écrasé sous le poids d'une multitude d'énormes rochers, qui sont suspendus au dessus. (2)

CAPSIR, *Capsirii pagus*. C'est une petite contrée sur les montagnes, en forme de conque, d'environ quatre lieues de longueur sur trois de largeur, environnée de tous côtés de montagnes secondaires qui la séparent des contrées voisines; elle est séparée à l'Est du Conflent par la montagne de Madres, au Nord et au Nord-ouest du Donesan par le col des Ares et la montagne de Llaurenti, au Sud de la Cerdagne par la Quillane, et à l'Ouest du Comté de Foix par le mont-de-Carlit et le Puig-barit. Elle n'a que trois issues, l'une dans le Donesan par le col des Ares, l'autre dans le haut Conflent par le col de Creu, et la dernière dans la Cerdagne par le beau vallon de la Quillane, qui, dans une étendue d'une lieue de largeur sur une lieue et demie de longueur, présente un tapis continuel de gazon, de prairies et de pacages. Cette contrée est très-féconde en pâturages, et contient sept villages, dont les principaux sont *Puy-Valador* et *Font-Pedrosa*. Le sol de ce petit pays est très-élevé et couvert de neige pendant une grande partie de l'année; mais, dans la

(1) Voyez la planche XXIII.
(2) On travaille actuellement à faire un autre chemin, qui suivra la direction d'une vallée où il n'y aura aucun danger, et par où les voitures pourront arriver jusqu'au Mont-Louis.

belle saison, il présente des plaines parsemées d'épis, des prairies émaillées de fleurs, des ruisseaux d'une onde pure et limpide qui les fécondent, des villages rapprochés qui en embellissent l'aspect, et ces lieux rians et champêtres sont environnés de bois impénétrables aux rayons du soleil.

La Viguerie de CERDAGNE ne comprend qu'une partie du pays de ce nom, qui a été cédée à la France par le traité des Pyrénées, et qu'on distingue sous le nom de *Cerdagne Françoise*. Elle est bornée à l'Est par le Conflent, au Nord par le Capsir et la vallée de Carol, à l'Ouest par la même vallée et la Cerdagne Espagnole, et au Sud par la Catalogne. Elle est séparée du Conflent par la vallée de Prats et la rivière de la Tet; du Capsir par la Quillane, et de la Catalogne par les montagnes d'Err, de Llou, d'Eyne, de Planès et de Cambredase. Elle est entièrement sur les montagnes; elle a cependant une belle plaine, qui se confond avec celle de la Cerdagne Espagnole. On ne peut s'empêcher d'admirer la beauté de quelques vallées formées par les montagnes qui bordent cette plaine: au Nord ce sont des petits vallons, assez multipliés, qui courent du nord au sud; du côté opposé, c'est-à-dire au Sud, ce sont de grandes et belles vallées, parmi lesquelles on distingue celles de Llou, d'Eyne, de Planès et d'Err; celle-ci est la plus considérable et la plus riche; elle est couverte par la montagne du même nom, et sur-tout par le pic de Puig-mal, qui paroît le disputer en hauteur au Canigou.

On pénètre dans la plaine de Cerdagne par une colline d'une lieue et demie de longueur, connue sous le nom de *Col-de-la-Perche*, qui commence à un quart du lieue du Mont-Louis; c'est un passage très-difficile et très-dangereux en hiver, par la grande quantité de neige dont il est couvert, et par les tourbillons auxquels on y est exposé; on en a diminué le danger depuis trois ans, en y pratiquant un beau chemin, et en y plaçant à des petites distances de grandes bornes de pierre de taille de neuf pieds de haut, propres à diriger les voyageurs dans le mauvais tems.

La *Cerdagne Françoise* n'a que trente-trois villages dispersés, souvent entremêlés avec d'autres villages, qui appartiennent au roi d'Espagne, et une seule ville, *Mont-Louis*, qui est en même-tems une place forte. *Sallagosa* tient lieu de capitale. La *Cerdagne* en latin *Ceritania*, a pris son nom d'un temple de Cérès, qu'on croit avoir existé dans le lieu où est aujourd'hui Puycerda.

VALLÉE DE CAROL. Cette vallée ne fait partie d'aucune de ces trois Vigueries; elle est cependant du Gouvernement du Roussillon; elle est située au Nord-est de la Cerdagne et bornée au Sud par l'Espagne, au Nord-ouest par le Comté de Foix, et à l'Ouest par la Vallée d'Andorre: ses montagnes sont celle du même nom et celle de Pic-Moren. Elle est absolument exposée au midi dans toute sa longueur, qui est de cinq lieues; son lieu principal est *Carol*. On a déduit la dénomination de cette vallée du prétendu passage de Charlemagne, et on a cru que son nom étoit *Vallis Caroli;* mais on la trouve dans des anciennes chartes sous la dénomination de *Vallis Querolii*, et son vrai nom est *Vallée de Querol*.

La province de Roussillon est arrosée par cinq Rivières principales, dont les trois premières coulent de l'Ouest à l'Est, la *Tet*, l'*Agly*, le *Tec*, l'*Aude* et la *Sègre*. Elles sont toutes peu considérables en été; mais elles deviennent très-fortes en hiver et au moment de la fonte des neiges, ainsi qu'à la suite d'orages et de pluies considérables; ce sont alors des torrens impétueux, qui rompent toutes les digues, inondent les campagnes, et font beaucoup de ravages.

La TET, *Tethis*, autrefois *Ruscino*, soit qu'elle ait donné son nom à la province qu'elle parcourt et à la ville dont elle baignoit les murailles, soit qu'elle l'ait reçu de l'un ou de l'autre, prend sa source d'une fontaine du même nom dans le Capsir, à quatre lieues Ouest du Mont-Louis, au haut du vallon appelé *Couma de Vail-Marans*, entre les pics de *Puigbarit* et de *Carlit*. Elle se précipite sur des rochers immenses et des bois de pin, tombe dans le vallon du *Pla dels Abuillans*, parcourt une petite partie de la Cerdagne, tout le Conflent, sépare ces deux contrées depuis le pont de la Llagone jusqu'au village de Saint-Thomas, traverse la plaine du Roussillon, baigne les murailles de Perpignan, et va se jeter dans la mer à deux lieues de cette ville, entre Canet et Sainte-Marie.

Le TEC, *Tichis*, autrefois *Illiberis* ou *Illiberris*, prend sa source près du Pla d'Égour dans le haut Vallespir, aux frontières de la Catalogne, passe à Prats-de-Mollo, parcourt tout le Vallespir, qu'elle sépare en partie du Roussillon, et se jette dans la mer entre Elne et Argelès, derrière Tatso.

L'AGLY, *Aquilium, Fluvius Aquilinus*, prend sa source dans les montagnes du diocèse d'Aleth en Languedoc, entre en Roussillon près d'Estagel, parcourt une partie de la plaine de cette province, passe à Espira, à Rivesaltes, près de Saint-Laurent de la Salanca, et se jette dans la mer près de Torrelles, au dessous de Saint-Laurent.

L'AUDE, *Atax*, prend sa source dans le Capsir, d'un étang du même nom d'un quart de lieue de tour, près du village des Angles, à deux lieues Ouest du Mont-Louis, dans les Pasquiers du Roi ; elle traverse le Capsir du sud au nord, se jette dans le vallon de Carcanet dans le Donesan, au dessous de Puy-Valador, et de-là entre dans le Languedoc par le diocèse d'Aleth.

La SÈGRE prend sa source et son nom de la fontaine de *Sègre*, dans la partie supérieure de la vallée de Llou dans la Cerdagne, à quatre lieues Sud du Mont-Louis, parcourt cette vallée, passe à Sallagosa, et traverse toute la Cerdagne Françoise jusqu'au dessous des Guinguettes près de Puycerda, où elle entre en Espagne.

Nous ne parlons point ici des Lacs et des Étangs qu'on trouve en Roussillon; nous nous en occuperons en parlant de l'histoire physique et naturelle de cette province.

Les montagnes de la province de Roussillon sont couvertes de Tours très-anciennes, dont on ignore les vrais usages : les uns les regardent comme ayant servi aux habitans à se défendre contre les Sarrasins ; les autres croient avec plus de fondement qu'elles ont été destinées à placer des signaux et à défendre l'entrée des passages ; cette opinion paroît la plus vraisemblable ; plusieurs de ces Tours sont situées de manière à être apperçues des Tours voisines, celles-ci des autres, et ainsi successivement, et à se correspondre par conséquent les unes aux autres, et elles sont toutes placées à la tête des vallées, des gorges, ou sur des montagnes qui les dominent. Celles qui existent encore sont, en Conflent, le château de *Rupidera* au dessus de Rhodez, la Tour de *Paracolls* près de Molitx, celle de *Mosset* dans un vallon au dessus du village de ce nom, celle de *Mascarda* au dessus de Mosset, celle de *Llar* dans la vallée du même nom, les châteaux de *la Bastide* et d'*Evol*, la tour de *Goua*, sur la montagne de Sahorre ; en Capsir, les Tours de *Creu* et des *Angles*, dans les deux villages des mêmes noms ; dans la Cerdagne, celle de *Guet* dans le village de ce nom ; dans la vallée de Carol, la *Tour Cerdane* à l'entrée de la vallée ; dans le Vallespir, le *Castellas* sur la montagne de Ceret, les Tours de *la Massane* sur la montagne de Sureda, et *du Diable* sur celle d'Argelès. Quelques-unes de ces Tours sont des restes d'anciens châteaux fortifiés.

CHAPITRE

CHAPITRE SECOND.

DESCRIPTION DES VILLES DU ROUSSILLON.

Viguerie du Roussillon.

LA Viguerie du Roussillon comprend le *Comté de Roussillon* et le *Vallespir ;* elle contient cent huit paroisses ou communautés, dans lesquelles on compte environ 90,000 personnes de tout âge et de tout sexe. Le comté de Roussillon contient les villes de *Perpignan*, *Elne*, *Ille*, *Tuyr*, *Millas*, *Estagel*, *Volo*, *Salses*, *Rivesaltes*, *Opol*, *Pesilla* et *Canet*. Les villes du Vallespir sont *Colliouvre*, *Argelès*, *Ceret* et *Prats-de-Mollo*, outre le *Port-Vendres* et les deux forteresses de *Bellegarde* et du *Fort-des-Bains*.

Villes du Comté de Roussillon.

PERPIGNAN, *Perpinianum*, ville capitale de la province, est situé en partie sur une colline douce et peu élevée, en partie dans la plaine, au 20e degr. 34 min. 5 sec. de latitude et au 42e degr. 41 min. 5 sec. de longitude, à deux lieues O. de la mer, à une demi-lieue O. de l'ancienne *Ruscino*, et au bord des rivières de la Basse et de la Tet, qui baignent, la première les murailles de cette ville, la dernière celles de son faubourg de Notre-Dame; on passe la première sur un pont d'une seule arche, assez longue et presque plate, qui attire l'admiration des connoisseurs, et la dernière sur un beau pont de plusieurs arches.

L'origine de cette ville ne remonte qu'au commencement du onzième siècle : il en est fait mention pour la première fois, dans l'acte de consécration de l'église de S. Jean, qui est de 1025 ; elle étoit même alors très-peu de chose ; mais elle s'accrut bientôt, et, au commencement du siècle suivant, elle occupoit déja tout le terrain qui forme aujourd'hui la paroisse de S. Jean : ses limites au N. étoient les mêmes que celles qui existent aujourd'hui ; à l'E., à l'O. et au S., elles étoient marquées par un fossé qu'on a couvert dans la suite pour en faire un égoût qui subsiste encore, et qu'on a voulu mal-à-propos présenter comme un ouvrage des Romains. On a été induit en erreur par la beauté de cet égoût, assez large pour que plusieurs personnes puissent y passer à la fois, pavé en pierre de taille, couvert d'une voûte assez haute pour pouvoir s'y tenir debout, bordé des deux côtés par une banquette, sur laquelle on peut le parcourir ; mais la construction paroît en être assez moderne et ne pas remonter au-delà du quatorzième ou du quinzième siècle : on n'y voit rien qui annonce la magnificence des Romains, et la ville de *Perpignan* n'existoit point encore, lorsque le Roussillon étoit sous leur domination.

A peine le Roussillon fut-il passé au roi d'Aragon, que ce prince voulut changer la situation de *Perpignan*, et la transporter sur le Promontoire des Lépreux, appelé aujourd'hui *Puig ;* mais on se contenta, vers l'an 1250, de peupler cette partie, qui demeura séparée de *Perpignan*, et eut ses officiers particuliers : elle fut réunie peu de tems après à cette ville ; c'est ce qui forme aujourd'hui la paroisse de S. Jacques. Vers la fin du même siècle, le local qu'occupent actuellement les paroisses de la Réal et de S. Mathieu fut peuplé avec tant de promptitude, que, vers le milieu du siècle suivant, ces quatre paroisses réunies firent une ville considérable.

Cette ville a deux faubourgs, celui de Notre-Dame, qui fait, par une grande et belle rue, la continuation du pont par où l'on arrive du Languedoc ; et celui de la Blanquerie, bâti sur les bords de la rivière de la Basse, et orné d'une belle avenue continuée sur les bords de cette rivière dans toute la longueur de ce faubourg : elle a quatre portes, celles de Notre-Dame, du Sel, de Saint-Martin et de Canet : elle avoit encore la porte d'Elne, qui a été murée vers la fin du siècle dernier, et celle de l'Aixugador, qui est fermée depuis environ quatre cents ans.

Perpignan est le siége de l'Evêque d'Elne, du Chapitre de la Cathédrale et de celui de la Collégiale de la Réal : nous en parlerons dans la suite. Il y a quatre églises paroissiales, celles de S. Jean, de S. Jacques, de la Réal, et de S. Mathieu. On y compte encore vingt-deux autres églises, dont quatre de Religieuses, et dix de Religieux de différens ordres, un Séminaire, une ancienne Maison de Templiers, aujourd'hui à l'ordre de Malte, et une Commanderie de S. Antoine, réunie actuellement au même ordre.

Cette ville est le lieu de la résidence du Gouverneur-Capitaine-Général, du Lieutenant-Général et de l'Intendant de la province, du Lieutenant du Grand-Maître de l'artillerie, du Directeur général des fortifications, et du Grand-Prévôt. Elle est le siége du Conseil Souverain du Roussillon et des Tribunaux subalternes du Roussillon et du Vallespir. Il y a un Hôtel-de-Ville, un Hôtel des Monnoies, une Université, une École royale militaire, un Collège royal pour l'éducation de la jeunesse, un autre Collège, appelé de *Pi*, du nom de son fondateur, deux Marchés, une Halle aux grains, cinq Fours banaux qui appartiennent à l'ordre de Malte, un Hôpital pour les malades, un Hôpital général, un Hôpital militaire, un Dépôt de mendicité, un Hôpital des Repenties, où l'on enferme les femmes de mauvaise vie, et deux Cazernes, grandes et belles, pour le logement des troupes.

Perpignan n'est plus ce qu'il a été autrefois ; il ne présente aujourd'hui que les débris de son ancienne étendue : on y comptoit encore six mille maisons au commencement du seizième siècle ; il n'y en a actuellement que la moitié. Les ouvrages que Charles-Quint fit ajouter aux fortifications de cette ville, en réduisirent beaucoup l'étendue ; on abattit alors environ dix-huit cents maisons. La paroisse de S. Mathieu, qui étoit le plus beau quartier de la ville, couvert des plus belles maisons, et dont les rues sont presque toutes alignées, fut encore presque détruite en 1640 ; un Gouverneur, par un excès qui prépara la révolution de l'année suivante, où le Roussillon se donna à la France, fit canonner ce quartier pour une simple querelle entre bourgeois et soldats.

Cette ville est une des plus fortes places du royaume ; ses fortifications portent l'empreinte des différens tems où elles ont été construites ; les ingénieurs vont y étudier les divers genres de fortifications de tous les siècles de la Monarchie. Ses murs sont bâtis de brique, avec un cordon et des chaînes de pierre de taille ; ils sont très-hauts, fort épais et flanqués de plusieurs bastions, avec des tenailles, des demi-lunes, de bons fossés, des chemins couverts : la porte de Notre-Dame est défendue par un château, appelé *Castillet* : celle de Canet est extrêmement fortifiée par des ouvrages extérieurs et de larges fossés ; une enceinte avancée et demi-circulaire protège la partie qui fait face au nord : elle a été faite par le maréchal de Vauban, et a un rempart très-élevé, deux bastions et plusieurs ouvrages avancés ; c'est ce qu'on appelle la Ville Neuve, qui couvre le faubourg de la Blanquerie.

La ville est dominée et défendue par une citadelle ; celle-ci a deux enceintes ; l'approche du fossé de la première, bâtie sous Louis XIV, en est retardée par un grand nombre d'ouvrages avancés : celle du rempart est défendue par les feux croisés de six bastions. La seconde enceinte, bâtie par Charles-Quint, a aussi six bastions qui dominent sur ceux de la première, et un fossé seulement du côté de la campagne ; elle contient une grande et belle place d'armes, où cinq mille hommes peuvent tenir en bataille, et qui présente d'un côté un beau corps de cazernes, et sur deux autres faces de grandes et belles galeries triplées les unes sur les autres, où sont les logemens des officiers de la garnison : au centre de cette forteresse et au sommet de la colline qu'elle couvre, est un donjon, qui a été l'habitation des rois d'Aragon et de Majorque ; c'est un ouvrage carré, composé de huit grosses tours carrées et unies ensemble par des hautes murailles, dont les approches sont retardées par un fossé revêtu d'un mur de pierre de taille un peu en talus. Au milieu de cet ouvrage est une grande cour, qui contient les logemens de l'Etat-Major, deux chapelles l'une sur l'autre, et un arsenal ou salle d'armes très-vaste et remplie d'une quantité considérable d'armes

Dessiné par le Ch.er de Lespinasse, sur l'original fait d'après Nature par [illegible] — *Née Sculp. 1780.*

VUE DE LA VILLE DE PERPIGNAN,

du côté du Languedoc.

Roussillon N.° 10.

VUE DE LA VILLE DE PERPIGNAN,

du côté d'Espagne.

de toute espèce, de tous les siècles, et de drapeaux. On fait remarquer à une des tours de ce donjon un dextrochère de pierre en saillie, tenant une épée haute, à côté des armes de l'Empire ; on assure que Charles-Quint faisant lui-même la ronde pendant la nuit, y trouva la sentinelle endormie, qu'il la jeta dans le fossé, et qu'il resta en faction jusqu'à ce qu'on vînt la relever.

On voit encore dans ce donjon un puits, qui, par l'extrême grandeur de son ouverture, sa largeur, son excessive profondeur et la hardiesse de sa construction, attire l'admiration, et inspire, à ceux qui en approchent, un sentiment de frayeur et une espèce de saisissement. On en tire l'eau avec deux seaux d'une grandeur si énorme, qu'on ne peut les faire remonter qu'au moyen d'un très-grand tour en forme de roue, mis en jeu par dix hommes qui se placent dedans.

Les environs de Perpignan sont beaux, rians et fertiles ; ils sont couverts de jardins, d'orangers, de grenadiers, de vignes et d'oliviers. Les campagnes bien cultivées, remplies de toutes sortes d'arbres, et presque toujours vertes, s'élèvent graduellement en amphithéâtre au Nord jusqu'au sommet des montagnes qui séparent le Roussillon du Languedoc, et vers le Sud-Ouest jusqu'au sommet des Pyrénées. Comme cette ville domine toute la plaine, on apperçoit de loin qu'elle est ovale, et on en saisit toute l'étendue ; on distingue de tous côtés des groupes d'obélisques et de tours, formés par un grand nombre de clochers. Lorsqu'on y arrive de l'Espagne, le profil pyramidal de la citadelle paroît à découvert; on voit la Cathédrale, la Tour de l'horloge, le Castillet (PLANCHE X). L'arrivée du côté du Languedoc est plus agréable ; le passage est plus gai ; le mouvement des rivières, le grand nombre de jardins, la beauté des avenues, la plus grande diversité des cultures l'embellissent ; on apperçoit de loin beaucoup d'édifices, l'Ecole militaire, la Cathédrale, l'Intendance, la Tour de l'horloge, plusieurs églises ; on passe la Tet sur un pont de plusieurs arches, construit pour la plus grande partie en pierre de taille, d'où l'on découvre des sites pittoresques ; on traverse le faubourg de Notre-Dame, à l'extrémité duquel commence la superbe avenue des Capucins (PLANCHE XI).

L'entrée de cette ville, du côté du Languedoc, n'a point répondu, pendant long-tems, à l'idée qu'on en prenoit en y arrivant : on ne trouvoit d'abord que des rues étroites, sombres et mal bâties ; mais on vient d'y ouvrir une rue large et alignée, qui conduit de la porte à une des principales places. L'entrée du côté de l'Espagne s'annonce encore mieux par la beauté, la largeur, l'alignement, la plus grande étendue de la rue à laquelle la porte de la ville fait face, et par le nombre d'assez belles maisons qu'elle contient ; cette rue, aujourd'hui rue de Saint-Martin, portoit autrefois le nom de *rue des orangers*, parce qu'elle étoit bordée d'orangers en pleine terre, qui formoient une très-belle avenue, mais qui périrent par les grands froids de 1709. Il y a quelques autres belles rues, mais en très-petit nombre ; elles sont, pour la plupart, étroites et mal alignées ; la seule paroisse de S. Mathieu est, pour la plus grande partie, tirée au cordeau. Les maisons y sont en général mal construites ; mais on y prend depuis quelque tems le goût de l'architecture : on a donné déja une forme moderne à plusieurs anciennes maisons, et on en a bâti quelques-unes qu'on voit avec plaisir. On y manque de places ; il n'y en a que trois, dont deux, celle de l'Hôtel-de-Ville, et la place d'armes, où est la Cathédrale, sont petites ; la troisième, celle du Puig, où est un des deux corps de cazernes, est vaste, belle, bien découverte, et assez grande pour y tenir trois mille hommes en bataille ; mais elle est entourée de maisons basses, mal bâties, et occupées par des paysans. Cette Ville manque aussi de fontaines, décoration aussi agréable qu'utile, que les anciens multiplioient par-tout ; elles y sont en petit nombre et sans aucune décoration.

On ne trouve à Perpignan aucun ancien monument ; les plus anciens édifices sont les deux églises de la Cathédrale et l'Hôtel-de-Ville : parmi les édifices modernes, l'Université et l'Ecole militaire sont les plus recommandables ; nous en parlerons dans le Chapitre suivant. Toutes les églises sont à une seule nef, à l'exception de la vieille église de S. Jean, qui en a trois; quelques-unes fixent l'attention par la beauté, la grandeur, l'étendue et la hardiesse de leur vaisseau, comme celles des Cordeliers, des grands Carmes et des Dominicains; elles sont en général peu décorées; mais on les orne les jours de grandes fêtes d'une manière somptueuse : nous en décrirons les décorations dans le Chapitre VIII. Le trésor de la Cathédrale est fort riche par la grande quantité de pierres précieuses, de chandeliers, bourdons et encensoirs d'argent, de châsses, de reliques, et sur-tout par un superbe ostensoir de six pieds et demi de haut, dont nous parlerons dans le Chapitre suivant : on y remarque aussi une S[te]. Vierge d'argent de grandeur naturelle; dans quelques processions, on la place sur un brancard, qui est porté par quatre personnes.

Perpignan a beaucoup de promenades, et toutes très-belles; les unes sont dans la ville, les autres au dehors. Parmi ces dernières, on remarque celle *des Capucins*, la *Digue d'Orry*, et le *Champ de Mars*; les deux premières forment deux superbes avenues, plantées de mûriers, et séparées par la rivière : le *Champ de Mars* est une place très-vaste, entourée d'arbres, dans laquelle on peut faire manœuvrer plusieurs bataillons, et ranger six mille hommes en bataille (PLANCHE XVI).

Dans la Ville Neuve sont les deux Jardins des plantes, dont on permet l'entrée au public, et qui forment deux promenades aussi belles, qu'étendues et variées; ils sont construits sur deux bastions, et se communiquent par une langue de terre, longue et étroite, plantée d'arbres. On a construit dans l'un une grande et belle serre, pour enfermer les plantes pendant l'hiver. L'autre forme un coup-d'œil pittoresque; il est construit dans le bas du bastion; il contient des jets-d'eau, des cascades, deux grandes pièces d'eau, qui en occupent de chaque côté toute la longueur : il se termine par un berceau et deux pavillons; le fond s'élève insensiblement en amphithéâtre, et conduit, par des escaliers pratiqués sur le gazon, jusqu'au haut du rempart, qui est couvert d'arbres et de statues, et d'où l'on découvre une partie de la plaine du Roussillon; on arrive à ce dernier par une belle avenue plantée de mûriers, construite dans le faubourg de la Blanquerie, sur les bords de la rivière de la Basse (PLANCHES XII et XIII).

Les promenades de l'intérieur de la ville sont l'Esplanade et les Remparts. La première est une grande et belle place, d'un quarré long, qui peut contenir quatre mille hommes rangés en bataille; elle est ornée de gazon, entourée d'allées de mûriers, et couverte dans toute sa longueur méridionale par le glacis de la citadelle, qui offre un tapis de gazon, élevé insensiblement en talus, presque toujours vert et très-étendu. Les Remparts sont les plus beaux, les mieux tenus et les plus agréables du royaume; ils sont couverts d'une allée continuelle, plantée de mûriers, qui fait le tour de la ville, et qui, élargie dans certains endroits, forme de petites places couvertes d'arbres en manière de bosquets; ceux de la Ville Neuve sont tenus et plantés de même : cette promenade est embellie par le charme des vues pittoresques qu'on y découvre de toutes parts. Si, dans un pays aussi beau et aussi étendu que la France, on pouvoit peindre tous les paysages qu'on ne peut se lasser d'y admirer, les dessins que nous aurions fait faire des divers points de vue de ces remparts, auroient tenu un des premiers rangs dans notre collection. Celui du rempart Saint-Jacques mérite sur-tout l'attention; on y découvre une étendue considérable d'une plaine riche, fertile, variée, riante, arrosée de plusieurs rivières et ruisseaux, décorée par des jardins nombreux et bien entretenus, couverte d'arbres, remplie de maisons et de villages, terminée d'un côté par la mer, et de l'autre par les montagnes qui séparent le Roussillon du Languedoc, au pied desquelles on apperçoit dans le lointain le château de Salses, et présentant les ruines de l'ancienne ville de *Ruscino*, réduite aujourd'hui à la Tour de *Château-Roussillon* (PLANCHE XXXII).

La ville de *Perpignan* est connue dans l'histoire par neuf Siéges qu'elle a soutenus, et par la belle défense qu'elle a fait dans toutes les occasions. Celui de 1475 est le plus mémorable par la longue résistance de cette ville, par les horreurs de la famine qu'éprouvèrent les habitans, et qui les força à se nourrir pendant huit mois avec le cuir des vieilles chaises,

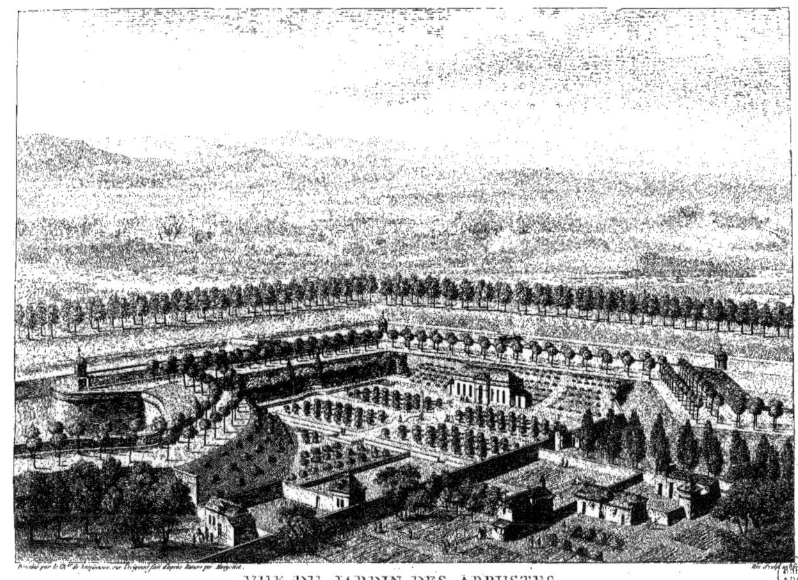

VUE DU JARDIN DES ARBUSTES
de l'Université de Perpignan.

Roussillon N.º 12.

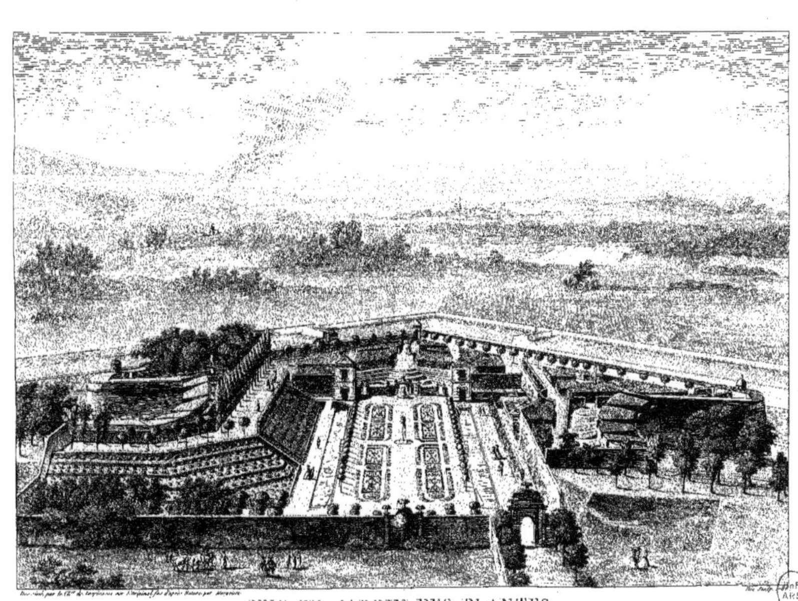

VUE DU JARDIN DES PLANTES
de l'Université de Perpignan.

Roussillon N.º 13.

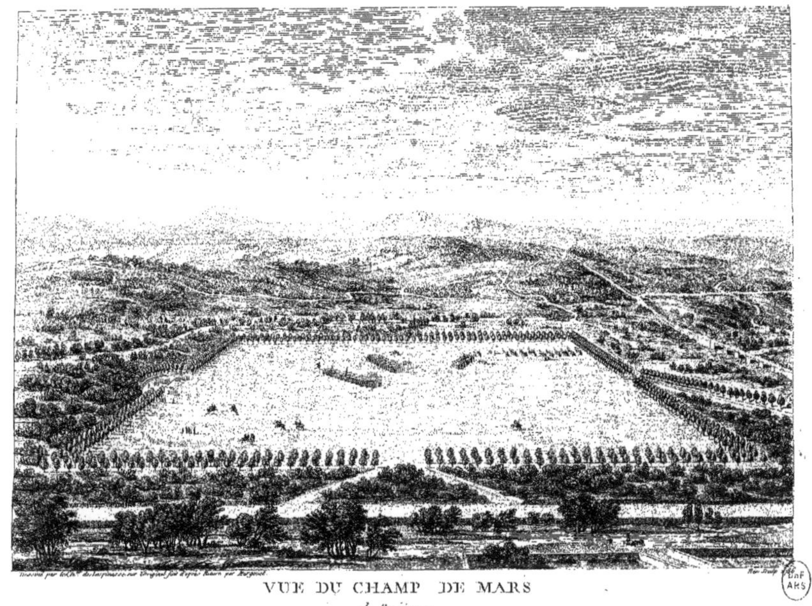

VUE DU CHAMP DE MARS

de Perpignan.

Roussillon N.º 16.

VUE DU COL DE PERTUS.

Et du Château de Bellegarde, ou se trouve le passage principal du Roussillon en Espagne.

Roussillon N.º 17.

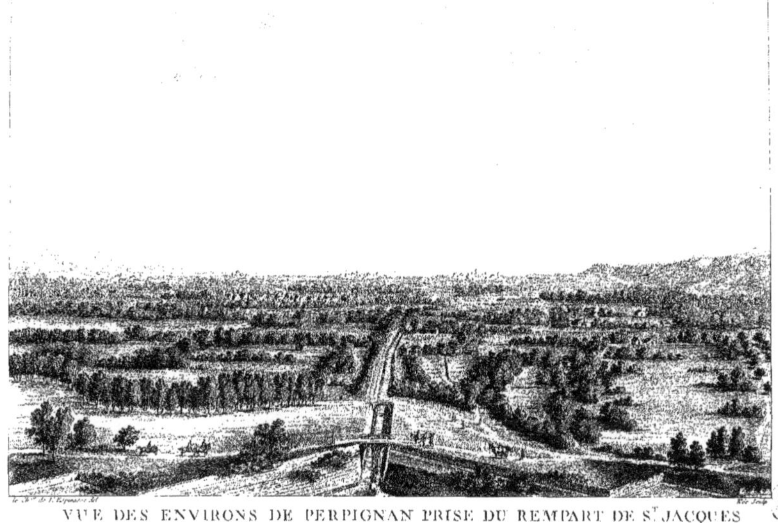

le Ch.er de l'Espinasse del. — Née Sculp.

VUE DES ENVIRONS DE PERPIGNAN PRISE DU REMPART DE S.T JACQUES

A droite sur une élévation l'ancienne Tour de Chateau Roussillon, à gauche dans le fond le Chateau de Salses, dans l'éloignement la Mer et une partie de l'Etang de Salses.

Roussillon N.° 22.

Dessiné par le Ch.er de l'Espinasse sur un Dessin fait d'après Nature par M.r le Ch.er de Braun. — Née Sculp.

VUE DE LA VILLE ET DE LA VALLÉE DE PRADES

A gauche dans le fond Codalet, l'Abbaye de S.t Michel, et à l'entrée de la Vallée Marquevixanes, à droite dans le fond Catllar et en avant Eus.

Roussillon N.° 23.

chaises, la chair des chevaux, des chiens, des rats (1), même *la chair humaine ;* il le devient encore plus par l'événement auquel il donna lieu, et qui a immortalisé la mémoire d'un Consul qui sacrifia son fils pour conserver la ville à son souverain : nous en parlerons dans le Chapitre IX. La ville étoit défendue par *Pierre d'Ortaffa*, d'une ancienne maison du Roussillon, qui y donna les plus grandes preuves de bravoure, d'activité et d'intelligence, et dont la famille existe encore à Perpignan. Nous croyons devoir citer aussi celui de 1597, pour faire connoître la bravoure du Clergé de cette ville : quarante ecclésiastiques, commandés par un chanoine de la Collégiale S. Jean, gardèrent pendant trois jours et trois nuits le poste le plus dangereux. Celui de 1642 a opéré la réunion du Roussillon à la Couronne de France ; il fut fait par le roi Louis XIII en personne, ayant sous ses ordres les maréchaux de Schomberg et de la Meilleraye : la ville ne capitula, qu'après avoir fait pendant trois mois la plus vive résistance, et avoir éprouvé toutes les horreurs de la famine.

L'attachement inviolable que la ville de Perpignan a toujours témoigné à ses souverains, lui a mérité le titre glorieux de *très-fidelle*, qu'elle ne partage avec aucune autre ville du royaume ; il lui a été donné par Jean II, roi d'Aragon, par Ferdinand V, Charles-Quint et Philippe II, rois d'Espagne, et lui a été confirmé par les rois de France depuis qu'elle est sous leur domination. Il a valu encore aux habitans de la province du Roussillon, la prérogative singulière de jouir dans toute l'étendue de la Catalogne de tous les privilèges des naturels, quoique sous une domination étrangère, en vertu d'un édit du roi Jean II, du 14 mai 1475.

CHATEAU-ROUSSILLON, *Ruscino*, ancienne ville, située sur une élévation dans la partie orientale de la plaine de Roussillon, dont elle étoit la capitale, à une lieue O. de la mer, et à une demi-lieue E. de l'endroit où est aujourd'hui la ville de Perpignan, sur les bords de la rivière de la Tet. Cette ville, qui existoit plusieurs siècles avant J. C., a été grande et très-florissante ; elle fut le lieu où s'assemblèrent, l'an 536 de Rome, les rois des Celtes Tectosages, pour disputer le passage à Annibal. Elle devint ensuite une colonie Romaine ; on trouve encore, en fouillant les terres sur lesquelles elle étoit située, des médailles romaines et des fondemens d'édifices qui paroissent avoir été considérables ; nous y avons vu des débris de colonnes, de chapiteaux, de corniches, de socles de marbre, qu'on y a découverts en 1768. Cette ville commença à dépérir à l'époque de l'invasion des Sarrasins, et fut entièrement détruite par les Normands vers l'an 838. Elle étoit regardée encore, en 816, comme une des principales villes de la marche d'Espagne, puisque Lothaire, dans le privilège qu'il accorda aux peuples d'Espagne, ordonna qu'il en seroit déposé une copie dans chacune des sept principales de leurs villes, et nomme *Ruscino* la troisième. Il ne reste aujourd'hui d'autre vestige de cette ville, qu'une tour, remarquable par son ancienneté, qui a conservé le nom de *Castell-Rossello, Chateau-Roussillon* (PLANCHE XXII).

ELNE, *Elna*, autrefois *Helena*, et plus anciennement *Illiberis*, ville autrefois épiscopale, située en partie sur une colline, en partie dans la plaine, à un quart de lieue de la rive septentrionale du Tec, à une demi-lieue O. de la mer, et à trois lieues S. de Perpignan. Cette ville a été autrefois très-considérable et très-florissante ; elle s'étendoit jusqu'aux rives du Tec, et on trouve encore, en fouillant les terres, les fondemens de ses anciens édifices ; on y a découvert, il y a vingt ans, un cercueil de plomb, autour duquel étoient les vestiges d'une inscription presque effacée ; il renfermoit des os humains et les restes d'une armure. Cette ville avoit déja perdu, sous les Romains, de son étendue et de sa splendeur ; *ingentis quondam urbis tenue vestigium*, dit *Pline*. Elle fut rétablie vers le commencement du quatrième siècle de l'ère chrétienne, suivant les uns par Ste. Hélène, mère de l'empereur Constantin, et suivant les autres à l'honneur de cette princesse ; elle perdit alors le nom

(1) Les habitans de Perpignan en conservèrent la dénomination de *Mange-rats*. On en consacra la mémoire par des rats qu'on plaça en forme d'ornement, et qu'on voit encore sur la grille qui ferme le maître-autel de la vieille église de S. Jean.

d'*Illiberis*, et prit celui d'*Helena*, d'où dérive par corruption celui d'*Elne*, qu'elle porte aujourd'hui. On voit encore au dessous de cette ville les restes d'une forteresse, construite aussi à l'honneur de cette princesse, d'où elle avoit pris le nom de *Castrum Helenæ*; c'est aujourd'hui un village appelé la *Tour-bas-Elne*. C'est sous les murs de cette ville que campa Annibal, l'an 536 de Rome, avec une armée de quatre-vingt mille fantassins et douze mille chevaux, lorsqu'il traversa les Pyrénées pour porter la guerre en Italie. C'est encore dans cette ville que l'empereur Constant, troisième fils de Constantin, fut assassiné et inhumé en 350 : nous parlerons de son tombeau dans le Chapitre suivant.

Elne a été une des plus fortes places de la province du Roussillon ; la ville basse étoit entourée de hautes murailles, avec des tours rondes placées de distance en distance ; les fortifications de la ville haute étoient plus régulières ; elle avoit des remparts, des fossés, des bastions, des demi-lunes, des souterrains ; on en voit encore les vestiges ; mais elles ont été détruites par les différens siéges que cette ville a soutenus, et sur-tout par ceux de 1285 par Philippe le Hardi, de 1474 sous Louis XI, et de 1641 par le prince de Condé, sous Louis XIII.

Cette ville a été le siége de l'Evêque et du Chapitre de la Cathédrale jusqu'en 1602, époque de leur translation à Perpignan. L'église Cathédrale, bâtie d'abord dans la ville basse, réédifiée à la fin du neuvième siècle, et consacrée, en 916, par l'évêque Hilmerardus, en présence du comte Gausbert, détruite par les incursions des ennemis, fut transférée dans la ville haute, au commencement de l'onzième siècle, par l'évêque Bérenger : c'est un assez bel édifice dont nous parlerons dans le Chapitre suivant. Le Clergé de cette église est très-nombreux ; il est divisé en bénéficiers de haut-chœur et de bas-chœur : il a conservé les privilèges de Clergé de Cathédrale : ses habits de chœur sont les mêmes que ceux du Chapitre de la Cathédrale dont nous parlerons ailleurs, à la différence que la fourrure est noire et le liserage violet. *Elne* a encore une autre église dans la ville basse, sous l'invocation de S. Jacques, un couvent de Capucins, et un hôpital pour les pauvres malades.

La translation du Chapitre de la Cathédrale à Perpignan, a été l'époque de l'entière ruine de cette ville ; elle conserve encore toute son étendue ; mais on n'y voit que des masures et des ruines, qui excitent d'autant plus de regrets, qu'il est difficile de trouver une situation plus belle. Les vues de ses remparts sont très-pittoresques ; on voit de tous côtés la plaine du Roussillon, une partie de celle du Vallespir, les villes et villages dont elles sont couvertes, et dans l'éloignement les belles montagnes de l'Albera, où l'on apperçoit quelques-unes des tours construites autrefois pour arrêter les incursions des Sarrasins, et qui ont servi pour placer des signaux dans nos guerres avec l'Espagne (PL. XVIII).

CANET, *Canetum*, chef-lieu de la vicomté de ce nom, ville, et autrefois place forte, située au bord de la mer, à une lieue et demie E. de Perpignan ; elle a été riche et très-peuplée : elle étoit environnée de salines, dont le produit faisoit toute la fortune de beaucoup de particuliers, et qui, par le commerce du sel, très-considérable et lucratif, y avoient attiré un très-grand nombre d'habitans ; mais l'établissement des gabelles en Roussillon, en détruisant ce commerce, a ruiné beaucoup de particuliers et a dépeuplé cette ville ; elle n'est plus aujourd'hui qu'un tas de ruines. Ses fortifications avoient déja été détruites après le siége qu'elle soutint au mois de juin 1641 contre l'armée Françoise ; elle a une église sous l'invocation de S. Jacques, un château qui tombe en ruine, et un bureau de traites-foraines. Le siége de cette ville, en 1474, par l'armée de Louis XI, est mémorable par la belle défense de la Vicomtesse de Canet, qui fit voir un courage, beaucoup au dessus de la foiblesse de son sexe ; secondée par les seuls habitans, elle se porta par-tout, présida à tous les conseils, dirigea tous les travaux, fut toujours à la tête des assiégés dans les endroits les plus dangereux, les anima par son exemple, et eut enfin l'honneur de faire lever le siége.

VERNET, *Vernetum*, baronie suivant les uns, duché suivant les autres, ancienne petite ville et château, dans une situation très-agréable, au milieu d'une campagne fertile et

le Ch.er de l'Espinasse del. *Née Sculp.*

VUE DE RIVESALTES EN ROUSSILLON.

Les Chateaux d'Opol et de Toutavel, dans l'éloignement sur les Montagnes.

Roussillon N.° 20.

le Ch.er de l'Espinasse del. *Née Sculp.*

VUE DU CHATEAU,

du Village et de l'Etang de Salses en Roussillon.

Roussillon N.° 21.

Dessiné par le Ch.er de l'Espinasse. Niquet Sculp.

VUE DE LA VILLE D'ELNE,

et des Montagnes de l'Albera en Roussillon.

Roussillon N.° 18.

Dessiné par le Ch.er de l'Espinasse. Niquet Sculp.

VUE DE LA VILLE ET DU PORT DE COLLIOUVRE,

Dominés par le Fort S.t Elme.

Roussillon N.° 19

riche, à un petit quart de lieue de Perpignan, à la tête d'une superbe chaussée, qui conduit à cette ville en y arrivant du côté du Languedoc. Il y avoit un couvent de Grands-Augustins, qui fut transféré dans un des faubourgs de Perpignan en 1326. Il ne reste d'autres vestiges de cette ville et de ce château, qu'une petite église, sous l'invocation de S. Christophe. On y voit quelques maisons de construction moderne, qui sont des moulins et des maisons de campagne. Les consuls de Perpignan sont seigneurs, et se disent Ducs du Vernet.

OPOL, ancienne petite ville au pied de la montagne, vers les frontières du Languedoc, à quatre lieues N. O. de Perpignan; elle a environ deux cents feux et huit cents habitans; il y a, toutes les semaines, un marché où l'on vend beaucoup de bestiaux, et sur-tout des moutons. Elle étoit dominée par un château fortifié, bâti sur la montagne, mais dont il ne reste que les murailles (PLANCHE XX), au dessous duquel on trouve beaucoup de pétrifications sur la partie orientale de la montagne.

RIVESALTES, *Ripæ-altæ*, petite ville, entourée de murailles, avec un faubourg plus beau que la ville, à une lieue et demie N. de Perpignan, sur la rive occidentale de l'Agly; sa position est très-agréable: elle est sur les bords de la rivière, dans une plaine fertile, environnée de côteaux bien cultivés; on y découvre les montagnes qui séparent la plaine du Roussillon du Languedoc, dont quelques-unes présentent des coupures singulières et pittoresques, et les châteaux d'*Opol* et de *Tcutavell* qui sont sur ces montagnes, et qui défendoient autrefois les passages du Languedoc en Roussillon (PLANCHE XX). Cette ville est renommée par la bonté et l'abondance de ses vins, qui font toute sa richesse, et surtout par ses vins muscats, les plus délicieux de toute l'Europe.

SALSES, *Salsulæ*, ainsi appelée à cause du goût salé d'une fontaine très-considérable, qui n'en est pas éloignée, et de l'étang, dans lequel elle se jette; nous en parlerons dans la suite. On passe l'eau de cette fontaine sur un pont qui fait la séparation du Languedoc et du Roussillon: l'entrée de cette province est ici très-resserrée; elle est bornée à la droite par les montagnes, et à la gauche par l'étang. *Salses* étoit autrefois une ville qui est réduite aujourd'hui à un très-petit village, le premier du Roussillon, en venant du Languedoc, à quatre lieues N. de Perpignan. A deux cents pas, N. O. de ce village, est un château fort, que les historiens disent avoir été bâti par Charles-Quint; c'est une erreur; il existoit avant cet empereur, puisqu'il avoit déja soutenu des siéges en 1433, 1496 et 1503; Charles-Quint en augmenta les fortifications pour l'opposer à celui de Leucate et défendre l'entrée du Roussillon: c'est un carré de maçonnerie, avec une grosse tour à chaque encoignure; il est remarquable par l'épaisseur prodigieuse de ses murailles et la bonté de ses souterrains (PLANCHE XXI): il fut pris par les François le 19 juillet 1639, repris par les Espagnols le 6 janvier 1640, et se rendit à Louis XIII le 5 septembre 1642.

ILLE, *Insulæ*, chef-lieu de la vicomté de ce nom, ainsi appelé de sa situation en forme d'île, entre la petite rivière du Boulès et celle de la Tet. C'est une ville fort jolie, bien bâtie, située à l'extrémité et au N. O. de la plaine du Roussillon, sur la rive droite de la Tet, vis-à-vis de hautes montagnes qui sont de l'autre côté de cette rivière, à cinq lieues et demie N. N. O. de Perpignan. Elle est dans un terrain très-fertile, environnée de jardins, dont les fruits sont regardés comme les meilleurs de tout le Roussillon; elle fait un commerce assez considérable de pêches et de haricots, et est une des villes les plus riches et les mieux habitées de cette province. Ses murailles étoient bordées autrefois de belles plantations d'orangers en pleine terre, qui périrent dans les grands froids de 1709; on en a replanté une grande partie, qui sont aujourd'hui très-beaux. Elle a un Gouverneur municipal, un Corps-de-Ville, formé en petit sur le modèle de celui de Perpignan; trois églises, dont la principale, qui est sous l'invocation de S. Etienne, est belle, grande sans piliers, et est desservie par un Clergé nombreux; un hôpital pour les malades; et un couvent de Cordeliers, qui en est éloigné d'environ un demi-quart de lieue; le jardin de ce couvent, très-beau par lui-même, devient plus agréable par deux grands canaux qui le traversent, et qui prennent l'eau de la Tet, pour servir à l'arrosage de toute la plaine du

Roussillon. Cette ville est entourée de murailles, avec des tours de distance en distance; elle a soutenu quelques siéges : elle fut prise le 14 mai 1598 par trois mille François, qui firent sauter une porte, et entrèrent dans la ville; mais ils furent repoussés par les habitans après deux heures de combat.

TUYR, *Tuyrium*, petite et jolie ville, à trois lieues S. O. de Perpignan, dans une campagne fertile. Elle est entourée de murailles, et a un Gouverneur municipal, un Hôtel-de-Ville, un Hôpital pour les malades, et un couvent de Capucins.

VOLO, *Stabulum*, ville très-ancienne qui existoit déja sous les Romains, qui a été ensuite une place forte et a soutenu plusieurs siéges, mais qui ne conserve de ses anciennes fortifications que des vieilles murailles et quelques tours : elle est aujourd'hui peu peuplée. Elle est située dans la plaine, à la séparation du Roussillon et du Vallespir, sur la rive gauche du Tec, à quatre lieues et demie S. de Perpignan. Elle a une église sous l'invocation de S. Martin, et une brigade de maréchaussée.

SAINT-JEAN-DE-PLA-DE-CORS, village très-ancien, avec un château, bâti à la fin du douzième siècle par Bérenger Castellan, Sibille son épouse, et Robert d'Arles, en vertu de la permission que leur en donna Alfonse, roi d'Aragon, au mois de juin 1188, à cinq lieues S. de Perpignan, sur la rive gauche du Tec : il est dans une plaine, mémorable par la déroute de l'armée Françoise sous les ordres du maréchal de Schomberg, surprise dans la nuit, en 1674, par l'armée Espagnole, commandée par le duc de Saint-Germain ; les officiers et les soldats n'eurent le tems ni de s'armer, ni même de s'habiller ; beaucoup dentre eux arrivèrent à Perpignan en chemise.

Nous ajoutons ici un dénombrement des autres villes, villages et lieux du comté de Roussillon.

Alanya.
Alvalrri.
Anyls.
Aſpira-de-la-Gly.
Bages.
Baixas.
Banyuls-dels-Aſpres.
Bao.
Bayoles.
Bonpas.
Boule.
Brulla.
Cabanes.
Cabeſtany.
Calça.
Campillas.
Canohas.
Caramals.
Casas-novas.
Caſtell-vell.
Caſtellar-vilar.
Clayra.
Coma-nova.
Corbere.
Cornella-del-bercol.
Cornella-de-la-ribere.
Cyprien (Saint).
Eſtagell.
Eſteve-del-monaſtir (Saint).
Eugenie (Sainte).
Feliu-de-mont (Saint).
Feliu-de-vall (Saint).
Font-cuberta.
Font-freda.
Fonts.
Forques.
Garrius.
Hyppolite (Saint).
Jean-la-ſelle (Saint).
Laurent-de-la-Salanca (Saint).
Llauro.
Llupia.
Marie-la-mer (Sainte).
Moneſtir-del-camp.
Monteſcot.
Montner.
Moſſellos.
Naſſiach.
Nazaire (Saint).
Nidoleres.
Ortaſſa.
Palol.
Paſſa.
Pereſtortes.
Pia.
Polleſtres.
Pontella.
Prats-de-Balaguer.
Reglella.
Salelles.
Soler-d'amunt.
Soler-de-vall.
Tarrats.
Tautavell.
Taza.
Tolojas.
Torrellas.
Tour-bas-Elne.
Treſſerre.
Trullas.
Veſpella.
Vilallonga-de-la-Salanca.
Vilamulaca.
Vila-nova-de-la-raho.
Vila-nova-de-la-rivere.
Vila-roja.
Vilar-milar.
Vilarnau.
Vingrau.

Villes du Vallespir.

PRATS-DE-MOLLO, *Pratum mollionis*, ville et place forte du haut Vallespir, à la frontière de l'Espagne, au milieu des montagnes, sur la rivière du Tec, à seize lieues S. O. de Perpignan. Elle est divisée en ville basse et ville haute : celle-ci est bâtie en amphithéâtre : la ville basse a une chapelle, et la ville haute une église sous l'invocation des S[tes]. Juste et Rufine, bâtie par le comte de Barcelonne, et consacrée, en 1118, par Pierre Bernardi, évêque d'Elne ; elle est fort belle et construite sur le modèle de la vieille église de S. Jean de de Perpignan ; il y a un chemin souterrain bien voûté, qui conduit de cette église au château. Cette ville a un Hôpital, en partie de charité, en partie militaire.

C'est une forteresse irrégulière, fermée de murailles, avec des tours gothiques et des bastions irréguliers ; la partie haute a un fossé sec et une demi-lune placée vis-à-vis de la porte qui communique au Fort-de-la-Garde ; la partie basse est fermée par le Tec et par un petit ruisseau qui se jette dans cette rivière. Elle est défendue par le *Fort-de-la-Garde*, construit pour dominer une hauteur qui commande la ville ; c'est un ouvrage à cornes de la construction du maréchal de Vauban ; le chemin couvert en est défendu, au bord de la rivière, par deux redoutes pentagonales. A la tête de ce fort, sur une autre hauteur, est une redoute quarrée, entourée d'un fossé sec, et couverte du côté de la campagne d'un chemin couvert et de son glacis.

A trois lieues de cette ville sont les Bains des eaux thermales sulfureuses de la Preste, dont nous parlerons dans la suite ; ils sont très-fréquentés.

ARLES, *Arulæ ;* ville du haut Vallespir, qu'on prétend avoir pris son nom de quelques autels consacrés aux divinités du Paganisme, mais dont il ne reste aucun vestige, ni aucune preuve ; elle est dans une vallée, au pied du Canigou, sur la rive gauche du Tec, à dix lieues S. O. de Perpignan. Elle a un Bureau de traites-foraines, un Grenier à sel, deux Paroisses et une Abbaye de l'ordre de S. Benoit, congrégation de Terragone ; l'église de cette abbaye est belle et recommandable par son ancienneté ; on y trouve le tombeau de SS. Abdon et Sennen, qui contient une eau qu'on dit miraculeuse : nous en parlerons dans le Chapitre suivant.

FORT-DES-BAINS, forteresse du haut Vallespir, bâtie sur la crête d'une montagne isolée, ayant d'un côté la rivière du Tec, de l'autre la vallée des Bains, à demi-lieue E. d'Arles, et à neuf lieues et demie S. O. de Perpignan ; elle consiste en quatre bastions réguliers, avec un bon chemin couvert. Louis XIV la fit construire en 1670, et, quatre ans après, elle fut assiégée inutilement par les Espagnols. Dans la vallée des Bains, qui est au pied de cette montagne, on trouve le village de *Bains,* ainsi appelé à cause des bains d'eau thermale sulfureuse qu'ils contiennent, qui sont très-fréquentés, et où l'on voit un grand et beau bassin, dont nous parlerons dans le Chapitre suivant. Les environs sont remplis de mines de fer.

CERET, *Ceretum,* ville du haut Vallespir, au pied de la montagne, à un petit quart de lieue de la rive droite du Tec, et à sept lieues S. O. de Perpignan. Elle a eté bâtie vers 820 par *Wimar,* auquel Charlemagne avoit fait la concession du territoire, qui fut confirmée par Louis le Débonnaire, en 833. Elle a une Eglise paroissiale, desservie par un Clergé nombreux, une Chapelle dédiée à S. Roch, un Hôpital pour les malades, un Couvent de grands Carmes et un autre de Capucins ; celui-ci est sur une hauteur, au dessous d'un château qui dominoit la plaine, et dont il ne reste que les murailles, dans une des plus belles situations ; on y découvre toute la plaine du bas Vallespir, une partie de celle du Roussillon, des montagnes à droite et à gauche, et la mer dans l'éloignement. Les rues de cette ville sont étroites, mal alignées, les maisons mal bâties : elle n'a qu'une Place, qui est petite, serrée, au milieu de laquelle on trouve une grande fontaine bien décorée, construite circulairement en marbre blanc, qui jette continuellement de l'eau par huit côtés en forme d'arc ; cette eau tombe dans un grand et beau bassin à hauteur d'appui, et y forme une belle nappe d'eau. Elle a deux Faubourgs, plus agréables que la ville, dont un a une très-belle place, bien découverte. Elle est entourée de hautes murailles, avec des tours de distance en distance ; il règne autour de ces murailles une très-belle promenade, plantée de plusieurs rangs d'arbres, et qui fait presque tout le tour de la ville. Les environs sont beaux, rians et fertiles. *Ceret* est connu dans l'histoire pour avoir été le lieu où les Commissaires des rois de France et d'Espagne s'assemblèrent, en 1660, pour fixer les limites des deux royaumes, en vertu du traité des Pyrénées.

A un quart de lieue et à l'E. de cette ville, on passe le Tec sur un pont d'une seule arche de cent trente-huit pieds d'ouverture, bâtie avec beaucoup de hardiesse sur deux rochers ; l'élévation prodigieuse de ce pont fait l'admiration des connoisseurs : on le regarde comme le plus haut et le plus hardi qu'il y ait en France : on dit dans le pays qu'il a été bâti par le Diable : on ignore l'époque de sa construction ; on trouve seulement qu'il fut réparé en 1333 : on sait cependant qu'il n'existoit point sous les Romains ; ces peuples passoient le Tec sur un pont dont on voit encore les vestiges un peu au dessus. A l'extrémité de ce pont, on trouve quelques maisons et les murailles d'une ancienne église, détruite depuis long-tems, mais qui étoit très-vaste, paroît avoir été destinée à une peuplade assez considérable, et étoit sous l'invocation de S. Pierre, ainsi que l'église principale actuelle de *Ceret;* ce qui pourroit faire croire que c'étoit le lieu où étoit située autrefois cette ville.

BELLEGARDE, Forteresse du haut Vallespir, située à la frontière d'Espagne, sur une montagne, qui domine l'entrée de l'Ampourdan, et défend le passage principal des Pyrénées en Catalogne par le col de Pertus, à cinq lieues et demie S. de Perpignan. Ce n'étoit autrefois qu'une Tour, qui existoit déja dans le quatorzième siècle, puisque Martin I, roi d'Aragon, y nomma un Gouverneur en 1398 : les Espagnols y ajoutèrent quelques fortifications après s'en être emparés en 1674 ; mais, après la paix de Nimègue, Louis XIV y fit bâtir un pentagone irrégulier, fortifié de cinq bastions : on a fait dans la suite, sur un rocher plus bas, un ouvrage à cornes, uni à la place par un angle saillant, qui forme une espèce de demi-lune, sur laquelle est bâti un cavalier. Cette Forteresse s'avance d'un côté sur des rochers inaccessibles, et a de l'autre côté un fossé taillé dans le roc (PL. XVII). On n'y trouve presque que des logemens et des magasins militaires ; mais il y a un grand puits creusé dans le roc, qui, par sa grande profondeur, est digne de la curiosité du voyageur.

ARGELÈS, ville du bas Vallespir, autrefois fortifiée, à demi-lieue S. de la mer, et cinq lieues S. E. de Perpignan. Elle est encore entourée de murailles. Elle a soutenu plusieurs siéges, et se rendit à la France le 7 juin 1641, après que les habitans se furent rendus maîtres de la garnison et l'eurent obligée à se réfugier dans l'église, où ils la tinrent assiégée jusqu'à l'arrivée de l'armée Françoise.

COLLIOUVRE, *Cauco-liber, Cauco-illiberis,* ville du bas Vallespir, dans un fond, au bord de la mer, au pied de hautes montagnes, dans lesquelles elle est enclavée, à six lieues et demie S.E. de Perpignan. Elle existoit déja du tems des Romains : elle fut détruite dans la suite, rebâtie et repeuplée vers la fin du dixième siècle par Guifre, Comte du Roussillon. Cette ville est petite, mal bâtie, et n'a que quelques rues très-étroites. Elle a une Eglise paroissiale, qui appartient à l'Ordre de Malte, un Etat-Major, un Hôpital militaire, un Faubourg, où est un couvent de Dominicains, et un très-petit Port, qui a si peu d'eau, qu'il ne peut servir que pour des barques et des petites tartanes, et qui est quelquefois dangereux par les vents d'Est et de Nord. C'est une place très-forte : elle est défendue par un château bâti sur une roche escarpée, dont les murailles sont battues par la mer ; par un autre château, appelé *le Miradou,* où est le logement de l'Etat-Major ; par un château, appelé *de l'Etoile,* bâti ou reconstruit de nos jours ; par deux tours bâties sur deux montagnes voisines, et par le *Fort-Saint-Elme,* qui n'en est séparé que par le Port : ce Fort est sur une haute montagne, qui domine bien loin sur la mer ; il n'a que quatre petits bastions : ses remparts sont à l'épreuve de la bombe : on y entre par une échelle (PLANCHE XIX). Cette place fut assiégée en 1612, par le maréchal de Brezé, et se rendit après avoir été vivement défendue par le marquis de Mortare.

PORT-VENDRES, *Portus Veneris,* port sur la Méditerranée, à demi-lieue E. de Colliouvre, et à sept lieues S. E. de Perpignan. Ce port avoit été connu des Romains, et très-fréquenté dans le tems que le Roussillon appartenoit à l'Espagne ; il étoit devenu impraticable pour les gros vaisseaux, et ne pouvoit recevoir que des galères et des petits vaisseaux marchands, soit par rapport à un rocher à fleur-d'eau, qui en rendoit l'entrée très-difficile, soit par la grande quantité de vase, qui s'y étoit ramassée insensiblement, et qui l'avoit presque comblé. Sa situation le rendoit cependant très-important, sur-tout dans une mer

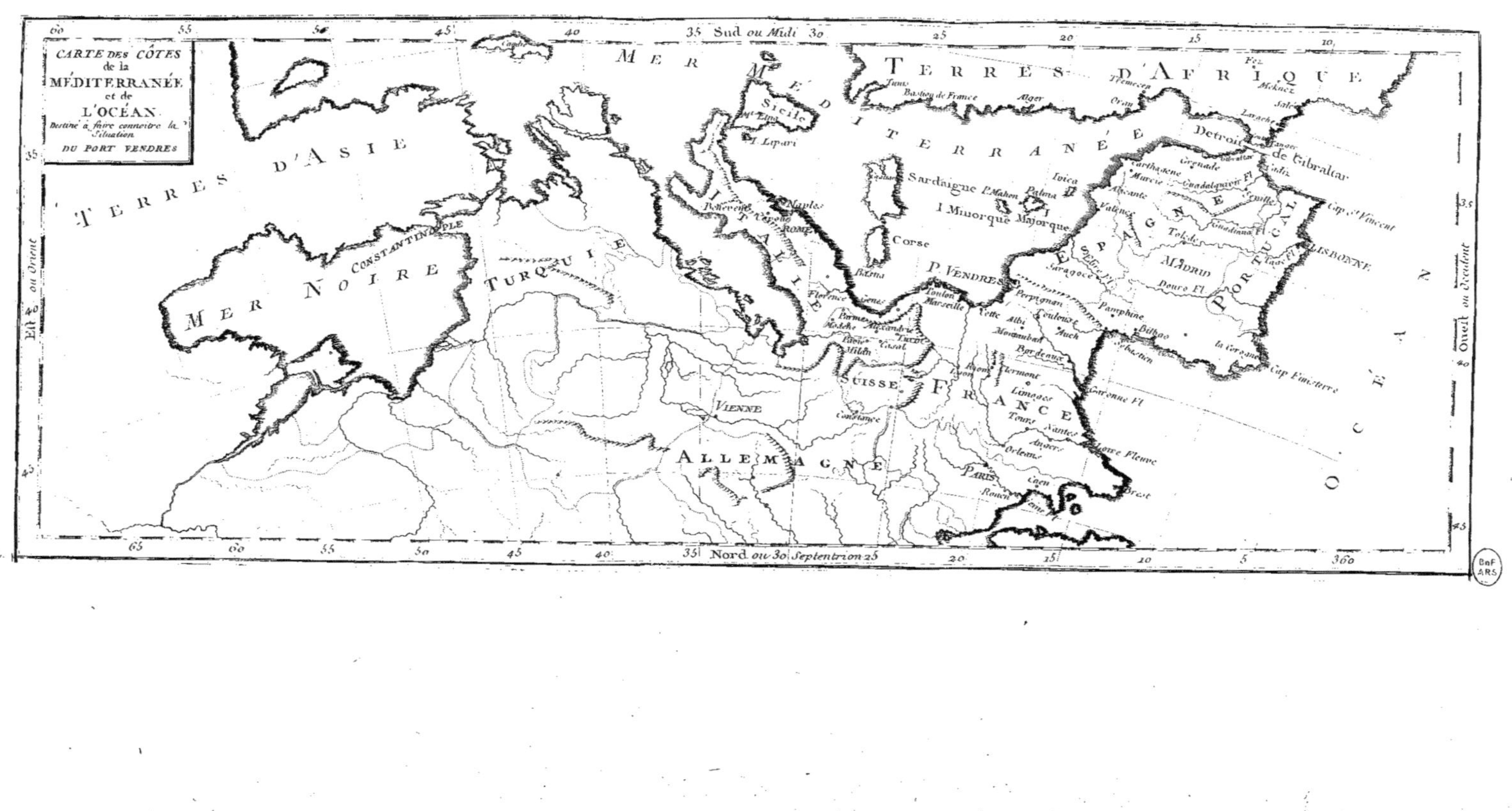
CARTE DES CÔTES
de la
MÉDITERRANÉE
et de
L'OCÉAN.
Destiné à faire connoitre la Situation
DU PORT VENDRES
Sud ou Midi
Nord ou Septentrion
Est ou Orient
Ouest ou Occident
TERRES D'AFRIQUE
TERRES D'ASIE
MER MÉDITERRANÉE
MER NOIRE
OCÉAN
CONSTANTINOPLE
TURQUIE
ITALIE
ALLEMAGNE
VIENNE
SUISSE
FRANCE
PARIS
ESPAGNE
MADRID
PORTUGAL
LISBONNE
P. VENDRES
Sicile
Sardaigne
Corse
I. Minorque
Majorque
Ivica
Detroit de Gibraltar
Cap St Vincent
Cap Finisterre
Tunis
Alger
Oran
Fez
Toulon
Marseille
Bordeaux
Nantes
Brest
Naples
ROME

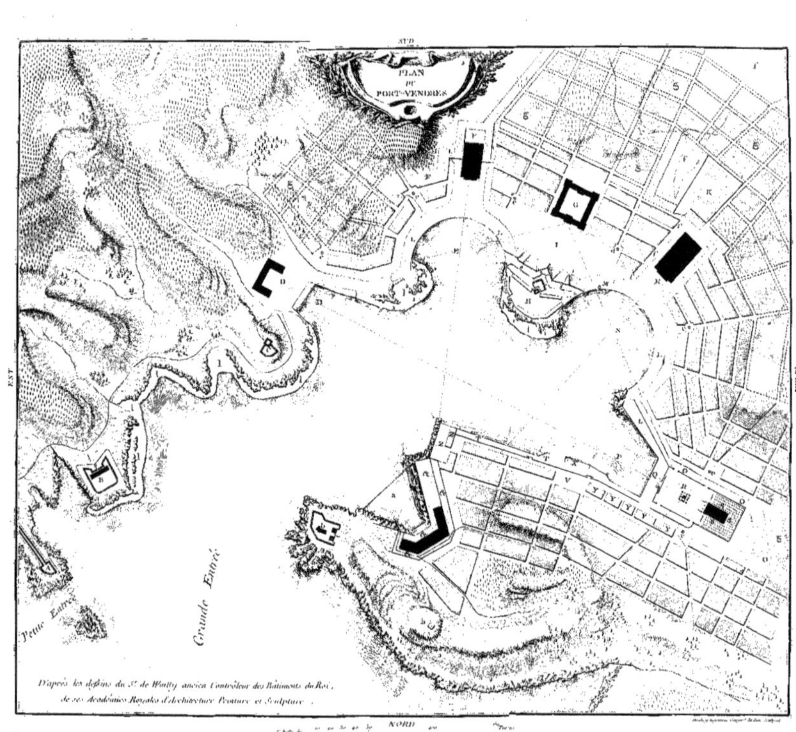

Renvois du Plan

A. Nelle Batterie de canon pour défendre les approches du Port.
B. Redoute de Mailly pour en défendre l'entrée.
C. Redoute de Bon idem.
D. Anse de carénage et Bâtiment pour le radoub des vaisseaux.
E. Anse pour les Bâtiments marchands désarmés.
F. Couvent St. Joseph et Hôpital.
G. Hôtel de Ville et Bourse.
H. Redoute de la presqu'isle avec les emplacements nécessaires à sa défense.
I. Esplanade pour la manœuvre des troupes.
K. Paroisse St. Louis et cimetière.
L. Nouveaux quais et jetées.
M. Château d'eau où les navires viennent faire l'eau.
N. Anse pour les Vaisseaux et Frégates désarmés.
O. Grand Chemin de Collioure.
P. Anse d'embarquement et de débarquement.
Q. Port de débarquement.
R. Place du Port au milieu de laquelle est un Obélisque élevé à la gloire de Louis XVI.
S. Chapelle du Port et promenade en pourtour.
T. Port d'embarquement en ancien quai.
V. Halle au bled ou quai supérieur.
X. Cale pour les chaloupes et Barques des Pêcheurs.
Y. Magasins du Roi et logement du garde de l'artillerie.
Z. Bureau de Santé et [illegible] en terrasse.
&. Lazaret pour faire la quarantaine avec promenade et double enceinte.
a. Anse pour les Bâtiments qui font quarantaine fermée par une chaîne.
b. Redoute du Fanal.
c. Batterie de Mortiers et de Canons pour défendre les approches du Port.
d. Puits et Pompe du Roi.
e. Nouveaux Puits.
f. Terrain de Ville [illegible].
g. Terrain sur les hauteurs propre à construire des maisons pour douze mille habitants.
h. Moulin.
i. Amarres avec pointes dans [illegible] pour en faciliter les approches.
j. Jetée autour du Port pour servir à relever les Vaisseaux qui seraient forcés par le temps et qui n'auraient pas celui de mouiller ou serrer les voiles.

Dessiné par le Chevalier de Lespinasse

VUE DU PORT VENDRES

Roussillon N.° 3

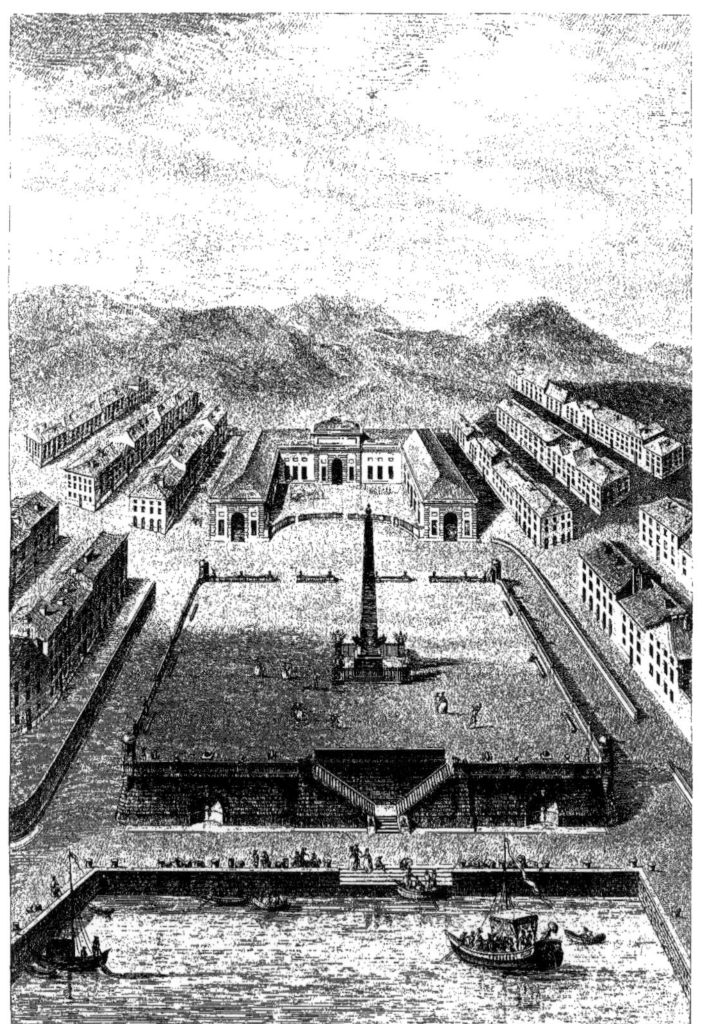

VUE DE LA PLACE LOUIS XVI. AU PORT VENDRE.

Monument élevé à la gloire du Roi par la Province du Roussillon.

Pris par d'Wailly des Acad. d'Arch. Peint. et Sculp. Et. *Née Sculp. 1787.*

VUE DES DIFFÉRENTES FACES DE L'OBELISQUE

érigé à l'honneur de Louis XVI. au Port Vendre.

Roussillon N.° 5.

Dessiné par Monet Peintre du Roi. — Helman Sculp. 1786.

LA SERVITUDE ABOLIE.

Le Roi sortant de son Palais annonce la liberté aux Serfs de ses États.

Rousselon N.° 6.

Dessiné par Monet Peintre du Roi. — Helman Sculp. 1786.

LA MARINE RELEVÉE.

Deux Escadres sortant l'une du Port de Toulon, l'autre de celui de Brest; au milieu un Piéd-destal surmonté d'une Renommée, au bas duquel sont appuyés les Dieux des deux Mers.

Rousselon N.° 5.

Dessiné par Monet Peintre du Roi. — Helman Sculp. 1786.

L'INDEPENDANCE DE L'AMÉRIQUE.

[illegible] la Ville de Boston et les Peuples de l'Amérique rassemblés sur le rivage, tendant les [illegible] à l'Envoyé du Roi qui leur porte le traité qui assure leur indépendance.

Rousselon N.°

Dessiné par Monet Peintre du Roi. — Helman Sculp. 1786.

LA LIBERTÉ DU COMMERCE.

Le Génie de la France et celui de la liberté annoncent aux Vaisseaux de toutes les Nations dont la Mer est couverte, la liberté du Commerce due à la protection du Roi.

Rousselon N.° 9.

aussi orageuse que le Golfe de Lyon; il est couvert par de hautes montagnes qui l'environnent, et qui mettent les bâtimens à l'abri de tous les vents, même dans les plus gros tems; il est au centre de la côte de la Méditerranée et du Détroit de Gibraltar, et bien situé pour recevoir les vaisseaux qui viennent à l'est de l'Italie, et à l'ouest de l'Océan; il est le seul port depuis Marseille jusqu'à la côte d'Espagne, qui puisse offrir un refuge aux vaisseaux et recevoir des escadres, dans les cas où le Gouvernement voudroit faire des expéditions militaires sur les côtes ou dans les îles de la Méditerranée qui en sont voisines (PLANCHE I). Ce port devoit donc être regardé par toutes les Nations commerçantes, comme un des plus importans de la Méditerranée pour le commerce intermédiaire des deux mers, dont il devient en même-tems un lieu de sureté et de rafraichissement.

Aussi, à peine le Monarque bienfaisant, sous lequel nous avons le bonheur de vivre, a-t-il connu les avantages que ce Port présentoit pour le bien particulier des peuples du Roussillon, pour le bien général du commerce du royaume, pour celui des commerçans de toute l'Europe, et pour les flottes de la Marine royale, qu'il s'est décidé à le faire rétablir. Le projet étoit vaste, difficile à exécuter, exigeoit des sommes très-considérables; mais son amour pour ses peuples, soutenu des vues d'utilité générale, a applani tous les obstacles, et ce prince a signalé les premières années de son règne en se présentant aux peuples du Roussillon comme un astre bienfaisant, dont l'influence salutaire vivifie une province, qu'un oubli trop affecté laissoit dans l'inertie.

Ce Port, au rétablissement duquel on travaille depuis douze ans, vient d'être nettoyé; son bassin présente une surface de soixante-dix mille toises quarrées; il peut recevoir actuellement des frégates et contenir plus de cinq cents bâtimens marchands: on travaille encore à lui donner plus de fond, et dans peu de tems il pourra recevoir des vaisseaux de guerre. Les quais et les places de débarquement sont de la plus grande beauté; il est défendu par quatre forts et quatre batteries, dont les feux croisés le rendent inattaquable par la mer. On y a fait déja plusieurs établissemens propres à favoriser et accroître la navigation; on s'occupe actuellement des moyens d'y attirer une population nombreuse; on a accordé des privilèges à ceux qui iront s'y établir; on a fait les alignemens pour la construstion d'une ville et de tous les établissemens nécessaires (PLANCHE II). La perspective et l'entrée de ce Port seront très-agréables (PLANCHE III).

On a construit en face du Port, une place de trente-une toises en quarré, élevée de seize pieds au dessus d'une des places de débarquement, ornée de deux fontaines, décorée de trophées, avec deux batteries de quatre pièces de canon, précédée d'un fer-à-cheval formé en pilastres réunis par des grilles de fer, ayant par côtés deux beaux bâtimens destinés à des cazernes et à des magazins, et terminée par le portail de la chapelle du Port (PLANCHE IV). On a élevé, au milieu de cette place, à l'honneur de Louis XVI, un superbe obélisque de marbre de Roussillon, de cent pieds d'élévation au dessus du niveau de la mer; c'est le premier monument érigé à l'honneur de ce prince. Les bronzes du socle présentent les quatre principales époques du règne de S. M., la servitude abolie (PLANCHE VI), l'indépendance de l'Amérique (PLANCHE VII), le commerce protégé (PLANCHE IX), et la marine relevée (PLANCHE VIII). Le reste de ce monument est décoré d'ornemens de bronze, analogues au rétablissement du Port; l'obélisque est terminé par le globe de la Terre, où, par une allégorie ingénieuse, on a représenté les quatre parties du Monde, surmontées d'une fleur-de-lis, dont les feuilles recouvrant le globe, annoncent la protection que le Roi accorde à toutes les Nations (PLANCHE V). On y a placé les deux inscriptions suivantes, dans lesquelles on a consacré l'époque de l'érection de ce monument (1).

(1) Nous avons cru devoir donner des détails étendus sur le *Port-Vendres*, et multiplier les dessins du monument qui y a été élevé; c'est le premier qui ait été consacré à la gloire de Louis XVI; les bons François verront avec plaisir la reconnoissance des peuples consacrer le souvenir des premiers bienfaits de ce prince.

DU RÈGNE DE LOUIS XVI;	*REGNANTE LUDOVICO XVI;*
CE PORT	*ÆTERNUM HOC*
SERA A JAMAIS	*REGIÆ BENEFICENTIÆ*
UN MONUMENT DE SA BIENFAISANCE,	*ET MUNIFICUM IN PRINCIPEM*
UN REFUGE A TOUTES LES NATIONS,	*CIVIUM, CLASSIUM, MILITARIUM, GENTIUM*
UN ASILE A LA MARINE MILITAIRE,	*OMNIUM*
ET UN MOTIF DE RECONNOISSANCE	*MERCATURAM MARI FACIENTIUM,*
ENVERS UN MONARQUE	*GRATIÆ MUNERIS ANIMI*
QUI NE RÈGNE	*MONUMENTUM.*
QUE PAR SES BIENFAITS.	*ANNO X^ti M. DCC. LXXX.*
M. DCC. LXXX.	

Nous ajoutons ici l'énumération des autres villes, villages et lieux du *Vallespir.*

Abelles.
Albera.
Amans (Saint).
André-de-Sureda (Saint).
Arsus.
Banyuls-del-Maresme.
Bastide (la).
Bellpuig.
Benat.
Bordoil.
Bosqueros.
Boute-de-Munt
Cabariu.
Cabrenys.
Calmella.
Camelas.
Candell.
Casa-Fabra.
Casa-Sus.
Castellet.
Castell-Nou.
Clusa (la).
Codolet-de-Olmes.
Colome (Sainte).
Corbera-de-Munt.
Corsevi.
Cosperons.
Costinya.
Costoja.
Croanques.
Fontanills.
Genis-de-Fontaynes (Saint).
Jean-de-l'Albera (Saint).
Marsal (Saint).
Martin-de-Fenouilledes (Saint).
Martin-de-l'Albera (Saint).
Maurellas.
Michel-de-Llotas (Saint).
Milanet.
Montalba-de-Paracols.
Mont-Auriol.
Mont-Blanch.
Mont-Bolo.
Mont-Esquiu.
Mont-Ferrer.
Mont-Rodon.
Olius.
Oms.
Palau-del-Vidre.
Palauda.
Panissas.
Pava (la).
Perillos.
Pertus (le).
Prunet.
Pujols.
Reynès.
Salinas.
Selva (la).
Serrabona.
Serrallonga.
Sureda.
Tallet.
Taifo.
Taulis.
Tech (le).
Torderas.
Vall (la).
Vall-Bona.
Vall-Costavia.
Valtrera.
Vilallonga-del-Mont.
Vila-Roja.
Vilar & Saint-Paul.
Vilarsell.
Vilella-Vilar.
Vivès.

Viguerie du Conflent.

La Viguerie du *Conflent* comprend le *Conflent* et le *Capsir;* elle contient soixante-douze paroisses et environ 25,000 habitans; elle a quatre villes, *Villefranche*, qui est une place forte et en est la capitale, *Prades*, *Vinça* et *Aulette.*

Villes du Conflent.

VILLEFRANCHE, *Villa-libera,* ville forte et capitale du Conflent, sur la rive droite de la Tet, qui baigne ses remparts, à quatorze lieues O. de Perpignan. Elle a été construite en 1075, par Raymond, Comte de Cerdagne, et a pris son nom de la grande quantité de priviléges et exemptions qui lui furent accordés par ce prince. Elle n'a que deux rues, qui se communiquent par une petite rue collatérale, mais fort longues, et l'une est large et alignée. Il y a un Etat-Major, et une Eglise paroissiale, desservie par une Communauté de sept prêtres; elle est dans une gorge étroite, entre deux montagnes très-hautes, dont elle n'est séparée d'un côté que par un fossé, et de l'autre par la rivière. Cette ville est fortifiée de six bastions, avec une demi-lune à chacune de ses trois portes. Elle est défendue par un Château, de forme très-irrégulière, que Louis XIV fit construire sur

sur le haut d'une des deux montagnes voisines, et qui domine les chemins de France et d'Espagne, et la gorge qui conduit au Canigou; on y fait voir des prisons souterraines, où l'on prétend que furent enfermées, dans le siècle dernier, trois Dames de la cour de ce prince; on y voit encore les chaînes, avec lesquelles on assure qu'elles furent enchaînées.

La montagne opposée à celle où est le château, renferme une caverne très-vaste, très-élevée et très-profonde, au fond de laquelle on ne peut parvenir après une heure de marche; elle est connue dans le pays sous le nom de *Cova Bastera*; on y monte par un escalier de cent trente-deux marches, pratiqué dans la montagne, dont la porte s'ouvre dans le fossé de la ville. Elle est remplie de stalactites et de stalagmites de toute sorte de grandeurs; on y en voit une entr'autres, qui imite parfaitement une orgue, et l'organiste qui la touche. Cette caverne peut contenir beaucoup de monde, et pourroit être utile en cas de siége; on y trouve un endroit spacieux ou grande place, qui s'ouvroit à l'E. de la montagne; cette ouverture a été masquée par un mur où l'on a pratiqué des créneaux, qui peuvent servir à battre les ennemis et à défendre l'entrée de la ville.

PRADES, *Pratæ*; jolie petite ville, dans une situation très-agréable, à l'extrémité occidentale de la Vallée du même nom (1), sur la rive droite de la Tet, à une lieue et demie E. de Villefranche, et douze et demie O. de Perpignan; elle a été bâtie vers l'an 844, en vertu d'une concession de Charles le Chauve, de l'année précédente. Elle a une grande et belle Eglise paroissiale, desservie par un Clergé très-nombreux, où tous les Enfans de la ville ont le droit de prendre place et de partager les revenus et émolumens dès qu'ils sont parvenus à l'ordre de prêtrise, un Hôpital pour les malades, un Couvent de Capucins, deux autres Eglises, un Siége du Bailliage et un Grenier à sel. Elle est aujourd'hui le lieu de la résidence du Viguier du Conflent, et du Siége royal de cette Viguerie (PLANCHE XXIII).

VINÇA, petite ville, dans une situation agréable, à l'extrémité septentrionale de la Vallée de Joch, dans une campagne riante et fertile, à mille pas de la rive droite de la Tet, à trois lieues et demie E. de Prades, et neuf O. de Perpignan. Elle a une Eglise paroissiale, desservie par un Clergé nombreux et riche, qui a le droit de faire porter devant lui une croix à deux branches, depuis l'union qui lui a été faite du Prieuré de Marcevol. Cette ville est entourée de murailles, avec des tours rondes de distance en distance; elle est mal percée et mal bâtie; elle a deux Faubourgs, plus grands et plus agréables que la ville, deux Places, une dans la ville, qui est petite, et une dans un faubourg, qui est belle, grande et assez bien bâtie, un Hôpital pour les malades, un Couvent de Capucins, un Siége du Bailliage, un Gouverneur municipal et un Hôtel-de-Ville. Elle est remarquable par le grand nombre de ses fontaines et par la pureté et la légèreté de leurs eaux; on en trouve presque dans toutes les rues et dans plusieurs maisons particulières. Elle a soutenu plusieurs siéges; les habitans se distinguèrent par leur courage et leur intrépidité, le 22 octobre 1592; ils repoussèrent, après quatre heures de combat, les ennemis qui avoient surpris leur ville. Il y a, près de *Vinça*, deux sources d'eaux minérales, l'une froide et martiale, l'autre chaude et sulfureuse: nous en parlerons dans la suite.

AULETTE, petite ville, située dans une gorge, bâtie sur des rochers, sur la rive droite de la Tet, à six lieues E. du Mont-Louis, et dix-huit et demie O. de Perpignan, près de la Vallée d'Engarre, où l'on trouve des eaux minérales sulfureuses très-chaudes.

CORNELLA, *Cornelianum*, petite ville, sur le chemin de Villefranche au Canigou, à trois lieues N. de cette montagne, et quinze et demie S. O. de Perpignan. Elle étoit un lieu considérable dès l'an 1047; les Comtes de Cerdagne y avoient une maison, qui est nommée dans les anciennes chartes, *Palatium Corneliani*; elle a un Prieuré consistorial et un Chapitre, dont nous parlerons dans la suite.

---

(1) Voyez la description de cette Vallée ci-dessus, pag. 6.

VERNET, *Vernetum*, bourg à une lieue S. de Cornella, dont nous venons de parler; il n'est remarquable que par des eaux thermales sulfureuses et par leurs bains, où on voit un beau et vaste bassin.

ANYER, communément *Nyer*, village sur les montagnes, à la gauche du chemin d'Aulette au Mont-Louis ; il n'est connu que par ses eaux thermales sulfureuses.

MOLITX, village sur la montagne, à trois lieues N. de Prades, et treize et demie N. O. de Perpignan. Il est remarquable par ses eaux thermales sulfureuses et par des bains qu'on vient de rebâtir, et qui sont très-fréquentés ; ils sont au pied d'une montagne, sur laquelle on voit les murs de l'ancien château de Paracolls, qui appartient au Seigneur de Molitx. Près de ce village est le Couvent de Notre-Dame de Corbiac, qui fut occupé d'abord par des Servites, ensuite par des Trinitaires, et aujourd'hui, depuis 1609, par des Grands-Augustins ; il a été très-célèbre par la dévotion des habitans du Conflent et du haut Languedoc.

ARRIA, *Arrianum*, village bâti en amphithéâtre sur la rive gauche de la Tet, à demi-lieue O. de Prades. Il n'a rien de remarquable ; mais il mérite d'être connu, pour avoir produit une famille, qui a donné des Souverains à une grande partie de l'Europe ; elle a été la tige des anciens Comtes de Barcelonne et des Rois d'Aragon ; elle a donné des Rois à la Castille, à la Navarre, à la Sicile, à l'île de Majorque, des Souverains à la Provence et à une partie du Languedoc, et des Reines à la France, à la Castille, au Portugal et au royaume de Naples ; les princes qui règnent actuellement en France, en Espagne, à Naples et à Parme, en descendent par les femmes. C'est ici un point d'histoire, qui n'a jamais été traité, qui n'est pas connu, et dont la province de Roussillon doit se glorifier ; aussi nous croions devoir prouver cette descendance, en joignant ici un Tableau généalogique de la descendance des anciens Seigneurs d'*Arria*. (1)

Nous finissons cet article par la liste des autres villages et lieux du Conflent.

Arbussols.
Arenyans.
Ascaro.
Aurella.
Ayalbas.
Ayguatebia.
Aytua.
Bastida.
Ballestavia.
Belloc.
Billerach.
Bresès.
Camp.
Campoma.
Canavellas.
Candes.
Castell.
Castellar.
Catllar.
Caudiès.
Caussina.
Cerola.
Clara.
Codalet.
Coll-Masella.
Coma.
Conangles.
Conat.
Cortals.
Corts.
Creus.
Delpuig.
Despullosa.
En.
Escales.
Espes.
Estanyls.
Estoer.
Evol.
Eus.
Fetges.
Fillols.
Finestret.
Flassa.
Fornells.
Fulla.
Glorianes.
Graus-de-Sant-Père.
Gualbas.
Horts.
Jau.
Jaume (Saint).
Joch.
Juncet.
La Roca.
La Selva.
Lasinya.
La Vall-del-Feu.
Llaguna.
Llar.
Llech.
Llugol.
Magarola.
Mantet.
Marinyans.
Marcevol.
Marqueixanes.
Martin-de-Canigou (Saint).
Masos.
Massa.
Matamala.
Mataplana.
Michel-de-Cuxa (Saint).
Molitx.
Mollet.
Montbran.
Mosset.
No[illegible]es.
Oa[illegible].
Odello.
Orbanya.
Pi.
Porcinyans.
Prats.
Puig.
Quillana.
Rèal.
Relleu.
Rigarda.
Rodez.
Salrra.
Saorla.
Saorra.
Sauto.
Sensa.
Serdinya.
Sirach.
Soanyas.
Spira.
Tararac.
Toez.
Torent.
Torinya.
Vall-Manya.
Vall-Sera.
Vellans.
Vernet.
Vilallonga.
Vilanova.
Vilet.
Vralla.
Utes.
Vuitesa.

Villes du Capsir.

Le *Capsir* n'a que sept villages, *Puy-Valador*, *Font-Pedrosa*, *Formigueras*, *les Angles*, *Font-Rabiosa*, *Matamala*, *Creu.*

---

(1) Voyez le Tableau ci-joint.

TABLEAU DE LA GENEALOGIE,

De GUIFRE, natif et Seigneur d'Arria en Roussillon, fait Comte de Barcelonne par LOUIS LE PIEUX, Roi de France.

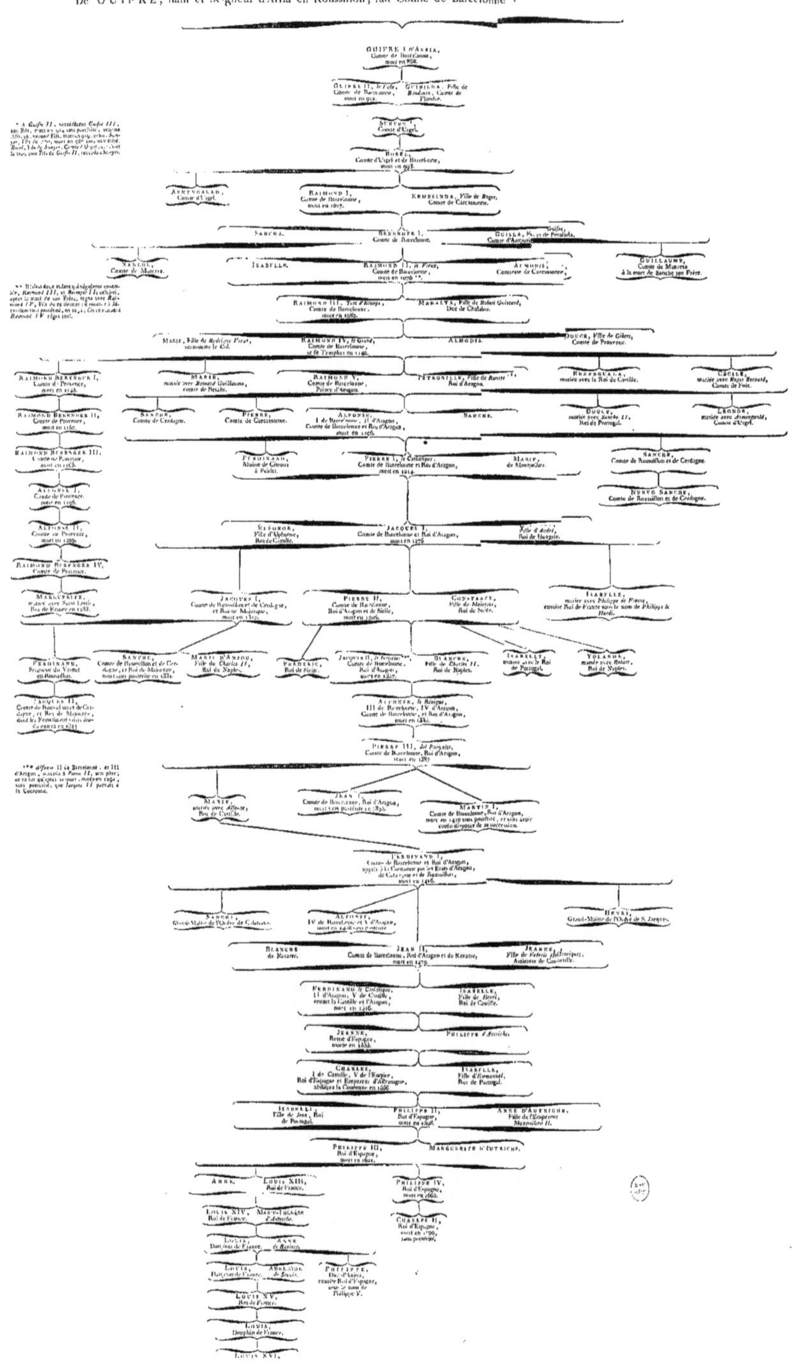

Viguerie de la Cerdagne.

La Viguerie de *Cerdagne* ne contient que trente-trois villages, cédés à la France par le traité des Pyrénées, dont le chef-lieu est *Sallagosa*, qui tient lieu de capitale, et qui est le Siége du Viguier et du Tribunal de la Viguerie de ce district. Elle n'a qu'une seule ville, qui est *Mont-Louis*.

MONT-LOUIS, *Mons Ludovici ;* ville sur la pente d'une montagne, entourée d'autres montagnes à une et à deux lieues de distance, à vingt-cinq lieues O. de Perpignan. Elle est élevée d'environ huit cents toises au dessus du niveau de la mer. Elle a huit rues alignées, deux petites places régulières, des maisons bâties uniformément, une Eglise petite, mais jolie, des Cazernes commodes, un Etat-Major, un Hôpital militaire et un Grenier à sel. Louis XIV l'a fait bâtir en 1681, sur les plans du maréchal de Vauban, pour défendre le passage du Col-de-la-Perche, et elle ne partage qu'avec Saar-Louis l'honneur de porter le nom de ce prince. Le sol de cette Place, qui est formé de rochers, a commandé la forme qu'il a fallu donner à son enceinte ; c'est à peu près celle d'un ouvrage à couronne, avec trois bastions et deux demi-lunes, qui n'ont pas la même figure. Cette ville est dominée au N. O. par une Citadelle, qui a quatre bastions et trois demi-lunes ; on y voit une Place-d'armes spacieuse et régulière, des grands Corps de cazernes bien bâtis, des Magasins beaux et vastes, un Arsenal, et le logement de l'Etat-Major. La citadelle est séparée de la ville par une très-belle esplanade.

ESCALDAS, ou CALDAS, *Aquæ calidæ*, petit village, au pied de la montagne, à une demi-lieue N. de Livia, ville Espagnole, à quatre lieues O. du Mont-Louis, et vingt-neuf O. de Perpignan. Il n'est remarquable que par ses eaux thermales sulfureuses et par ses bains ; le bassin où on se baigne est grand, vaste, pavé de très-grandes pierres ; c'est un ouvrage des Romains ; il avoit été construit sous le règne de l'empereur Auguste pour l'usage de la ville de *Livia*, qui en est voisine, que cet empereur avoit fait bâtir à l'honneur de l'impératrice *Livie* son épouse, et dont il avoit fait une colonie Romaine : la voûte de cet édifice est aujourd'hui détruite.

PLANÈS, village au S. de la plaine de Cerdagne, dans la Vallée du même nom, remarquable par son église, qui est une ancienne mosquée, construite sous les Sarrasins.

VALLÉE DE CAROL.

Cette Vallée n'a aucune ville : elle n'a que sept villages : celui de *Carol* lui tient lieu de capitale. Les autres sont *Courbassil*, *Quès*, *Riutès*, *la Tour de Carol*, *Airebals* et *S. Pierre de Sedret.*

CHAPITRE TROISIÈME.

Monumens de la province du Roussillon.

La province du Roussillon n'est pas riche en monumens soit anciens, soit modernes : nous les considérerons sous quatre époques différentes, sous les Romains et les Visigoths, sous la domination des Comtes et dans les premiers tems de celle des Rois d'Aragon, sous celle des Rois de Majorque, d'Aragon, d'Espagne et de France jusqu'à la fin du siècle dernier, et dans ce siècle.

Les monumens de la première époque se réduisent au Tombeau de l'empereur Constant, aux Bains d'Arles, à ceux des Escaldas, à l'Eglise de Custujas et à deux inscriptions romaines.

I. L'empereur Constant, troisième fils de Constantin, fut assassiné à Elne, en 350, par la faction de Magnence, et inhumé dans cette ville ; on a conservé avec soin pendant long-tems son Tombeau, et on l'avoit placé dans le cloître de l'église bâtie postérieurement dans la ville haute : il étoit quarré, de marbre blanc, cannelé par ondes, et portoit sur sa face antérieure le monogramme de Constantin. Ce tombeau a été détruit depuis environ trente ans ; on n'en a conservé que le monogramme, qui est plaqué contre le mur dans le cloître de cette église.

II. Les Bains des Escaldas, dans la Cerdagne Françoise, furent construits sous le règne de l'empereur Auguste ; ils furent destinés à l'usage d'une ville que ce prince avoit fait bâtir dans un lieu peu éloigné, en l'honneur de l'impératrice Livie son épouse, et dont il avoit fait une colonie Romaine ; cette ville, qui subsiste encore, est appelée *Livia*, du nom de cette princesse ; elle est dans la Cerdagne Espagnole. On ne voit presque rien aujourd'hui dans ces Bains qui annonce la magnificence des Romains ; la voûte en est détruite et les murailles presque ruinées ; ce qui reste peut donner cependant une idée de la beauté de l'édifice. On y voit un bassin de vingt-sept pieds de longueur sur treize pieds six pouces de largeur, et trois pieds de profondeur, pavé de pierres de taille, dont l'énorme volume et la régularité peuvent annoncer l'ouvrage des Romains ; elles sont soutenues par une charpente, qu'on a découvert en soulevant une partie d'une pierre brisée, et qui s'étend vraisemblablement sur toute l'étendue de ce bassin. On y descend par trois marches de marbre blanc, de quinze pouces de profondeur, qui règnent sur les quatre faces du bassin ; on voit aussi les vestiges d'une belle étuve, qui est détruite. C'est tout ce qui reste de cet ancien édifice, qui auroit été réparé, sans les difficultés qu'on a éprouvées de la part des habitans des environs.

III. Les Bains d'Arles, construits au pied de la montagne, sur laquelle on a bâti, dans le siècle dernier, le Fort-des-Bains, sont regardés, par les uns, comme un ouvrage des Romains, par les autres, comme un ancien temple consacré à Diane par les peuples des environs ; on ne trouve ni inscriptions, ni monumens particuliers qui puissent favoriser aucune de ces deux opinions. La première n'est fondée que sur l'usage fréquent des bains chez les Romains, et sur l'attention qu'ils avoient porté à s'en procurer dans plusieurs endroits de la Gaule Narbonnoise dans le tems qu'ils y exercèrent leur domination ; la dernière n'a pour fondement qu'une tradition populaire. Il est certain cependant que ces Bains et leur bassin actuel existoient déja au milieu du huitième siècle, au moment de l'expulsion des Sarrasins, puisque Charlemagne en fit don, en 788, au Monastère des Bénédictins d'Arles ; mais si on fait attention à la masse colossale de cet édifice, à la forme de sa voûte, à la construction gothique de ses murailles et au défaut absolu des ornemens, par lesquels les Romains annonçoient toujours leur grandeur et leur magnificence, on sera plus porté à croire qu'il a été construit par les Visigoths, qui ont occupé le Roussillon pendant trois

cents

cents ans après les Romains. Cet édifice est un carré-long, très-élevé; il renferme un superbe bassin de soixante-cinq pieds de longueur sur vingt-six pieds de largeur et six pieds de profondeur; on y descend par plusieurs marches; il règne le long de ce bassin un espace d'environ huit pieds, qui sert à se promener ou à se reposer; il est couvert d'une voûte très-élevée, qui porte tous les caractères des siècles gothiques : on n'y voit nulle part aucuns vestiges ni d'inscriptions, ni d'ornemens, ni de monumens particuliers.

IV. L'église de *Custujas* en Vallespir, a été bâtie dans les tems de la primitive Eglise, et elle en porte les caractères; elle a une voûte en anse de panier, faite avec de très-grosses pierres de taille, et un beau porche ou parvis, qui étoit destiné à contenir les Catéchumènes; le sanctuaire est fermé par une grille de fer très-haute et d'un beau travail.

V. On ne trouve en Roussillon que deux inscriptions romaines.

PIO FELICI	*L. CORNELIUS LONGUS ET*
INVICTO AV. G.	*M. CORNELIUS AVITUS ET*
P. M. TRIBUN.	*L. CORNELIUS LONGUS ET*
POT. II. COS.	*C. CORNELIUS SERVINUS ET*
P. P.	*M. CORNELIUS AVITUS ET*
DECUMANI	*P. CORNELIUS CORNELIANUS NEPOS*
NARBONENS.	*EXL. CUNC. AQUAM IN MUNICIPIUM*
	FLAVIUM EBUSUM S. P. P.

La première a été découverte dans le siècle dernier à Saint-André-de-Sureda, en bas Vallespir; elle annonce un monument érigé par les Magistrats de Narbonne. La seconde est placée contre les murs du jardin de l'ancien hôtel de l'Intendance de Perpignan; elle a fait croire à certains que la famille *Cornelia* avoit été très-puissante en Roussillon, et que c'est d'elle que plusieurs villages de cette province, appelés *Cornella*, ont pris leur nom. Elle a fait croire encore à M. *de Marca*, que la ville de *Perpignan* étoit très-ancienne, et qu'elle avoit porté autrefois le nom de *Municipium Flavium Ebusum ;* M. l'abbé *Xanpy* a adopté cette opinion, qui a été solidement combattue par M. *Fossa.* Il est démontré qu'*Ebusum* est le nom de la ville d'*Iviça*, que cette pierre a été portée de cette dernière ville par *Jean Davi*, qui en étoit Gouverneur, qui est mort à Perpignan en 1569, dont l'épitaphe encore existante lui donne la qualité de *Gubernator generalis Ebusi*, et qui est désigné comme Gouverneur d'*Iviça* dans les preuves de Joseph de Tord pour sa réception dans l'Ordre de Malte, enfin qu'elle fut placée dans l'endroit où elle est aujourd'hui, qui faisoit partie de la maison de *Jean Davi.*

Les monumens de la seconde époque ne sont pas en plus grand nombre; on ne doit y rapporter que la vieille Eglise de S. Jean de Perpignan, celle de la Cathédrale d'Elne, une Statue du cloître de cette église, le Tombeau des SS. Abdon et Sennen à Arles, et quelques Inscriptions.

I. La vieille Eglise de S. Jean à Perpignan fut bâtie au commencement du onzième siècle, et consacrée en 1025; elle est à trois nefs, et a, dans sa partie supérieure, une autre nef transversale, qui, considérée relativement aux premières, paroît former une croix; sa voûte est très-élevée, et soutenue par de gros piliers de pierres de taille, qui séparent les nefs. La forme de cette église est aujourd'hui changée; on en a pris une partie pour l'employer à des usages différens du service divin; on a muré les espaces d'un pilier à l'autre : on n'y voit aucuns restes ni d'ornemens, ni de monumens, ni du chœur; on ne peut pas même connoître l'endroit où ce dernier étoit placé.

II. L'Eglise d'Elne a été construite dans le milieu du onzième siècle; l'évêque Bérenger, à son retour de la Terre-Sainte, en jeta les fondemens en 1027, sur le modèle de celle du Saint-Sépulcre de Jérusalem, et elle fut consacrée le 4 des ides de décembre 1058. C'est un vaisseau très-vaste et très-élevé, partagé en trois nefs très-larges, dont la voûte est soutenue par de gros piliers carrés de pierre de taille. Le chœur est placé au milieu de l'église, et remplit une partie de la nef du milieu; il est beau, vaste et remarquable, sur-tout par la beauté de ses stalles, qui sont de bois, mais couvertes d'une sculpture assez belle pour le siècle où elle a été faite; elles sont de la fin du treizième siècle, comme nous l'apprenons d'une inscription qui est sur une des hautes stalles. La porte de cette église est grande et très-élevée; on y monte par plusieurs marches; mais elle est sans ornemens. La façade présente une masse colossale, toute nue, faite avec des pierres d'un volume si considérable, qu'on ne peut concevoir comment on a pu les conduire et les élever à la hauteur où elles sont placées; elle est flanquée à droite et à gauche de deux clochers carrés et très-hauts. Cette église a un superbe cloître, dont les arceaux et les piliers sont de marbre blanc, et dont les murs sont couverts d'inscriptions sépulchrales; mais on le laisse dépérir: le Chapitre de la Cathédrale, depuis sa translation à Perpignan, a une négligence trop affectée pour cet ancien monument.

Le maître autel de cette église étoit d'argent fin; il consistoit en des lames plaquées, qui présentoient un dessin formé de pilastres et de petites figures en bas relief; il fut fait en 1069, et on consacra l'époque de sa construction par deux inscriptions qu'on y voit encore, en caractères gothiques carrés.

Anno LXVIIII. post millesimo ab incarnatione Dominicâ indictione VII. reverendissimus episcopus istius ecclesiæ Raymundus et Gaufredus comes simulque Azalais comitissa pariterque omnibus hominibus istius terræ potentes mediocres atque minores jusserunt hoc altare in honorem Dni nostri Jesu Christi ac martyris ac virginis Eulaliæ edificare propter Deum et remedium animas illorum

illos et illas qui ad hoc altare adjutorium fecerunt cum consanguinibus illorum tam vivis quam et defunctis collectorum tuorum jungere digneris consortio

Depuis la translation du Chapitre de la Cathédrale à Perpignan, cet autel a été aussi négligé que le reste de cette église; on n'a point réparé les morceaux d'argent qui se soulevoient, et il se dégradoit insensiblement; le Chapitre s'est décidé, en 1724, à le faire démolir; le produit de la vente de la matière a servi à en faire construire un nouveau en colonnes de marbre rouge et blanc, qui est assez beau; on a consacré l'époque de sa construction par l'inscription suivante :

M. D C C. X X I V.

ARAM ARGENTEAM UNDECIMO SÆCULO GAUFREDO RUSC. COMITE HUIC SACRÆ MENSÆ IMPOSITAM, HUMILEM FASTIGIO, AMBITU ANGUSTAM, RUDI OPERE CONFLATAM, ANNORUM INJURIA PENE ATTRITAM, PRÆDÆ SÆPIUS EXPOSITAM, VEN. CANONICORUM CŒTUS, FELICI SÆCULO, REGNANTE LUDOVICO XV, ANNO DOMINI M. DCC. XXIV, EXCELSAM, ANGUSTAM AC PENE MARMOREAM REDDIDIT, EDACITATI TEMPORIS, PARITER ET AVIDITATI HOMINUM ERIPUIT, VETERI MATERIA SUMPTUS SUPPEDITANTE, NOVUM OPUS ERIGENS IN HANC BASILICAM CURÆ, CUJUS SEMPER DECOREM DILEXIT, PERENNE AD POSTEROS MONUMENTUM.

III. On voit dans le cloître de cette église une Statue de marbre blanc, en pied et de grandeur presque naturelle, qui représente un évêque en habits pontificaux; nous croyons devoir en parler pour conserver le souvenir de l'ancien costume épiscopal. Elle porte l'étole, une chasuble ancienne, une mitre ouverte sur le devant, et on voit au milieu de cette ouverture une main, dont deux doigts sont étendus et les autres repliés, comme donnant la bénédiction; les mains sont croisées sur la poitrine, et la crosse est à côté de la figure qu'accompagnent deux enfans, portant un encensoir, et au dessous de chacun desquels est un linge flottant. On y voit l'inscription suivante, dont la modestie et la simplicité trouveroient peu d'imitateurs.

R·F·ho·R·AR
0317·

IV. On trouve à côté de l'église du Monastère des Bénédictins d'Arles, un Tombeau, dont la structure annonce l'ancienneté ; il est en forme d'auge, de marbre gris brut, sans aucun ornement, ni inscription, de six pieds de longueur, deux de largeur et deux de hauteur, couvert d'une pierre pareille en dos d'âne ; la couverture est jointe au tombeau par des crampons de fer bien scellés, et qui paroissent ne laisser d'autre jour qu'une espèce de fente d'environ quatre lignes de largeur et deux pouces de longueur, pratiquée sur un côté au joint du tombeau et du couvercle ; elle sert à introduire une baguette de trois lignes de circonférence ; ce tombeau est en l'air, soutenu par quatre petites pierres quarrées, de six pouces de hauteur (PLANCHE XXV). Il contient les os des SS. Abdon et Sennen, et une eau qui paroît tenir du prodige ; elle n'y vient par aucun conduit, il n'y a aucune ouverture par où on puisse l'y introduire ; cependant elle ne tarit jamais, quelque quantité qu'on en tire ; il y a même des jours, comme celui de la fête de ces Saints, où l'on prétend qu'on en tire beaucoup plus que le tombeau ne peut en contenir, et il y en a toujours. On se sert d'une bande de linge qu'on introduit en la poussant avec une baguette d'argent, qu'on retire mouillée et qu'on exprime ; le peuple, qui regarde cette eau comme miraculeuse, s'empresse à en faire une provision, et il n'y a pas d'exemple qu'elle se soit corrompue, quelque tems qu'on l'ait gardée. On raconte que le muletier qui étoit chargé de porter les os de ces martyrs, les avoit placés dans des futailles, aux deux bouts desquelles il avoit mis de l'eau pour qu'on ne connût point le trésor qui lui étoit confié, qu'à son arrivée on jeta ces os et cette eau dans ce tombeau, et on prétend que c'est cette eau qui se perpétue. Plusieurs évêques ont voulu approfondir la vérité de ce fait ; on a fait enlever le tombeau, on a tout examiné avec l'attention la plus scrupuleuse ; on n'a trouvé ni reservoir, ni conduit, ni ouverture par où l'eau puisse y parvenir ; on n'a rien découvert qui puisse faire soupçonner de la fraude. Le merveilleux de ce tombeau subsiste toujours, et on paroît convaincu qu'il n'est pas possible d'en expliquer le phénomène par aucun raisonnement physique (1).

V. Nous ajouterons ici trois inscriptions, toutes les trois en caractères gothiques carrés.

Anno : M : XLIX : incarnationis Domini : pridie kalendas augusti : obiit dominus Gaufredus : quondam comes nobilissimus : qui sub titulo beati Martini præsidis : hunc locum jussit edificari : unde et monachus fuit : annis decem et octo : nomine Domini Nostri Jesu Christi : cujus dicti domini Comitis : et ejus uxoris Elisabeth : Comitissæ : corpora transladari fecit in hoc monumento : dominus Borengarius de Columbario : abbas istius loci : anno Domini : M : CCC : II :

Anno Domini ; M ; C ; XIII ; V ; aprilis ; gloriosæ ; memoriæ ; Arnaldus ; Jaufredus ; Comes ; Rossilionis ; presens ; hospitale ; B ; Joannis ; edificavit ; . . .
. . . .
. . . .

Anno Christi MCC ; VII ; idibus aprilis ; obiit Guillelmus de Ortafano ; episcopus Elnæ ; in ejus tempore ; ecclesia Elnæ ; acquisivit honorem de Avalrino ; et castrum Sancti Cipriani ; et possessiones de Podio ; hic obtinuit auctoritate regum Franciæ ; quod aliquis homo vel femina ; ecclesiæ Elnensis ; non firmaret directum ; in curia seculari ; pro aliquo facto ;

(1) M. *Anglade*, professeur de Chimie à Perpignan, nous a communiqué ses observations à cet égard, qui paroissent avoir quelque fondement. Un examen particulier lui a fait appercevoir un jour d'environ une ligne, qui règne dans tout le pourtour de ce tombeau, à l'endroit où il se joint au couvercle ; cette observation, jointe aux conjectures qu'il tire de la forme du couvercle fait en dos d'âne, et de la situation du tombeau qui est en plein air et à découvert, lui fait croire que l'eau que ce tombeau contient n'est que de l'eau de pluie, qui, tombant sur le couvercle, coule le long de la pierre, et s'introduit dans l'auge ; il appuie son sentiment sur ce que cette eau, qui est ordinairement claire et limpide, est trouble et beaucoup moins abondante pendant les grandes sécheresses, et qu'on en donne alors beaucoup moins aux dévots. Il observe encore, qu'elle devient très-foiblement louche par le mélange avec la dissolution d'argent ; ce qui lui fournit un nouvel argument en faveur de sa pureté et de son rapport avec l'eau de la pluie.

La première est une épitaphe placée sur le tombeau de Guifre, Comte de Cerdagne, fondateur et ensuite Religieux du Monastère de S. Martin de Canigou, et de la Comtesse son épouse ; ce tombeau, placé d'abord dans l'église basse de ce Monastère, fut transporté dans l'église haute en 1302, et c'est alors qu'on ajouta cette épitaphe. La seconde, consacre l'époque de la fondation de l'hôpital de S. Jean de Perpignan par les bienfaits du Comte Gausfred ou Guifre ; on la voit encore à un des angles de la façade de cet hôpital, où elle est surmontée d'un crucifix. La troisième n'est intéressante qu'en ce qu'elle détermine l'époque de la première concession qui a été faite à l'évêque d'Elne d'une juridiction immédiate sur le peuple de son église ; c'est l'épitaphe de l'évêque *Guillaume d'Ortaffa*, mort en 1200.

La troisième époque ne comprend que l'Eglise cathédrale de Perpignan. Les deux premières pierres de cette église furent mises le 5 des kalendes de mai 1324, par Sanche, roi de Majorque et comte du Roussillon, et par Bérenger Baille, évêque d'Elne ; on perpétua le souvenir de cette époque par les deux inscriptions suivantes, en caractères gothiques carrés, qu'on voit aux deux côtés de la porte du chœur.

Lapis primus quem illustrissimus dominus noster Sanctius rex Majoricarum posuit in fundamento istius ecclesiæ V° kal. maii anno Domini M CCC XXIV

Lapis secundus quem reverendus dominus Berengarius Bajuli gratia Dei Elnensis episcopus posuit in fundamento istius ecclesiæ V° kal. maii anno Domini M CCC XXIV

La construction de cette église dura plus de cent cinquante ans ; elle ne fut finie que vers la fin du quinzième siècle, et l'église fut consacrée le 16 mai 1509.

C'est un grand et superbe vaisseau, à une seule nef et sans piliers, bordé de chaque côté de chapelles profondes, plus ou moins décorées, qui n'en diminuent point la largeur ; la voûte est très-élevée et soutenue par des arceaux de pierre de taille, qui portent sur les murs de séparation des chapelles. En y entrant, on en saisit d'abord toute l'étendue ; on est frappé de la grandeur du vaisseau et de la hardiesse de la voûte ; c'est la plus belle dans ce genre qu'il y ait en France (1). L'église est pavée de grandes tables de marbre. Le chœur est au milieu, séparé du maître autel par un intervalle très-considérable, et absolument isolé ; son enceinte extérieure est de marbre rouge et blanc, ornée de pilastres, et a six pieds d'élévation ; mais intérieurement elle a huit pieds six pouces de hauteur, parce qu'on descend dans le chœur par quelques marches. Le peu d'exhaussement de cette enceinte fait qu'en entrant dans l'église, on en découvre toute l'étendue et qu'on apperçoit aisément le maître autel. L'église est terminée par un cul-de-lampe, qui forme le sanctuaire et contient le maître autel ; c'est un retable de marbre blanc, très-élevé, orné de bas-reliefs, séparés les uns des autres par des pilastres chargés de figures de grottoge ; il est très-estimé tant pour sa matière, que pour la délicatesse de son travail (PLANCHE XXIV). On voit, dans une grande niche, au milieu de ce retable, une figure dorée de S. Jean, de grandeur au dessus de la naturelle ; lorsqu'on veut exposer le Saint-Sacrement, cette statue se retire sur le côté au moyen d'une machine ; deux portes s'ouvrent dans le fond de la niche, et on voit s'avancer lentement et majestueusement, au moyen d'une autre machine, un superbe ostensoir ou soleil, dont nous allons donner la description. Le sanctuaire, auquel on monte par plusieurs marches, est fermé par une belle grille de fer de la hauteur d'environ douze pieds, qui soutient, par des supports avancés en dehors,

(1) Nous croyons devoir donner ici les dimensions de cette église.

Largeur entre les chapelles, sans y comprendre leur profondeur			60 pieds
Longueur	de la porte d'entrée à la grille qui ferme le sanctuaire	188 pieds	240 pieds
	de la grille au derrière du maître autel	52	
Hauteur de la voûte dans œuvre			87 pieds

Le tout ne formant qu'un seul vaisseau sans aucun pilier.

La grande porte d'entrée, qui a dix pieds de largeur, supporte une croisée de vingt-quatre pieds de hauteur et quinze de largeur, fermée par un vitrage, qui est soutenu par un châssis de fer du poids de deux mille cinq cents livres. Ce vitrage est recouvert par un grillage de fil-d'archal, qui est soutenu par un encadrement de fer, du poids de cinq cents livres.

OSTENSOIRE
en Or et en Vermeil,
de l'Eglise Cathédrale de Perpignan.

Hauteur 6. Pieds 6 Pouces.
Largeur dans le milieu 2. Pieds, 2 Pouces.
Largeur à sa base 2. Pieds, 8 Pouces.
Poids, 618. Marcs

Roussillon N.° 26.

VUE DU TOMBEAU MIRACULEUX
des S.S. Abdon et Sennen
au Monastere des Benedictins d'Arles en Roussillon.

Roussillon N.° 25.

INTÉRIEUR DE LA CATHÉDRALE DE PERPIGNAN
Longueur 290 Pieds, Largeur 60. Pieds, hauteur des Bâtes 87 Pieds.

Roussillon N.° 24.

VUE DE L'ÉCOLE MILITAIRE DE PERPIGNAN.

A droite le Couvent des Minimes, à gauche celui des Dominiquains, et au dessous de ce dernier est le Magazin à Poudre.

Roussillon N° 14.

VUE DE LA FACADE

de l'Université de Perpignan.

Roussillon N° 15

huit lampes d'argent et six lustres de cuivre doré. On voit dans ce sanctuaire quatre grands et beaux chandeliers de bronze, de sept pieds de haut.

L'Ostensoire, dont nous venons de parler, a six pieds et demi de haut, deux pieds deux pouces dans sa moyenne largeur, et deux pieds huit pouces de largeur à sa base; il est en entier d'argent doré, à l'exception de quelques parties qui sont d'or, et pèse six cents dix-huit marcs. Il est orné de pierres précieuses, couvert de figures, et son piédestal supporte celles des quatre Evangélistes, de vingt pouces de hauteur, mais qu'on n'y place que lorsqu'on veut le descendre. On le porte aux processions dans les grandes occasions, comme aux sacres des Rois, aux naissances des Dauphins; on le fait descendre alors du maître autel au moyen d'une machine et de leviers, et il faut quatre prêtres des plus forts pour le porter (PLANCHE XXVI).

Nous croyons devoir rapporter ici une inscription en lettres romaines, qu'on voit, à Perpignan, sur le mur de l'ancien jardin de l'Intendance;

HUJUS DOMUS DOMINUS
FIDELITATE CUNCTOS SUPE
RAVIT ROMANOS;

c'est un monument consacré à la mémoire d'un citoyen généreux et fidèle à son souverain, dont l'action, digne des premiers siècles de la république de Rome, a autant honoré sa patrie, qu'elle a immortalisé son nom. Nous en parlerons au Chapitre IX, à l'article de *Jean Blanca.*

Les monumens modernes, qui forment la dernière époque, se réduisent à la Place de Louis XVI au Port-Vendres, à l'Ecole militaire de Perpignan, et à l'édifice de l'Université de cette ville. Nous avons déja parlé de la première dans le Chapitre II.

L'Ecole militaire a été établie, depuis environ trente ans, dans une ancienne Fonderie de canons; elle est destinée à l'éducation militaire de douze jeunes Gentilshommes de la province du Roussillon; nous ferons connoître dans la suite les divers genres d'instruction qu'ils y reçoivent. Elle est dans une situation très-agréable, sur un des remparts de la ville; elle a un Manège couvert, un Manège découvert, une Ecurie très-vaste, des Salles de danse, d'armes, de dessin, de mathématiques, et des logemens pour tous les maîtres (PLANCHE XIV).

L'édifice de l'Université, construit en 1760, 1761 et 1762, est beau et régulier; il présente une façade symétrique, composée d'un grand corps dans le milieu, et de deux ailes bâties en terrasse, ornés de statues, de trophées et de divers morceaux de sculpture; chaque aile contient quatre pièces, destinées aux écoles des quatre Facultés, et au Cabinet d'Histoire Naturelle; la cour est fermée par une belle grille de fer, dont la porte est couronnée par les armes de l'Université (PLANCHE XV). Le corps de l'édifice contient une salle destinée aux assemblées et aux actes publics; elle est grande, belle et décorée; elle présente quatorze arceaux, séparés par des pilastres d'ordre Ionique, au nombre de dix-huit, trois dans sa face antérieure, qui contiennent trois grandes portes vitrées, trois dans sa face postérieure, dont les deux latéraux couvrent deux grandes croisées, et huit dans les deux parties latérales, quatre de chaque côté; quatre de ces derniers forment des portes qui conduisent au Cabinet de Physique, au Greffe et aux Archives de l'Université, à l'appartement des Professeurs, et au Cabinet d'Anatomie; les autres quatre contiennent des tableaux emblématiques des différens établissemens utiles qui ont été faits en Roussillon sous les règnes de Louis XV et de Louis XVI (PLANCHE XXVIII). La partie supérieure forme la Bibliothèque. Derrière cette salle est une petite cour, où est placé l'Amphithéâtre d'Anatomie, qui a une issue particulière sur la rue, et à côté est le logement des Bedeaux.

CHAPITRE QUATRIÈME.

Histoire physique et naturelle du Roussillon.

ARTICLE PREMIER.

Histoire physique et médicale.

La constitution physique des corps animés n'est point la même dans les différens pays de l'Univers; elle reçoit des nuances souvent absolument opposées, eu égard aux circonstances qui varient dans les différentes contrées; mais chaque pays a une constitution générale qui lui est propre. Si quelques individus doivent en être exceptés, ce n'est que par des nuances particulières, isolées, souvent accidentelles, qui n'apportent aucun changement dans l'ordre général. Cette constitution est toujours relative à l'état du ciel, à la nature de l'air, à la température du climat, à l'ordre et à l'espèce des vents, à la qualité des eaux, à la matière et à la nature des alimens. L'examen de toutes ces circonstances doit précéder celui qui a du rapport aux individus.

Ciel. Le Ciel de la province de Roussillon est presque toujours clair, beau et serein; il est rarement couvert et obscurci par des nuages; il est le plus beau de la France, et seroit le plus propre aux observations astronomiques.

Air. L'air y est pur, léger, vif, presque toujours sec, très-rarement chargé de brouillards; à mesure qu'on monte du côté des montagnes, il devient plus vif, de sorte qu'il l'est plus dans le Conflent et dans le Vallespir, que dans la plaine du Roussillon, et beaucoup plus encore dans la Cerdagne et dans la vallée de Carol. Il est humide en hiver, lorsque le vent d'Est souffle, ou lorsqu'on éprouve des pluies fortes et longues; mais le vent du Nord qui suit presque toujours la pluie et qui succède ordinairement au vent d'Est, dessèche l'air et les terres, et emporte dans un instant toute l'humidité; les pluies ne sont pas même bien fréquentes; on passe quelquefois six et huit mois sans en avoir, à l'exception de quelques pluies d'orage, dont l'effet est court et momentané.

Vents. Les vents les plus ordinaires en Roussillon sont ceux de *Nord*, de *Sud*, d'*Est* et d'*Ouest.*

Le *Vent du Nord*, connu dans la plaine et dans le Vallespir sous le nom de *Tremontane*, et dans la Cerdagne sous celui de *Carcanet*, vient du côté du Languedoc. Il est toujours froid, sec et élastique. La province de Roussillon lui doit sa salubrité: il purifie l'air; il fortifie les fibres; il tempère l'ardeur des fluides; il rend les corps plus légers, plus dispos, plus propres au travail. Il est nuisible cependant aux personnes qui ont la poitrine délicate; mais les effets qu'elles en éprouvent ne sont que momentanées; ils ne deviennent bien sensibles, que lorsque ce vent souffle avec violence. C'est le vent le plus ordinaire dans cette province; il succède presque toujours aux autres vents et aux pluies, et en corrige sur-le-champ les mauvais effets.

Le *Vent du Sud*, appelé *Vent d'Espagne*, a des qualités opposées, et produit un effet contraire: il est chaud, peu élastique, et par conséquent mal-sain. Il relâche les corps; il les rend lourds et la tête pesante; il abat les forces; il diminue le ressort des fibres, les jette dans l'inertie, et dispose les fluides à contracter un principe de putréfaction. Il est nuisible aux personnes qui ont une disposition à l'apoplexie, sur-tout en été; mais, heureusement pour cette province, ce vent souffle rarement, et amène presque toujours la pluie, dont la fraîcheur corrige tout de suite ses mauvais effets.

Le *Vent d'Est*, appelé *Marin*, vient de la mer. Il produit deux effets différens, suivant les saisons; en hiver, il est humide; en été, il est frais, et devient très-utile pour tempérer les vives chaleurs de cette saison; il souffle alors, presque tous les jours, depuis le milieu du jour jusqu'à l'entrée de la nuit.

Le *Vent d'Ouest*, appelé *Ponent*, souffle quelquefois, mais rarement; il est souvent humide et presque toujours froid, parce qu'il passe sur des montagnes couvertes de neige. Il occasionne beaucoup de rhumes, de fluxions et de maladies inflammatoires.

Les vents intermédiaires soufflent quelquefois; leurs effets sont à peu près les mêmes que ceux des quatre vents principaux dont ils se rapprochent le plus.

L'action et les effets de ces vents ne sont pas les mêmes dans la Cerdagne et le Capsir, même dans la partie élevée du Conflent, à mesure qu'elle se rapproche de ces contrées. Les vents qu'on y éprouve le plus fréquemment, sont ceux d'*Ouest* et de *Nord-Ouest*, sur-tout en hiver; ils y sont très-vifs, froids et secs. Viennent ensuite ceux d'*Est* et du *Nord*, qui soufflent principalement dans le printems; le premier amène souvent la pluie, quelquefois la neige, lorsqu'il souffle le matin; mais, dans la belle saison, il annonce le beau tems, lorsqu'il souffle le soir; le premier ne pénètre presque jamais dans la plaine de Cerdagne; le dernier est presque toujours très-fort; mais il ramène le beau tems. Le vent du *Sud* souffle quelquefois; il est un peu froid, parce qu'il passe sur les neiges des montagnes qui séparent la Cerdagne de l'Espagne; il produit cependant les mêmes effets que dans la plaine; il relâche, abat et énerve les corps; le vent du *Nord* lui succède quelquefois par intervalles; il amène alors des brouillards et de la neige, et occasionne souvent des maladies inflammatoires, sur-tout dans le printems.

Température. La température du climat du Roussillon n'est pas la même dans toutes les parties de cette province. Les chaleurs de l'été sont en général fortes et soutenues, dans la plaine, quelquefois même excessives, mais moins par la chaleur du soleil, que par la reverbération de cette chaleur produite par les montagnes qui environnent cette plaine; ces chaleurs y sont cependant moins sensibles que dans beaucoup d'autres provinces, où l'ardeur du soleil est moins forte; elles sont tempérées par le vent d'Est qui souffle souvent, par des orages fréquens et par le vent du Nord qui leur succède presque toujours; le thermomètre y est ordinairement, pendant cette saison, du 24 au 28ᵉ degré. L'automne y est la saison la plus belle et la plus constante; elle a rarement des pluies; les vents soufflent peu; le ciel est beau, pur et serein; le thermomètre est du 16ᵉ au 20ᵉ degré. Les hivers n'y sont jamais rudes; ils seroient au contraire presque toujours très-doux, si le vent du Nord ne souffloit avec violence; le ciel y est ordinairement beau et sans nuages, et le soleil découvert et brillant; il y neige et il y gèle très-rarement; on passe souvent plusieurs années sans neige et sans gelée, et lorsqu'elles surviennent, elles sont d'une très-courte durée; le thermomètre s'y soutient du 6ᵉ au 10ᵉ degré. Le printems est la plus mauvaise saison, celle qui est la plus accompagnée de pluies et de vents, et la plus dangereuse pour la santé par les vicissitudes continuelles de l'atmosphère; on y éprouve souvent les quatre saisons dans un jour; aussi est-ce le tems où les maladies inflammatoires sont les plus fréquentes; cette saison n'y dure que les mois de mars et d'avril; le thermomètre y est ordinairement du 12ᵉ au 15ᵉ degré.

Le Conflent et le Vallespir, qui sont situés dans les montagnes, et par conséquent plus élevés, ont des hivers plus rudes et des étés plus doux; ces différences ont une gradation plus sensible à mesure qu'on s'élève davantage. Le Conflent, par la beauté du pays et la douce température du climat, fournit tous les ans, dans les chaleurs de l'été, une retraite fraîche et agréable à un grand nombre d'habitans de la plaine.

Le climat de la Cerdagne est bien différent. Les hivers y sont très-rudes et très-longs; il y tombe beaucoup de neige pendant quatre ou cinq mois, et il neige tous les mois de l'année sur les montagnes voisines. Le printems y est très-froid et inconstant; l'été tempéré, mais plutôt froid que chaud; l'automne est la saison la plus belle et la plus constante, mais les nuits et les matinées sont très-froides à cause des vents, des rosées blanches, quelquefois de la neige. Les plus fortes chaleurs de l'été ne font monter le thermomètre qu'au 16ᵉ degré, rarement au 18ᵉ; ce n'est même qu'au milieu du jour, et lorsque le vent de *Sud* ou de *Sud-Ouest* souffle avec le beau tems. Le froid le plus ordinaire de l'hiver est au 5ᵉ ou 6ᵉ degré du thermomètre au dessous de la glace, quelquefois et assez souvent au 10ᵉ et au 12ᵉ; en printems et en automne, il est de cinq ou six degrés plus haut. Les habitans de cette contrée sont dédommagés de la rigueur des saisons par la beauté constante de leur ciel, à l'exception du tems où il tombe de la neige.

En général, on peut dire que le Roussillon offre à la fois trois climats différens et opposés; dans la plaine, on éprouve presque les feux de l'équateur; les vallées ont une température douce et modérée, et les sommets des montagnes sont exposés aux frimats de la zône glaciale.

Eaux. Nous devons distinguer les eaux des montagnes de celles de la plaine, et ces dernières en eaux de rivière, de fontaine et de puits.

Les eaux des rivières qui arrosent la plaine du Roussillon, viennent des montagnes, et sont limpides, pures, battues, légères et très-saines; la seule rivière de l'Agly peut être exceptée; ses eaux sont louches et un peu pesantes. La partie de cette plaine voisine des montagnes qui la séparent du Languedoc, et une partie de la plaine du bas Vallespir sont remplies de fontaines, dont l'eau a la même qualité; mais les parties de ces deux plaines qui avoisinent la mer, et celles que nous désignerons dans la suite sous le nom d'*Aspres*, n'ont que de l'eau de puits; celle-ci est presque par-tout séléniteuse, pesante, et dans quelques endroits elle a un goût de bourbe et est désagréable à boire; les endroits qui sont voisins des rivières de la Tet et du Tec, ont la ressource de se servir de leurs eaux qui sont bonnes.

On réunit à Perpignan ces trois espèces d'eaux dont nous venons de parler. La ville est remplie de puits; il y en a dans presque toutes les maisons, et l'eau en est toujours très-fraîche. L'eau des puits de la partie haute est très-séléniteuse et a une fadeur désagréable; celle des puits de la partie basse contient si peu de sélénite, qu'elle est presque imperceptible, et elle est très-bonne à boire; elle ne se trouble point, lorsqu'on la garde; elle cuit bien les légumes et dissout le savon. On y a encore de l'eau de source et de l'eau de rivière; l'une et l'autre y est conduite, forme des fontaines, et fournit une boisson agréable et saine; l'eau en devient cependant terreuse et trouble lorsqu'il y a de fortes pluies, parce que leurs canaux sont mal construits et peu profonds; il en résulte encore que l'eau en est très-chaude en été; ces fontaines qui ne sont qu'au nombre de cinq, sont mal distribuées; elles sont réunies presque dans le même endroit, au dessous de la partie haute de la ville; la partie basse en est absolument dépourvue. Il y a encore deux fontaines, dont l'eau qui vient des eaux vives ramassées presque sur les lieux, ou peut-être en filtrant au travers de la terre, de la rivière de la Basse dont elles sont voisines, est limpide, légère et très-bonne; on les connoît sous les noms de *Fontaines de Saint-Martin* et *du Bourreau;* mais elles sont hors la ville, à environ cinq cents pas de la porte; on pourroit les conduire à peu de frais, pour les distribuer dans la partie basse de la ville. On boit encore à Perpignan de l'eau de citerne; on la tire des citernes des couvens des Minimes et des Carmes déchaussés; celle-ci est cependant la seule dont on fasse quelque cas; elle passe à travers un filtre fait de pierre ponce, et est très-fraîche et assez agréable au goût; mais elle est un peu pesante. Cette citerne mérite d'être vue; on y descend par un bel escalier, fort large, d'environ quatre-vingt marches.

Les montagnes et les vallées du Vallespir et du Conflent sont couvertes de fontaines; il n'y a presque, dans ces contrées, ni ville, ni village, ni hameau qui n'en ait plusieurs; l'eau en est généralement fraîche, pure et très-légère, et passe bientôt par les urines; il y en a quelques-unes de célèbres par l'abondance et la plus grande pureté de leurs eaux, comme celle *du Comte* près de Saint-Martin-de-Canigou, celle de *Porte-pa*, au sommet de la montagne de Coumas, au dessus du village d'Eus, celle du *Pla-Guillem*, sur le Canigou, celle de *Flagells* près de Saint-Michel-de-Cuxa; celle-ci est la plus abondante; elle est

dans

dans un lieu où l'on trouve de l'eau par-tout ; en enfonçant un bâton dans la terre, on est assuré de faire une fontaine.

Les montagnes de la Cerdagne ont aussi beaucoup de fontaines remarquables, entre autres celles de *la Pujada-d'Eyne* dans la vallée de ce nom, celle *des Esclops*, à un quart de lieue N. du Mont-Louis, celle de *Font-Romeu*, derrière la chapelle de ce nom, différente de celle où on prend les bains froids ; mais la plaine en est presque dépourvue ; on y boit beaucoup d'eau de puits et de rivière.

Alimens. Les habitans des villes et les gens riches des campagnes abusent de la facilité qu'ils ont de faire bonne chère, et de l'habitude qu'ils contractent d'user d'alimens trop succulens ; ils ne se bornent point au bœuf, au mouton et au veau ; la volaille, le gibier de toute espèce qui est très-abondant, le meilleur poisson de la mer et des rivières, les meilleurs légumes, les fruits de la plus belle espèce, le pain du plus beau froment, le vin des meilleurs terroirs, par conséquent le plus fort, sont leurs alimens ordinaires ; ils préfèrent les ragoûts au bouilli et au rôti, et ils aiment que leurs ragoûts soient de très-haut goût ; mais ils sont assez modérés dans l'usage du vin.

Les paysans de Perpignan se nourrissent mieux que ceux des campagnes ; ils mangent du pain de froment, de la viande de boucherie, du poisson et des légumes. Ceux des campagnes de la plaine se nourrissent mieux que ceux du Conflent et du Vallespir, et encore mieux que ceux de la Cerdagne ; leur pain est fait avec le froment ou le méteil, et ils mangent plus souvent de la viande de boucherie, tandis que la nourriture des autres est le pain de seigle, et sur le haut des montagnes celui de maïs ou de bled noir. Les légumes font le fond de leur nourriture ordinaire ; ceux qui sont un tant soit peu aisés, achètent un cochon, le salent, et s'en servent pour assaisonner les légumes ou les herbages. Ceux de la Cerdagne sont réduits à manger des soupes faites avec du pain de seigle mal pétri, et du lard salé, qui est souvent rance. En général, ils boivent tous beaucoup de vin, à l'exception de ceux de la Cerdagne, qui en usent sobrement, parce qu'ils n'ont point de vignes, et que cette boisson y est trop chère. Ils aiment les alimens les plus forts et les plus piquans ; les oignons, l'ail entrent dans tous les ragoûts ; ils les mangent même cruds assez habituellement.

La nature des alimens est relative à la qualité des terres, à la chaleur du climat, à l'espèce des engrais et des pâturages, à la nature des végétaux ; aussi tous les alimens du Roussillon sont-ils très-succulens, très-nourrissans, très-chauds, très-forts, très-actifs ; ceux des environs de la mer contiennent même une espèce de saumure, qui en augmente l'activité. Les vins y sont très-spiritueux, violens et tartareux ; ils perdent cette dernière qualité si on les garde long-tems ou si on les fait cuver très-peu de tems ; mais, quelque tems qu'on les garde, ils conservent toujours leur violence.

Constitution des habitans. La constitution physique des habitans du Roussillon est en raison des différentes circonstances dont nous venons de parler. Ils ont la fibre sèche, roide, tendue, le genre nerveux extrêmement sensible, les passions fort vives, pour ne pas dire violentes, un mélange de gaieté et de gravité, qu'on ne peut ni définir, ni concevoir ; la première fait le fond de leur caractère, et la dernière est un reste des mœurs Espagnoles et une suite de l'importance qu'ils mettent à tout ce qu'ils font, peut-être même un effet de la persuasion où ils sont de leur propre mérite. Ils sont très-vifs, spirituels, robustes, vigoureux, propres aux sciences et aux arts, lorsqu'ils voudront s'y livrer, capables des travaux les plus pénibles, agiles, lestes, supportant la fatigue, et bons soldats. En général, leur tempérament est en partie sanguin, en partie bilieux.

Maladies. Une attention réfléchie sur la constitution physique des habitans du Roussillon, sur la nature des alimens dont ils se nourrissent, de l'air qu'ils respirent, et sur les variations de l'atmosphère de cette province, suffit pour faire concevoir quelles sont les maladies auxquelles ils sont le plus sujets. Leurs fibres sont naturellement sèches et tendues, leurs fluides épais, et cet épaississement est augmenté soit par la succulence de leurs alimens et l'activité de leurs boissons, soit par les sueurs fréquentes qu'ils éprouvent. Celles-ci sont souvent interceptées par un effet des variations fréquentes de l'atmosphère. Leurs alimens fournissent une surabondance de sucs, dont la qualité alcaline se trouve encore plus développée par la chaleur du climat. Aussi sont-ils peu sujets aux affections chroniques; presque toutes leurs maladies sont violentes, et paroissent répondre à la vivacité du caractère, à la violence des passions et à l'activité du climat. Les plus fréquentes sont les maladies inflammatoires et les fièvres putrides; les premières ont presque toujours leur siége dans la poitrine, et sont des pleurésies ou des fluxions de poitrine, celles-ci cependant beaucoup plus rarement: le plus souvent elles sont essentielles, mais quelquefois secondaires ou symptomatiques; les dernières sont toujours bilieuses, et paroissent dépendre plutôt de la qualité des humeurs, que de leur quantité. Les autres maladies aiguës leur surviennent beaucoup plus rarement; mais en général elles présentent presque toujours un caractère inflammatoire, et des symptômes d'éréthisme et de spasme; on apperçoit même souvent ces derniers dans les maladies chroniques.

Les fièvres intermittentes ne sont pas bien communes dans cette province, à l'exception de quelques endroits voisins de marécages ou de la mer. Elles ont été fréquentes à Perpignan pendant long-tems; mais elles y sont plus rares depuis qu'on a nettoyé les fossés et les remparts de cette ville.

Les maladies chroniques les plus communes sont les hydropisies de poitrine et ascites, les affections hystériques et la phthisie pulmonaire. Les premières attaquent principalement les personnes qui ne savent pas se modérer dans l'usage du vin, ou qui habitent les lieux humides: elles sont très-rares sur les montagnes; les secondes sont l'effet de la plus grande sensibilité du genre nerveux chez les femmes, et d'une vivacité plus marquée dans leurs passions; les dernières sont les plus communes; elles dépendent de l'âcreté et de l'épaississement des fluides, de la vivacité des passions, de la force des alimens, et le plus souvent de la métastase d'une humeur dartreuse, qui est assez commune dans cette province. Les habitans des lieux humides et des bords de la mer sont encore sujets aux affections scorbutiques, qu'on apperçoit à peine dans le milieu de la plaine et dans le Conflent, le Vallespir et la Cerdagne.

La fin de l'hiver et le printems produisent ordinairement des rhumes, des fluxions, des douleurs rhumatismales, des maux de gorge, et des coups-d'air; ceux-ci sont des affections catarrhales, qui ont beaucoup d'analogie avec celles qu'on connoit à Paris sous le nom de *courbatures*, mais qui s'annoncent et parcourent leurs périodes d'une manière différente.

La ville de Perpignan a été autrefois très-mal saine; ses fossés étoient toujours remplis d'une eau stagnante, dont les émanations corrompues infectoient l'air; ses remparts étoient le lieu où l'on portoit toutes les immondices de la ville, qui y demeuroient amoncelées; les pluies, la chaleur du climat, les matières putrides qu'elles renfermoient, donnoient lieu à une fermentation intérieure; il en résultoit des émanations putrides qui augmentoient l'infection de l'air. Aussi les fièvres intermittentes régnoient-elles continuellement dans cette ville, et les épidémies y étoient-elles très-fréquentes; et même dans l'espace de cent deux ans la peste s'y est montrée cinq fois, en 1529, 1530, 1563, 1591 et 1631; cette dernière dura sept mois, et emporta dix mille personnes. Mais, au commencement de ce siècle, on fit écouler les eaux stagnantes des fossés, et on donna un écoulement continuel à un ruisseau qui les arrose; on fit enlever les immondices des remparts, on défendit d'y en porter de nouveau, on les applanit, on y planta des arbres, et on en fit une promenade publique. Dès ce moment, Perpignan est devenu une ville très-saine, et depuis environ cinquante ans il n'y a pas eu d'épidémie. On pourroit encore en augmenter la salubrité en veillant avec plus d'exactitude à la propreté des rues, en empêchant qu'on n'y jette les ordures des maisons, et sur-tout les débris des vers à soie, et en faisant toujours couler de l'eau dans les petits ruisseaux qui les parcourent; la chose est très-aisée;

tout est disposé pour cela ; il y a de grands réservoirs toujours remplis d'eau, situés de façon à la distribuer dans tous les quartiers.

On ne connoît point de maladie endémique en Roussillon. Les maladies épidémiques y sont rares ; elles attaquent par fois quelques villages, mais beaucoup plus rarement que dans la plupart des autres provinces de la France.

La constitution physique des habitans du Roussillon et la nature de leurs maladies, excluent les remèdes actifs et violens ; les délayans, les tempérans, les émolliens, les anti-spasmodiques sont ceux qui leur conviennent le plus généralement ; il y a parmi eux peu de maladies, dans lesquelles ils ne soient indiqués. Les saignées dès les commencemens, les délayans, le camphre, et ensuite les sucs d'herbes très-légèrement incisifs, conviennent dans leurs maladies inflammatoires ; leurs maladies putrides exigent très-souvent la saignée, et l'émétique dans les commencemens, ensuite, pendant long-tems, les seuls délayans, et sur-tout les acides ; les purgatifs ne doivent être employés que tard et avec beaucoup de ménagement. On doit cependant avoir toujours égard au principe d'acrimonie, naturel aux habitans de cette province, qui donne lieu quelquefois à des maladies aiguës, et souvent à des maladies chroniques, sur-tout à la phthisie pulmonaire ; les vésicatoires sont alors les moyens les plus efficaces ; mais ils exigent de la prudence et du ménagement dans un pays où tout est feu, irritation, tension, éréthisme et sensibilité.

ARTICLE II.

Histoire naturelle.

La séparation du Roussillon des provinces voisines, a été marquée par la Nature ; la mer, une longue et haute chaîne de montagnes, un chaînon de montagnes subalternes forment ses limites naturelles, dans lesquelles il est comme enclavé, et paroît former un pays particulier. Une grande plaine qui touche à la mer, conduit vers des collines d'abord peu élevées, mais qui s'avancent tout-à-coup comme verticalement vers les Pyrénées ; elles tiennent au haut du Canigou, qui semble être l'extrémité de la haute masse de ces montagnes ; depuis ce point élevé, elles éprouvent une chute de terrain et un changement en montagnes subalternes ou secondaires, en collines, monticules et plaines inférieures. Il part de ce point différentes chaînes de montagnes divergentes entre elles, et par conséquent de vallées qui suivent la même direction ; les unes vont du midi au nord vers le Conflent, les autres du nord au midi vers le haut Vallespir, les autres du couchant à l'orient vers la plaine du Roussillon et le bas Vallespir ; celles-ci finissent à la Méditerranée et font comme les deux extrémités d'un arc, qui forme l'enceinte de la province du Roussillon.

Ces montagnes sont les plus belles des Pyrénées ; il y en a peu qui présentent une roche nue et pelée ; elles sont presque toutes couvertes d'arbres, de pins et de sapins dans le Conflent, le Capsir et la Cerdagne, de châtaigniers, de lièges, de frênes, et de chênes noirs, verts et blancs dans le Vallespir. Quelques-unes sont couvertes sur leur sommet, ou à une très-grande élévation, de plaines très-étendues, qui présentent un spectacle intéressant ; une vaste pelouse toujours verte, émaillée de toutes sortes de fleurs, dont les couleurs très-variées sont plus vives que dans la plaine et dans les endroits cultivés, arrosée par des ruisseaux multipliés fournis par des fontaines voisines, surprend agréablement le voyageur, ravit son admiration et le dédommage des fatigues qu'il a éprouvées pour y parvenir ; on distingue sur-tout celle du *Pla-Guillem* sur le Canigou, celle de *Camporells* dans le Capsir, celle des *Llansades* au dessus du Mont-Louis, et celle qui est derrière l'hermitage de Font-Romeu.

Le *Canigou*, la plus haute de ces montagnes, est aussi la plus haute des Pyrénées ; il a quatorze cents cinquante-quatre toises d'élévation au dessus du niveau de la mer, suivant le calcul de M. *de Cassini ;* on l'apperçoit à plus de trente lieues de distance du côté de la France et de l'Espagne. Sa cime est couverte de neige pendant sept mois de l'année ; on y voit même, dans sa partie tournée au nord, des fentes qui contiennent toujours de la glace, peut-être aussi ancienne que le monde. On trouve dans une de ses parties les plus élevées, une ouverture considérable et profonde, autour de laquelle sont placés de grands anneaux de fer, pareils à ceux auxquels on attache dans les ports les cables des vaisseaux ; il y a lieu de présumer que cette ouverture a été destinée à l'exploitation d'une mine, et que ces anneaux servoient à soutenir les cordes employées pour faire descendre et monter les hommes et les fardeaux.

M. l'abbé *Palassou* fait une peinture exacte et pittoresque de l'ensemble de ces montagnes, et de la plaine qu'elles renferment. » Que d'objets à admirer, si du Promontoire » qui termine la campagne d'Argelès, on porte ses regards sur les autres contrées du Rous- » sillon ! Des plaines immenses, fertilisées par les eaux de plusieurs rivières, n'offrent que » champs, vignes et oliviers ; elles ont pour limites une chaîne de montagnes, formant » une espèce de croissant, et la mer Méditerranée. Vous appercevez, du côté du nord, » les roches arides et blanchissantes des Corbières, qui séparent le Roussillon du diocèse » de Narbonne, à l'ouest le Canigou, dont la cime couronnée de neige, et les flancs dorés » des moissons, offrent à la fois la stérilité des hivers et la richesse des étés ; au sud, s'é- » lèvent les montagnes du Vallespir, parées de la verdure des bois ; la Méditerranée, dont » le spectacle uniforme contraste admirablement avec une si grande variété, termine à » l'est cette vaste enceinte : la terre, l'eau, ces deux élémens qui constituent principale- » ment notre globe, concourent ici à former un magnifique tableau «.

RÈGNE MINÉRAL.

Le corps des Pyrénées est une masse granitique, environnée et quelquefois recouverte de couches tantôt de granit, tantôt de marbre, tantôt de schiste, et cette masse est le fondement d'où partent les prolongemens qui forment les collines et les vallées, et les débris qu'on trouve dans les plaines.

La plaine du Roussillon présente d'abord des débris en sable, sablon ou pierre roulée, de marbre, de schiste dur, de granit, de quartz, arrondis, ovales ou lenticulaires, rarement anguleux. En la remontant vers le Conflent, on trouve à Corbère le premier roc solide en contraste avec le sol mouvant de cette plaine ; les roches y sont d'un marbre gris, très-vif et très-dur, dont on fait de la bonne chaux. A Vinça, première ville du Conflent, et sur la rive gauche de la Tet à l'entrée de cette contrée, paroît, pour la première fois, un granit en roche, et au dessus se trouve une immense blocaille des débris des montagnes supérieures, que les eaux ont laissés à droite et à gauche et au dessus de leur cours actuel. A mesure qu'on avance dans le Conflent, l'atterrissement devient plus massif, les rocs des pierres roulées plus volumineux, et la blocaille plus anguleuse. A Prades, le sol est encore granitique ; mais à Villefranche succèdent des marbres de diverses couleurs ; au dessus de cette ville, du schiste dur ; à Aulette des ardoises ; au sud de cette ville des bancs de marbre gris ; au dessus, vers les Graus, d'autres bancs de schiste dur et des masses de marbre gris ; enfin, on trouve au Mont-Louis la grande masse granitique, dont nous avons déja parlé.

Le haut Vallespir paroît formé des mêmes matériaux ; en remontant, entre Perpignan et Ceret, on trouve beaucoup de pierres roulées et des débris de sable ou sablon, surtout dans le voisinage des rivières ; l'intérieur des terres est un mélange de ces débris et de terre argileuse. Au dessus de Ceret, commencent les bancs de schiste dur et de marbre gris qui s'étendent en largeur du côté du sud ; ils se prolongent jusqu'au dessus de Palalda et d'Arles ; on trouve ici des masses de granit et des roches feuilletées granitoïdes, ensuite, en allant vers Prats-de-Mollo, des roches de marbre gris et de schiste, comme alternativement ;

alternativement ; enfin, à la Preste est le granit, accompagné de son schiste dur ou pierre granitoïde.

Le terrain est composé de terres sablonneuses et de gravier entre Perpignan et Elne, et couvert de pierres roulées aux environs du Tec ; il devient ensuite sablonneux jusqu'à Argelès, et argileux au dessus de cette ville. Peu après, commencent des masses de granit, et un plus loin des bancs presque verticaux de schiste dur, interrompus par quelques bancs de marbre gris, et qui se prolongent jusqu'au dessus de Colliouvre.

Les marbres sont assez multipliés sur toutes ces chaînes de montagnes, soit primitives, soit secondaires ; on en trouve de rouge à Reynès, de gris et de rouge du côté de Palalda, de gris à Corbère, de blanc veiné de bleu sur la montagne de Fauche, du rouge et du varié, blanc, vert et rouge dans tous les environs de Villefranche ; ces dernières carrières sont les plus abondantes et fournissent le plus beau marbre. On vient cependant de découvrir près de Py, à quatre lieues de Villefranche, un marbre blanc, dont la beauté peut le faire comparer au jaspe.

On trouve des topazes au bas du *Pic-de-Bugarach*, et à *Massanet* au lieu appelé *Sainte-Colombe ;* des agathes sur le *Pla-de-Gantas ;* des pierres transparentes, blanches, bleuâtres, violettes, à six faces, de la grosseur d'une olive, vers les montagnes de *Salses* sur un terrain sablonneux ; du talc assez ressemblant au schiste près d'*Estagel ;* du cristal sur le *Canigou* dans les endroits couverts de neige depuis long-tems ; des pierres très-dures, noires, brillantes sans même avoir été polies, à *Notre-Dame-du-Coral* en Vallespir ; on en forme des grains, qu'on appelle dans le pays *corail noir,* dont on fait des colliers et des chapelets ; on croit que c'est le *lapis obsidiaris* de *Pline.*

Les pétrifications de différentes espèces sont très-répandues sur ces montagnes ; tels sont des belemnites, dont quelques-uns sont environnés de clous comme dorés, des ichthyopètres, des glossopètres, des trochites, des astroïtes, des millepores, des frondipores, des échinites, des pectinites, des bois pétrifiés, des hystéropètres, des priapolites, ces deux derniers quelquefois réunis ensemble, des fragmens de coquilles, des pierres qui portent l'empreinte des feuilles de ronce, ou de vigne. On les trouve principalement près de *Naffiac,* au pied de la montagne de *Batera* près d'un rocher appelé *los Castilletos,* sur la montagne d'*Opol* au dessous du château, au bas du *Pic-de-Bugarach,* dans le terroir de *Custujas,* et dans plusieurs autres endroits qu'il seroit trop long d'indiquer.

Nous passons à l'objet le plus intéressant du règne minéral, aux mines, qui sont très-multipliées sur les montagnes du Roussillon. Si nous devions donner des détails sur chacune de ces mines, nous excéderions les limites que nous devons nous prescrire ; nous nous bornerons à de simples indications ; nous n'indiquerons même que les principales et les plus connues.

MINES DE FER. On en trouve sur la plupart des montagnes du Conflent, du Capsir, de la Cerdagne, de Carol et du Vallespir : le détail en deviendroit fort long. Elles sont presque toutes peu profondes, et même souvent superficielles : les plus riches sont celles du haut de la montagne de Picmoren dans la Vallée de Carol, qui fournissent à plusieurs forges de la Catalogne, de l'Andorre et du Comté de Foix, celles d'Escaro et d'Aitoua en Conflent, qui fournissent aux forges d'Anyer, de Thoez, de Balsère et de Mosset, et à celle de Gincla en Languedoc ; celle de Fillols en Conflent ; elle est de fer spathique. Il y en a plusieurs sur le Canigou, parmi lesquelles quelques-unes contiennent plusieurs sortes de manganèse ; quelques autres sont des mines de fer spathique d'un jaune fauve ; on les mêle dans les forges d'Arles, avec de l'hématite noire qu'on tire de la même montagne.

MINES DE PLOMB. On en trouve 1. un filon au terroir de *Fillols* en Conflent ; 2. à celui de *Sahorra* aussi en Conflent ; 3. à celui de *Formigueras* en Capsir ; 4. un filon entre le terroir de *Prats* et ceux de *Manère* et de *Serrallonga* en Vallespir ; 5. un filon près d'*Arles* en Vallespir, qui donne, au petit essai, 50 pour 100 ; il est à petites facettes, et sa gangue est quartzeuse; 6. un filon au terroir d'*Escaro* en Conflent; il est fort riche; 7. un filon à *Pedreforte* dans la Vallée de Carol; 8. au *minier de Saint-Antoine-de-Padoue* près d'*Arles* en Vallespir; celui-ci sert à faire le vernis à potier; 9. des rognons d'*Alquifou* à *Escaro* en Conflent; 10. mine à couches de plomb, au même terroir, lieu dit *la Clavaguera*, entre deux monticules; 11. mine à rognons au terroir de *Galbes* en Capsir; 12. mine à rognons au terroir de *Vernet* en Conflent; on la trouve en fouillant la mine de fer; 12. mine à rognons au terroir de *Torinya* en Conflent; on la découvre dans les campagnes et les vignes, sur-tout après les pluies d'orage; 14. mine à rognons au terroir de *Sirac* en Conflent; ils sont moins riches que les précédens, et sont dans une terre argileuse blanche.

Bismuth. On en trouve une mine près d'*Arles* en Vallespir; elle donne, au petit essai, 30 pour 100.

Mines de cuivre. 1. au *Col-de-la-Regine* ou *Sainte-Marie*, dans le terroir de *Prats-de-Mollo* en Vallespir, filon de deux pieds et demi de large; 2. au *Col-de-la-Cadère* dans le même terroir, filon de deux pieds de large; 3. au terroir de *Custujas* en Vallespir, plusieurs filons de deux et trois pieds de large; 4. sur la montagne de *Batera*, une mine de cuivre jaune, qu'on trouve avec du vert de montagne dans une gangue calcaire; 5. plusieurs mines de cuivre jaune près de la Preste en Vallespir; 6. une mine pareille près de Mont-Bolo, aussi en Vallespir, mais parsemée de petits cristaux de malachite et de vert de montagne, dans une gangue quartzeuse; 7. dans le terroir de *Llech* en Conflent; 8. à *la Vall-de-Prats* entre les terroirs d'Escaro et de Font-Pedrosa en Conflent, un filon de cinq pieds de large; 9. à *Caransa*, au lieu nommé *le Racou*, à deux lieues du précédent; 10. au fond de la montagne de *Caransa*, au pied de l'étang des *Estanyols* en Conflent; 11. dans le bas de la même montagne, vingt-cinq filons, dont le plus petit est d'un pied et demi de large; 12. depuis *Formigueras* en Capsir jusqu'à *Ral*, sept filons des plus gros; 13. dans le terroir de *Pedreforte*, Vallée de Carol, quatre filons; 14. une mine de cuivre grise au terroir d'*Estoher* en Conflent; 15. un banc de gravier où l'on trouve beaucoup de cuivre en filets ramifiés, dans le terroir de *Sureda* au pied de la montagne de l'*Albera*; cette mine est composée de feuilles de cuivre rouge très-ductile, répandues parmi le gravier ou plaquées contre les pierres, où elles paroissent ramifiées à la manière des dendrites; on conserve à Perpignan des pyrites qu'on en a retirées en ouvrant la mine; elles sont plates et dures; la plupart se sont fleuries à l'air, et se sont chargées d'un très-beau vitriol : l'exploitation de cette mine a été suspendue en 1735, par ordre du Gouvernement.

Mines de cuivre et argent. 1. dans le terroir de *Prats-de-Mollo* en Vallespir, au lieu dit *les Billots* ou *Sainte-Marie*, au *minier de Saint-Louis*, et à *Saint-Salvador*; 2. à *la Vall* en Vallespir; 3. au *Col-de-la-Gallina*, terroir de *Ballestavi*, en Conflent, filon de quatre pieds; 4. au *Puig-dels-Moros* dans le même terroir; 5. à *la Coma* en Conflent, filon de trois pieds; 6. au terroir d'*Estoher*, derrière le *Col-de-la-Gallina*, en Conflent; 7. au *Pla-de-Gantas*, paroisse d'*Escaro* en Conflent; 8. au bas de la montagne de *Caransa* en Conflent, à gauche des *Estanyols*.

Mines d'argent. 1. au terroir de *Saint-Colgat* en Conflent, filon de demi-travers de doigt dans une roche bleuâtre; 2. à *Pedreforte* dans la Vallée de Carol, filon un peu plus considérable que le précédent.

Minière de pyrites cubiques, au terroir de *Palol*, à une lieue de Ceret en Vallespir.

Alun. Veine courante sur terre, très-abondante en alun, depuis une toise de largeur jusqu'à quatre, dans une longueur de quatre lieues : elle commence à *Villerac* en Conflent. On avoit commencé à l'exploiter; mais on l'a abandonnée à cause de la grande quantité de matière onctueuse qu'elle contient, qui en rend la cristallisation très-difficile.

On connoît encore, aux environs du Mont-Louis, des mines de plomb, de cuivre, d'alun, de jais, de charbon de pierre. Il y en a de pareilles sur le Canigou. On en indique même plusieurs sur cette montagne, qu'on prétend tenir de l'or et de l'argent; mais on n'en a jamais fait l'essai, et on est par conséquent dans l'incertitude sur leur vraie nature.

On trouve enfin des schistes sulfureux ou charbon de terre près de *Callastres* et de *Llou* dans la Cerdagne, des schistes alumineux près de ce dernier village, des pyrites cuivreuses en Capsir, des pyrites sulfureuses près de *Caransa*, des pyrites martiales dans plusieurs endroits de la Cerdagne, et de l'amianthe ou lin incombustible sur le Canigou, au dessus du Monastère de S. Martin.

RÈGNE ANIMAL.

Le règne animal est très-varié et très-multiplié dans la province de Roussillon ; nous ne pouvons nous permettre que de simples indications.

QUADRUPÈDES. Nous ne parlerons point ici des animaux domestiques. Les lapins, les lièvres, les genettes, les renards, les loutres, les taupes, les mulots y sont répandus dans la plaine et sur les montagnes; on trouve encore sur ces dernières, sur-tout sur les plus élevées, des écureuils, des belettes, des poutois, des fouines, des chamois ou ysards, des loups, des ours et des sangliers.

OISEAUX. L'espèce en est très-multipliée; elle comprend des chouettes, chat-huans, effrayes, corbeaux, coucous, pics-verts, pics-variés, martin-pêcheurs, gueppiers, huppes, grimpereaux, canards domestiques et sauvages, oies, cercelles, hirondelles de mer, bécasses, bécassines, bécasseaux, vanneaux, pluviers dorés, foulques, poules d'eau, perdrix rouges, cailles, pigeons domestiques, pattus et ramiers, tourterelles, alouettes ordinaires et hupées, grives, merles, bec-croisés, bec-figues, gorge-rouges, mésanges, mésanges noires, tête-chèvres, etc. On trouve encore, sur les montagnes, sur-tout du côté du Mont-Louis, des vautours, des aigles, des faucons, des milans, des buses, des éperviers, des tiercelets, des ducs, des hiboux, des pies, des corneilles, des geais, des choquards soit à bec et pieds *jaunes*, soit à bec et pieds rouges, des pintades, des coqs de bruyère, des lagopèdes ou perdrix blanches, et des gelinottes. Nous ne nommons point ici une grande quantité d'autres petits oiseaux très-variés. Nous indiquerons encore quelques oiseaux de passage, qui y séjournent tous les ans pendant quelque tems : tels sont les ortolans, les grives, les cignes, les hérons de plusieurs espèces, les cicognes, les oies sauvages, les outardes, etc.

POISSONS. La mer qui borde la côte de la province du Roussillon, fournit une grande quantité de poissons de différentes espèces : tels sont la murène, le congre, l'empereur ou épée, la vive, le scorpion, la sole, la dorade, le sparaillon, le pagel, le rouget, le maquereau, l'anguille, l'esturgeon, le merlan, le marteau, le baudroie, le turbot, la raie, la raie bouclée, le barbuis, le muge volant, la sardine, le loup de mer, et une infinité d'autres poissons, dont la simple indication seroit trop longue ; on y prend encore du thon, mais qui n'est qu'un poisson de passage. C'est ici le lieu de faire mention de quelques autres productions de cette mer, quoiqu'elles pussent être rapportées à d'autres classes, des coquillages extrêmement variés, dont un grand nombre d'une beauté rare, des crustacées de différentes espèces, des zoophytes en grand nombre, et d'une variété nombreuse et belle de litophytes, comme madrépores, millepores, cellepores et tubipores ou tubulaires. Les rivières de la plaine de cette province ne contiennent que peu de poisson, et d'une espèce dont on ne fait aucun cas ; mais ces mêmes rivières, dans les montagnes, sur-tout en Conflent et en Cerdagne, et presque toutes les rivières et les lacs de ces montagnes, donnent une grande quantité de très-bonnes truites saumonées et d'anguilles ; on préfere celles-ci à celles de la mer. Enfin, l'étang de Salses contient des muges, qui font l'objet de quatre pêches tous les ans, dont le produit est très-considérable.

AMPHIBIES et REPTILES. Le nombre n'en est pas bien étendu en Roussillon. On y compte la tortue de mer, qui est d'une petite espèce, celle de terre, qu'on trouve dans les garrigues de Salses, le crapaud, différentes sortes de grenouilles, celle de mer, celle d'eau, la verte aquatique, et la variée, différentes espèces de lézards, le gris ou ordinaire, celui de muraille, l'étoilé, l'azuré, le vert et le doré, la salamandre, qui est rare, la vipère, qu'on ne trouve qu'en Capsir, et diverses espèces de couleuvres, la bleue, la blanche, la brune et la verte; elles ne sont ni bien multipliées, ni d'une bien grosse espèce, et sont plus grosses sur les montagnes que dans la plaine.

INSECTES. Cette classe est très-variée et très-multipliée; le détail en seroit infini. Nous nous contenterons d'indiquer la cochenille, mais en petite quantité. L'espèce des papillons y est belle et nombreuse; celle des chenilles très-variée; celle des abeilles très-utile; celle des scorpions peu abondante et sans venin; celle des araignées assez multipliée; les cigales, les grillons, les vers luisans, les pro-scarabées, etc. sont très-répandus dans la plaine.

RÈGNE VÉGÉTAL.

Le règne végétal de la province du Roussillon est un champ vaste et inconnu, que les Botanistes ont trop négligé jusqu'ici, et qui présenteroit des richesses immenses à celui qui voudroit le parcourir avec des yeux attentifs. Les plantes les plus belles, les plus précieuses et les plus variées y sont répandues sur toute la surface des montagnes et des collines; on y voit les plantes des Alpes à côté de celles des Pyrénées, les plantes des pays glacés de la Sibérie à côté de celles du climat brûlant de l'Arabie. On ne peut y faire un pas sans trouver de quoi fixer l'attention de l'observateur. La montagne de *Llaurenti* au N. O. du Capsir, la vallée d'*Eyne* en Cerdagne, et les montagnes qui forment cette vallée, sont les plus riches, les plus curieuses, et contiennent beaucoup de plantes qu'on n'a pas encore déterminées. Les plaines sont aussi très-fertiles en plantes de toute espèce; mais elles y sont moins nombreuses, moins variées, ont des couleurs moins vives et des propriétés moins marquées et moins efficaces. Nous ne pouvons entrer dans aucun détail à cet égard; la simple indication des plantes de cette province seroit d'une étendue qui excéderoit les bornes de cet Ouvrage. Très-peu de Botanistes s'en sont occupés jusqu'ici, et aucun n'a publié encore le résultat de ses observations; mais il y a lieu d'espérer que nous connoîtrons bientôt les richesses botaniques du Roussillon; M. *Carrère,* de la Société royale de Médecine, a fait une Topographie botanique de la plaine du Roussillon et d'une partie du Vallespir; M. *Barrère,* médecin de l'Hôpital militaire du Mont-Louis, s'occupe actuellement de celle de la partie des Pyrénées qui est en Conflent et dans la Cerdagne; ces deux Médecins se proposent de réunir leurs travaux pour donner une Topographie botanique complète de toute cette province.

EAUX COMMUNES.

Nous avons déja parlé dans le premier article de ce Chapitre et dans le Chapitre I, des rivières, des fontaines et des puits de la province du Roussillon, et de la nature de leurs eaux. Il ne nous reste qu'à faire mention d'une source très-froide et très-abondante, qui fait descendre le thermomètre au 6e degr. $\frac{1}{2}$, et qui fournit à des bains; elle est devant la Chapelle de l'Hermitage de Font-Romeu, à une lieue et demie du Mont-Louis, dans un bois épais. On attribue à cette eau une vertu miraculeuse, qu'on rapporte à la S[te]. Vierge, et de laquelle on fait dépendre la guérison de plusieurs maladies; aussi vient-on de fort loin et avec beaucoup de dévotion pour se baigner dans cette piscine salutaire; mais il est aisé, sans recourir au miracle, d'expliquer les effets que produit l'action d'une eau très-froide sur notre corps; on peut consulter une *Lettre sur ces bains*, par feu M. *Carrère,* publiée à Perpignan en 1756.

Nous pourrions parler encore d'une fontaine, qu'on trouve à la séparation du Languedoc et du Roussillon, au bord de l'étang de Salses; l'eau en est salée et très-amère. Elle sort de la montagne, et se jette dans l'étang; elle est si abondante, qu'elle suffit pour faire aller

aller plusieurs moulins. On l'appelle *Fontaine Estramer* ou *Font-Dame*. Nous indiquerons, en parlant des eaux minérales, les principes qu'elle contient.

La plaine du Roussillon a plusieurs Etangs, dont les plus remarquables sont ceux de Saint-Nazaire, à deux lieues N. E. de Perpignan, et de Salses, près du château de ce nom; ce dernier est le plus considérable : il a quatre mille six cents toises de longueur du S. au N., et trois mille de largeur de l'O. à l'E. Il est en partie en Roussillon, en partie en Languedoc, et est séparé de la mer par une langue de terre d'environ sept mille toises. Ses eaux sont un un peu amères et salées; elles tiennent vraisemblablement ce goût soit de la fontaine dont nous venons de parler, soit du mélange de l'eau de la mer, qui communique avec l'étang, lorsque la mer est grosse : cette communication se fait au moyen de deux ouvertures de cette langue, appelées *Graus*, placées aux deux extrémités, l'une près de Saint-Laurent, l'autre près de Leucate. Ces eaux contiennent $\frac{1}{44}$ de sel marin. L'étang a beaucoup de profondeur, et porte des gros bateaux.

Plusieurs montagnes ont, à une certaine élévation, et quelquefois sur leur sommet, des Lacs assez considérables; les plus remarquables sont, celui de Sainte-Colombe près de Massanet, les *Estanyols* sur la montagne de Caransa, derrière le Serrat de Colmija, au S. E. du Mont-Louis, les *Bouillouses* d'environ deux lieues de tour, dans la vallée de Vall-Marans en Capsir, l'*Etang de Lanus* à l'O. des montagnes de Subilans et de Carlit en Capsir; c'est le plus élevé et le plus considérable; il a trois lieues et demie de tour; celui de *Fontviva*, au dessous du précédent; les *Gorgs*, c'est-à-dire, *Gouffres de Mosset*, entre les montagnes de Nohèdes, d'Orbanya et de Madres; ils sont au nombre de trois, connus sous les noms de *Bleu*, d'*Etoilé* et de *Noir* ou d'*Aulette*; les paysans des environs regardent ce dernier comme très-dangereux; ils sont persuadés que si on y jette quelques pierres, il s'en élève sur-le-champ des orages, accompagnés de grêle et de tonnerre. On a attribué un pareil phénomène aux lacs de Tube dans le comté de Foix, et au puits de Saint-Bartholomé de la province de Chiapa dans la Nouvelle-Espagne; mais on sait aujourd'hui apprécier et réduire à leur juste valeur ces préjugés populaires, qui n'ont d'autre fondement que la prévention et la crédulité du peuple. Ces lacs ou étangs sont presque tous fort poissonneux, et fournissent beaucoup de truites belles et saumonnées : celles du *Gouffre noir* dont nous venons de parler, sont l'objet de la terreur des paysans des environs; ils les regardent comme des diables, auxquels ils attribuent les orages, et ils n'oseroient les toucher.

EAUX MINÉRALES.

La province du Roussillon est très-riche en Eaux Minérales; elle réunit presque toutes les espèces connues, et peut suffire aux besoins de ses habitans sans qu'ils soient obligés de recourir aux Eaux des provinces voisines et des pays éloignés. La nature de ces Eaux n'avoit jamais été connue; elles n'avoient été soumises à aucune analyse; on en doit la connoissance à feu M. *Carrère*, professeur et doyen de la Faculté de Médecine de Perpignan, qui a été le premier, et qui est jusqu'ici le seul qui s'en soit occupé, et qui ait réuni l'analyse chimique à l'observation pratique; il a publié son travail sous le titre de *Traité des Eaux Minérales du Roussillon*; Perpignan, 1756, *in*-8°. Il avoit déja fait connoître, dans deux essais particuliers, les sources de *Nossa* et de *la Preste*. Si nous devions parler de toutes les Eaux Minérales de cette province, les détails deviendroient trop étendus et peu importans; nous nous bornerons aux principales et aux plus fréquentées.

Bains-près-Arles, au dessous du Fort-des-Bains en Vallespir; elles sont sulfureuses, salines et chaudes; il y a trois sources, la première qui sert à l'usage intérieur, au 40e d. (1); la seconde, qui n'est point employée, au 57^{e} $\frac{1}{2}$, et la troisième, qui sert aux bains, au 53e. Il y a des bains, qu'on prend dans un beau bassin, dont nous avons déja parlé. Elles

(1) Nous indiquerons ainsi les degrés de chaleur de toutes les Eaux Minérales au thermomètre de Réaumur.

sont très-fréquentées, principalement pour les douleurs rhumatismales ou invétérées, les vieilles plaies d'armes à feu, les paralysies, etc.

LA PRESTE, à deux lieues de Prats-de-Mollo, dans une gorge; elles sont sulfureuses et chaudes; il y a cinq sources, dont une seule est en usage soit pour l'usage intérieur, soit pour les bains; elle est au 38ᵉ d. ½. Il y a des bains. Elles ont beaucoup de réputation, et on y accourt en foule pour les suppurations internes et externes, la phthisie pulmonaire commençante, les vieux ulcères, les affections des reins et les maladies de la peau.

ESCALDAS, dans la Cerdagne; nous en avons indiqué la situation dans le Chapitre II. Elles sont sulfureuses et salines; il y a deux sources, au 39ᵉ d. et au 37ᵉ ½, et des bains, dont le bassin est un ouvrage des Romains. Elles ne sont fréquentées que par les habitans de la Cerdagne Françoise et Espagnole, et d'une partie de la Catalogne, pour les mêmes maladies que les Eaux des *Bains-près-Arles.*

VERNET, entre Villefranche et Saint-Martin-de-Canigou; elles sont sulfureuses et salines, et ont les mêmes propriétés que celles des *Bains-près-Arles.* Il y a trois sources, au 48ᵉ et au 51ᵉ d., qui servent aux bains qu'on prend dans un assez beau bassin. Ces Eaux ont été très-fréquentées; mais elles sont aujourd'hui presque abandonnées, depuis que l'édifice voisin des Bains a été incendié, et qu'on a négligé de le réparer.

MOLITX; nous en avons indiqué la situation. Les eaux sont sulfureuses et chaudes. Il y a plusieurs sources, au 32ᵉ d. On vient de rebâtir les Bains, qu'on a distribués en plusieurs cabinets et baignoires, d'une manière très-commode. Ces eaux ont une célébrité bien acquise pour les maladies de la peau, même les plus rebelles et les plus invétérées; elles ont, dans ces maladies, un degré d'efficacité, qu'on ne retrouve dans aucune autre Eau Minérale de la France.

NYER ou ANYER, dont nous avons parlé; les eaux sont sulfureuses et chaudes au 19ᵉ d. Elles ne sont pas fréquentées sur le lieu; mais on les transporte dans la province, pour servir à l'usage intérieur dans les mêmes cas que celles de *la Preste.*

NOSSA, près de Vinça en Conflent; elles sont sulfureuses et chaudes au 20ᵉ d. ½. Il faut leur appliquer ce que nous venons de dire de celles de *Nyer.*

Il y a encore plusieurs autres sources sulfureuses et chaudes, mais qui ne sont pas fréquentées, à *Reynès* en Vallespir, appelées *Aiguas-Caldas*, au 31ᵉ d.; à *Aulette* en Conflent, au 70ᵉ ½; à *Saint-Thomas* dans la gorge de Vall-de-Prats en Conflent, au 49ᵉ; à *Thoez* en Conflent, il y a deux sources, au 35ᵉ et au 61ᵉ; à *Llo*, dans la Cerdagne, il y a trois sources au 28ᵉ.

EAUX MARTIALES. *Monné*, il y a deux sources, la *Lloufe* et *la Mene; Force-Real; Cornella-la-Rivière:* ces trois en Roussillon; *Barnadal*, près de Vinça, *Nohèdes, Fillols, Spira, Estoher:* ces cinq en Conflent; *Err* et *Mont-Louis*, en Cerdagne; *Notre-Dame-de-Consolation,* dans le bas Vallespir. Elles sont toutes froides, et employées dans tous les cas où les martiaux sont indiqués.

EAUX ALCALINES MARTIALES. *Sureda* et *Colliouvre*, dans le bas Vallespir. Elles sont froides, et employées dans les mêmes maladies que les précédentes, mais préférées dans les cas de relâchement, pour les tempéramens gras et pituiteux, et pour les estomacs lents et paresseux.

EAUX NATREUSES. Il n'y a qu'une source de ce genre, celle de *Saint-Martin-de-Fenouilla,* dans le bas Vallespir. Elles sont froides et gazeuses, et très-fréquentées pour une infinité de maladies qu'il seroit trop long d'indiquer.

EAUX SALINES. Il n'y a qu'une source de ce genre, celle de la *Font-Dame* près de Salses. Elle est froide et purgative, mais n'est point en usage.

Nous pourrions indiquer encore beaucoup d'autres sources d'Eaux Minérales; mais comme elles n'ont point été soumises à l'analyse, nous ne pourrions donner que des conjectures sur les principes qu'elles contiennent.

SINGULARITÉS DE LA NATURE.

Les montagnes du Roussillon renferment un grand nombre de grottes souterraines, ou *Cryptes*, d'une étendue considérable, dont quelques-unes paroissent être un ouvrage de la nature, et quelques autres avoir été creusées autrefois pour l'exploitation des mines. Les plus remarquables sont celles du *Corsavi* en Vallespir, qui s'ouvre dans un abyme très-profond, ce qui en rend l'entrée difficile et dangereuse, de *Villefranche* en Conflent, de *Sirac* aussi en Conflent, de *Corbère* en Roussillon, et du *Bernadell* dans le haut Vallespir. Nous avons déja décrit celle de *Villefranche* dans le Chapitre II. Celle de *Sirac* est moins spacieuse, quoique très-élevée dans certains endroits; on y entre par une ouverture étroite, dans laquelle on ne peut passer qu'en se couchant sur le ventre; on la parcourt aisément pendant une demi-lieue; il faut alors se baisser et insensiblement se coucher ventre à terre; dans cette partie, la lumière des flambeaux s'affoiblit, pâlit, et est près de s'éteindre; on ne peut aller plus loin, le passage étant trop resserré; cependant on apperçoit distinctement qu'à une très-petite distance la voûte s'élève et l'espace s'agrandit; il est douteux qu'on ait jamais été au-delà. Celles de *Corbère* et du *Bernadell* sont disposées d'une manière toute différente; elles présentent l'une et l'autre une suite de cavités et de galeries, pratiquées d'une manière assez symétrique, et qui communiquent mutuellement les unes avec les autres; il y a lieu de présumer qu'elles ont été faites dans des tems très-reculés pour l'exploitation de quelques mines; on trouve dans celle de *Corbère* quelques lacs d'eau de distance en distance; lorsqu'on est parvenu à une certaine profondeur, on entend un bruit très-fort, comme celui d'un torrent impétueux qui se précipite dans un abyme, et on sent en même-tems un vent fort et humide, qui éteint les flambeaux, si on veut aller plus avant. Toutes ces grottes sont remplies de stalactites, de stalagmites, de congélations et de cristallisations de différentes figures et grosseurs. On en a tiré quelques-unes, qu'on conserve au Cabinet d'Histoire Naturelle de l'Université de Perpignan, qui sont d'un volume considérable et d'une beauté singulière.

Nous ne devons pas passer sous silence la *Fontaine de Cayelle*, qui est sur la montagne de *Llo* dans la Cerdagne; elle fournit cinq ou six branches dans un espace de trois toises carrées. On y observe le flux et le reflux pendant une demi-heure tous les jours; il est précédé par un bruit souterrain très-distinct, et est plus sensible au commencement de l'été, vers dix ou onze heures du matin; après le reflux, il n'y reste qu'une source peû considérable. L'eau est fraiche au septième degré, claire, légère, et sans aucun goût.

Une singularité d'un genre différent attire l'attention des Naturalistes; c'est un gouffre très-profond, qu'on trouve entre les quatre *Dents*, c'est-à-dire *Pics*, que le Canigou forme du côté du Vallespir, et qui donne naissance au torrent de Comelada; on le prendroit pour le cratère d'un ancien volcan, si les environs n'attestoient le contraire.

L'Université de Perpignan a voulu réunir une Collection complète de toutes les productions naturelles de la province du Roussillon; elle a formé, en 1770, un Cabinet d'Histoire Naturelle, borné à ces seules productions. Nous en parlerons dans le Chap. IX.

Nous croyons devoir terminer ce Chapitre par une notion succincte d'un souterrain qu'on trouve dans la Citadelle de Perpignan; quelques voyageurs et quelques naturalistes en ont donné, vraisemblablement sans l'avoir vu, une idée bien éloignée de la vérité; ils l'ont présenté comme une des merveilles de la Nature; mais ce souterrain, quoique remarquable par sa singularité, ne mérite point l'enthousiasme avec lequel on en a parlé.

Nous avons déja fait connoître, dans le Chapitre II, un puits qu'on trouve dans cette Citadelle; il a vingt-cinq pieds de circonférence et quatre-vingt pieds de profondeur depuis son ouverture jusqu'à la surface de l'eau; on ne connoît point la profondeur de celle-ci; les seaux y plongent jusqu'à vingt pieds, et ne vont point au fond; on en tire l'eau au moyen de deux seaux attachés à une chaîne de fer d'environ mille gros chaînons de trois à quatre pouces chacun ; on les élève par le secours d'un tour à roue, mis en mouvement par dix hommes qui se placent au dedans. A côté de ce puits est une porte qui mène à un escalier de quatre-vingt deux marches de huit pouces d'élévation ; il conduit à des galeries construites en maçonnerie, par lesquelles, au moyen de plusieurs détours, on parvient au fond du puits ; ces galeries sont très-fraîches et très-humides ; il y a lieu de croire qu'elles ont été creusées et construites en même-tems que les puits, et qu'elles n'ont été destinées qu'à en faciliter la construction.

CHAPITRE CINQUIÈME.

ADMINISTRATION ECCLÉSIASTIQUE, CIVILE, POLITIQUE ET MILITAIRE DU ROUSSILLON.

ARTICLE PREMIER.

Administration ecclésiastique.

L'OBSCURITÉ répandue sur les premiers siècles de la Religion Chrétienne, sur-tout dans une province qui a été si souvent dévastée, et principalement par les ennemis de cette même Religion, ne laisse lieu qu'à des conjectures sur le tems où elle a été portée en Roussillon ; on croit avec quelque fondement que c'est vers la fin du premier siècle de l'ère chrétienne, et qu'elle y a été prêchée par S. Paul Serge, reconnu pour l'apôtre d'une grande partie de la Gaule Narbonnoise. Il est au moins certain que, vers la fin du siecle suivant, elle y avoit déja jeté des racines assez profondes, pour y faire des martyrs ; S. Vincent, né à Collioure, souffrit le martyre dans cette ville l'an 300, sous Décius, préfet des empereurs Romains en Espagne. Elle ne s'y est jamais démentie ; les persécutions, les vexations, les cruautés des Sarrasins ne purent lui porter la plus petite atteinte. Dans les tems postérieurs, le Roussillon a toujours été aussi soumis aux décisions de l'Eglise, qu'aux lois de l'Etat ; une foi ferme, pure et inébranlable y a constamment fermé les avenues à l'erreur, même dans un tems où elle étoit répandue et accréditée dans les provinces voisines.

Cette province possède un grand nombre de reliques, parmi lesquelles on en distingue quelques-unes qui attirent particulièrement la vénération des fidèles, telles sont celles des SS. Abdon et Sennen, dans l'église des Bénédictins d'Arles, dont nous avons déja parlé ; le corps de S. Pierre Urseolo, qui, de Doge de Venise, devint simple Religieux dans le Monastère de Saint-Michel-de-Cuxa ; le bras gauche de S. Jean-Baptiste, dans le Couvent des Dominicains de Perpignan ; enfin, le corps de S. Gauderic, patron de la province, qui étoit autrefois au Monastère de Saint-Martin-de-Canigou, et qui a été transporté, en 1784, dans la Cathédrale de Perpignan ; les habitans du Roussillon ont la dévotion la plus marquée pour cette relique ; on l'implore principalement dans les tems de sécheresse : dans les calamités, on alloit la chercher sur le Canigou avant sa translation à Perpignan ; on la portoit dans cette ville ; on observoit autant de formalités et de cérémonies, qu'on en pratique à Paris pour la descente de la châsse de S^te^. Geneviéve ; les peuples accouroient en foule sur son passage, et des processions continuelles l'accompagnoient jusqu'à Perpignan.

Les rois d'Espagne avoient introduit en Roussillon le Tribunal de l'Inquisition, qu'il suffit de nommer pour le faire connoître, un *Tribunal de la Chambre*, c'est-à-dire, des Collecteurs de la Chambre Apostolique pour les dépouilles des Ecclésiastiques après leur mort, et un *Tribunal du Commissaire du Bref*, dont l'Evêque de Girone étoit le chef ; il avoit l'attribution des crimes de toutes personnes religieuses et ecclésiastiques, même des ordres

ordres exempts, qui n'auroient pas été punies convenablement par leurs ordinaires. Ces Tribunaux ont été abolis après le traité des Pyrénées. L'Evêque de Perpignan avoit conservé seulement le titre de grand Inquisiteur, qui lui donnoit une prébende dans chaque Chapitre et chaque Communauté ecclésiastique de son diocèse ; ce titre lui étoit accordé par le Roi à chaque mutation ; mais l'Evêque actuel ne l'a point ; le Roi lui a accordé seulement le don des fruits de cette place.

Les Officialités sont aujourd'hui les seuls Tribunaux ecclésiastiques de cette province ; il y en a trois, la Diocésaine, la Métropolitaine et la Primatiale, composées chacune d'un Official, d'un Vice-Gérent et d'un Promoteur; elles forment trois degrés de jurisdiction, et connoissent des causes personnelles où les Ecclésiastiques sont défendeurs, à l'exception des cas prévus par les lois du Royaume ; leurs jugemens sont sujets à l'appel comme d'abus. Chacune des trois Abbayes de Saint-Michel-de-Cuxa, de Saint-Martin-de-Canigou et de Notre-Dame d'Arles, a aussi une Officialité particulière pour les causes de leurs Religieux et des Ecclésiastiques de leur district. L'Official diocésain avoit autrefois le droit de siéger à l'Audience du Gouverneur après le Vice-Chancelier; mais il a perdu ce privilège à la réunion du Roussillon à la Couronne de France. Les matières bénéficiales sont portées au Conseil Souverain du Roussillon, qui en connoît exclusivement au Grand Conseil, dont la jurisdiction n'est point reconnue dans cette province.

Le Roussillon est un pays d'obédience ; c'est ce qu'on appelle à Rome *Patria obedientiæ :* il n'en est pas plus soumis cependant au Pape, que les autres provinces du Royaume ; mais il en résulte que le Saint-père en retire des droits considérables pour l'expédition des Bulles, qu'il nomme pendant huit mois de l'année aux Bénéfices de patronat ecclésiastique, qu'il perçoit les Quindennes, c'est-à-dire, le quinzième des revenus des Bénéfices réunis pour s'indemniser du *droit des Bulles* qu'il ne peut plus retirer, qu'il hérite du mobilier de l'évêque de Perpignan après sa mort, et qu'il établit en Roussillon des Officiers pour la perception de ses droits. Le dernier évêque de Perpignan a tenté de se soustraire à cette obédience et de se réunir au Clergé de France ; mais son Clergé s'y est opposé ; il a craint de partager les charges considérables auxquelles le Clergé de France est assujéti.

Le Clergé du Roussillon est sujet à des impositions particulières envers le Roi, qui n'ont rien de commun avec celles du Clergé de France ; il paye une capitation et un vingtième sur les Bénéfices ; le recouvrement en est fait par un Ecclésiastique ; les contestations qui y sont relatives sont jugées par un Bureau diocésain, composé d'Ecclésiastiques ; il a été établi une Chambre supérieure ecclésiastique, par Lettres-Patentes du 28 octobre 1759 ; mais elle n'a point été encore formée.

La province de Roussillon fait partie de quatre diocèses ; le village de Vingrau est du diocèse de Narbonne en Languedoc ; le Capsir est de celui d'Aleth, aussi en Languedoc ; la Cerdagne et la vallée de Carol sont de celui d'Urgel en Catalogne ; tout le reste de la province est de celui de Perpignan. Il faut en excepter cependant deux villages en Conflent, qui dépendent de l'Abbaye de Saint-Martin-de-Canigou ; quinze, aussi en Conflent et en Cerdagne, qui sont de la dépendance de Saint-Michel-de-Cuxa, et six en Vallespir qui dépendent de l'Abbaye d'Arles ; les Abbés de ces trois Abbayes y exercent une entière jurisdiction, et l'Evêque diocésain ne peut y faire aucune fonction sans leur agrément.

Le diocèse de Perpignan contient cent quatre-vingt huit paroisses, dont les cures sont divisées en douze archi-prêtrés ; quelques-unes sont de patronat laïque ; quelques autres sont à la collation des Chapitres ; le plus grand nombre est à la nomination de l'Evêque. Les Curés du diocèse s'assemblent tous les ans à Perpignan en synode, où on publie les réglemens que l'Evêque croit nécessaires pour l'administration des églises et la police du Clergé, mais qui doivent avoir au préalable la sanction du Chapitre de la Cathedrale. Les Curés dépendans des Abbayes sont à la nomination des Abbés ; ceux-ci ont aussi le droit de tenir un synode, et celui de Saint-Michel le tient régulièrement tous les ans.

Quelques-uns ont prétendu qu'il y a eu autrefois un évêque à Colliouvre; on s'est fondé sur les souscriptions d'un *Orontius Episcopus Illiberitanæ Civitatis*, et d'un *Petrus Illiberitanæ Ecclesiæ Episcopus*, qu'on trouve dans les actes des Conciles de Terragone et de Tolède en 516 et 589; mais il est démontré que l'un étoit évêque de Grenade, et l'autre d'Abdère.

On compte, dans le diocèse de Perpignan, un Evêché, un Chapitre de Cathédrale, trois Chapitres de Collégiale, sept Abbayes, deux Prieurés, et un Chapitre de Chanoinesses.

ÉVÊCHÉ D'ELNE, ensuite DE PERPIGNAN. On est incertain sur l'époque de l'érection de l'évêché d'Elne; quelques-uns la font remonter à l'an 317; M. *de Marca* la place au contraire à la fin du sixième siècle, et croit qu'elle fut faite par une assemblée d'évêques à la prière des rois Goths, qui étoient alors maîtres de l'Espagne et d'une partie du Languedoc. Il est certain qu'on ne trouve, dans les tems antérieurs, aucune mention de l'évêque de cette ville; les premiers actes solennels où il en est question, sont le troisième Concile de Tolède, et celui de Narbonne, tenus l'un et l'autre en 589; ils présentent la souscription de Jean, évêque d'Elne. Depuis cette époque, le siége a été rempli sans interruption et tenu dans cette ville; il fut transféré à Perpignan, avec le Chapitre de la Cathédrale, par bulle du pape Clément VIII du premier de septembre 1601, accordée à la demande du roi d'Espagne, d'Onufre de Réart, évêque, et du Chapitre; cette translation fut effectuée le 2 juillet 1602. On compte, aujourd'hui, cent vingt-trois évêques qui ont tenu ce siége, parmi lesquels il y a eu un patriarche de Constantinople, deux patriarches de Jérusalem, et huit cardinaux.

Il y a lieu de croire que, dans les premiers siècles, les évêques d'Elne furent choisis par le peuple; on trouve que Riculfe fut élu, en 947, par acclamation de tout le diocèse. Le Chapitre de la Cathédrale se rendit ensuite le maître des élections; il l'étoit déja dès la fin du onzième siècle. Dans la suite, les papes nommèrent quelquefois les évêques; après la conquête du Roussillon, les rois de France en disposèrent; mais ceux qui eurent leur nomination ne purent jamais obtenir des bulles à Rome; cette nomination leur appartient aujourd'hui en vertu d'un Indult accordé, en 1668, par le pape Clément IX.

L'Eglise d'Elne a changé souvent de métropolitain. Soumise d'abord à la Métropole de Narbonne, elle cessa de la reconnoître en 1511, et le pape Jules II la soumit immédiatement au S. Siége; Léon X révoqua la bulle de son prédécesseur en 1517, et la remit sous la Métropole de Narbonne. Cette disposition ne dura pas long-tems; bientôt l'Eglise d'Elne ne reconnut aucun métropolitain. Le Concile de Trente ayant ordonné aux évêques indépendans de faire le choix d'un métropolitain, celui d'Elne choisit l'archevêque de Terragone. Enfin, après le traité des Pyrénées, l'évêque d'Elne est rentré sous la Métropole de Narbonne, en 1678, sur les seuls ordres du Roi, sans l'intervention du Pape.

Les évêques d'Elne jouissoient autrefois d'un privilège singulier; ils avoient une entière jurisdiction temporelle sur les habitans des terres de leur Eglise, même le droit de prononcer sur les premières et secondes appellations, *sans qu'on pût appeler ni autrement recourir au Roi en aucune manière;* l'évêque *Guillaume d'Ortaffa* l'avoit obtenu déja dans le douzième siècle, et le souvenir de cette concession fut consacré dans l'épitaphe de ce prélat, mort en 1200, que nous avons déja rapportée; il avoit eté renouvelé en 1349 par Pierre III, roi d'Aragon; mais ce privilège exclusif est tombé en dessuétude; il portoit atteinte à l'autorité du Souverain, et il étoit incompatible avec les lois du Royaume. Ils prétendoient encore avoir le droit de siéger les premiers après le métropolitain, dans les Conciles et dans les Consécrations des églises et des évêques, en vertu de la concession faite à leur Siége par le Concile tenu, dans le dixième siècle, à Saint-Genis-de-Fontaynes; mais M. *de Marca* et *Baluse* croyent que les actes de ce Concile ont été viciés par quelque personne intéressée à relever la dignité de l'Eglise d'Elne.

L'évêque de Perpignan avoit eu jusqu'ici le titre de grand Inquisiteur, sans en remplir aucune fonction ; il ne l'a plus aujourd'hui ; il jouit de quelques privilèges en vertu de l'union qui a été faite à son siége de la dignité de Chapelain Majeur de l'Eglise de S. Jean, dont nous allons parler ; il est encore Conseiller-d'honneur né au Conseil Souverain du Roussillon. Il jouit des revenus de son évêché, de ceux de Chapelain Majeur de S. Jean, de ceux de grand Inquisiteur, dont le Roi lui a fait don, et des Abbayes de la Réal et de Font-Froide, dont il a obtenu la réunion ; ce qui lui forme un revenu annuel d'environ 60,000 livres.

Chapitre de la Cathédrale. Ce Chapitre est composé des anciens Chapitres de la Cathédrale d'Elne et de la Collégiale de S. Jean de Perpignan.

Il n'est pas possible de remonter jusqu'à l'origine du Chapitre de la Cathédrale d'Elne ; on ignore même s'il y a eu des Chanoines avant la fin du onzième siècle ; cependant, l'auteur d'une Chronique manuscrite de ce Chapitre, a noté comme une chose singulière que, sous l'évêque Bérenger, qui tenoit le siége en 1038, il y avoit un Chanoine qui ne savoit pas écrire. La première création de canonicats que nous trouvons, est postérieure à cette époque d'environ trente ans : elle fut faite par l'évêque Raimond, qui tenoit le siége en 1069, et qui créa vingt-quatre canonicats ; ce nombre fut réduit à quinze en 1287, par l'évêque Bérenger de Cantalups, du consentement du Chapitre ; il a été augmenté ensuite par les fondations de différens particuliers. Les Chanoines observoient la vie commune, qui subsistoit encore en 1126, sous l'évêque Pierre Bernardi ; on ne connoît point l'époque où elle a cessé. Les personnes de tout état pouvoient y être reçues ; mais, en 1421, l'évêque Jérôme Occon, de concert avec le Chapitre, fit un Decret, qui défendit d'y recevoir d'autres personnes que des Nobles, des Docteurs ou des Licenciés ; on ne voit point cependant que ce Decret ait jamais été observé. Ce Chapitre a été transféré à Perpignan en 1602, et réuni à celui de la Collégiale de S. Jean de cette ville.

L'église de S. Jean, desservie par des Bénédictins dans le neuvième siècle, l'étoit par des Religieux de S. Jean de Jérusalem (1) au commencement du onzième. Le Comte Gilabert les transféra, en 1102, à Bajoles, pour établir à leur place un Clergé séculier. Ce Clergé fut érigé en même-tems en Chapitre de Collégiale par l'évêque Armengauld, et eut pour chef un Chapelain Majeur, dont la dignité fut unie à la manse épiscopale en 1230. Ce Chapelain Majeur avoit le droit de s'emparer du vestiaire de tous les habitans de Perpignan qui venoient à mourir, c'est-à-dire, des habits, chaussures, lits et autres meubles qui se trouvoient dans la chambre où ils mouroient, en vertu de la cession que cette ville lui avoit faite ; l'Evêque qui lui avoit succédé, y renonça en 1267, moyennant une redevance annuelle de cinq cents cinquante sols Molgonois (2), dont la ville de Perpignan se racheta en 1270, en cédant à l'évêque des dîmes qui lui appartenoient. Ce Chapitre observoit la vie commune, et la nourriture lui étoit fournie par le Chapelain Majeur ; sur une contestation survenue à ce sujet, Pierre de Solario, Chapelain Majeur, s'obligea, en 1213, à fournir une subsistance plus considérable à la table des Chanoines, et cet engagement fut autorisé par un Decret de Raimond de Longueville, évêque d'Elne, du 2 des kalendes de janvier 1214. Le nombre des canonicats fut réduit à quatorze, en 1266, par l'évêque Bérenger de Cantalups. Enfin, ce Chapitre a été supprimé en 1602, et réuni à celui de la Cathédrale.

Ces deux Chapitres réunis forment le Chapitre actuel de la Cathédrale ; il est composé de quatre dignitaires, un grand Archidiacre ou Archidiacre du Roussillon, un Archidiacre du Conflent, un Archidiacre du Vallespir et un grand Sacristain, et de vingt-quatre canonicats, dont deux sont réunis à la manse épiscopale, et un à la place de grand Inquisiteur ;

---

(1) Nous ignorons quels sont ces Religieux ; ils ne peuvent être les mêmes que ceux de S. Jean de Jérusalem, qui ont été connus ensuite sous les noms de Chevaliers de S. Jean de Rhodes et de Malte ; ceux-ci n'ont été établis qu'en 1099. Cependant l'Ordre de Malte possède aujourd'hui une Commanderie à Bajoles, qui est l'endroit où furent transférés ces Religieux.

(2) Soixante sols Molgonois faisoient un marc d'argent fin ; cette redevance étoit donc d'un peu plus de neuf marcs d'argent.

ils sont divisés en trois classes, huit pour dire les grand'-Messes, sept pour chanter l'Evangile, et sept pour l'Epître. Le huitième de la première classe est possédé par l'Evêque, qui est obligé de célébrer à son tour la grand'-Messe, ou de la faire célébrer par un Chanoine, qu'il doit payer à cet effet. Il y a encore une première Chanoinie d'honneur, créée le 6 août 1758, en faveur de la branche de la maison de Mailly du nom d'Haucourt. L'habit des Chanoines est majestueux; depuis Pâque jusqu'à la Toussaint, ils portent sur le rochet un camail d'étoffe de soie violette, ouvert par devant, et à revers doublé de satin cramoisi (PLANCHE XXX, n°. 1.); ils le quittent à la Toussaint pour prendre une grande robe noire, bordée d'un petit liserage cramoisi, et fermée par devant par des grands lacs-d'amour de la même couleur, attachés sur l'étoffe avec des grandes houpes; ils portent sur cette robe un camail d'hermine, dont les bords sont aussi liserés de cramoisi; cette fourrure se termine par derrière en une espèce de coqueluchon, qui est rattaché sur les deux épaules. Cette robe, sous laquelle ils ont un rochet, est retroussée, fait deux tours à la ceinture, et pend sur le côté gauche presque jusqu'à terre (PLANCHE XXX, n°. 2.); les jours du Jeudi et du Vendredi-Saint, ils détroussent cette robe, qui a une queue fort longue, et ils mettent le capuchon sur leur tête (PLANCHE XXX, n°. 3.).

L'Eglise Cathédrale a encore, outre ce Chapitre, un Clergé nombreux, composé de cent Bénéficiers, ayant tous un bénéfice fondé dans cette Eglise et part aux distributions qui se font dans le chœur à chaque office; ils forment une *Communauté*, gouvernée par des Syndics électifs tous les ans; elle seroit très-riche, si elle n'étoit pas trop nombreuse. Les Gradués dans les Facultés de Théologie, de Droit et de Médecine, y ont la préséance sur ceux qui ne le sont point; ils en sont encore distingués par leurs habits; ils portent en été un camail noir, doublé et à revers de satin violet, et en hiver un habit absolument pareil à celui des Chanoines, à la seule différence que la fourrure est noire et le liserage violet; les Bénéficiers non gradués portent toute l'année un camail noir doublé et à revers de taffetas de la même couleur (PLANCHE XXX, n°. 4.). Cette préséance et cette distinction d'habits sont les mêmes dans toutes les autres Communautés ecclésiastiques de la province; mais celles-ci n'ont toute l'année que le camail sans fourrure.

La Communauté de l'Eglise de S. Jean est dans une possession immémoriale de faire frapper une monnoie de cuivre de différentes valeurs; elle sert à payer à chaque Bénéficier la retribution de chaque office; un prêtre, appelé *Boursier*, portant une grande bourse de velours violet, ornée de glands, et suspendue à son bras par de longs cordons, qui renferme une certaine quantité de cette monnoie, fait le tour du chœur à chaque office, et donne à chaque Bénéficier présent la rétribution fixée. Cette monnoie, appelée *Pallofas*, est reçue sans difficulté dans la ville, parce qu'on est assuré de la convertir en espèces ayant cours, si on la rapporte au *Boursier*.

ABBAYE ET CHAPITRE DE LA RÉAL DE PERPIGNAN. Udalgarius, évêque d'Elne, fonda, en 1136, un Chapitre de Chanoines réguliers sous la règle de S. Augustin, à Espira, village sur les bords de l'Agly, à une lieue N. de Perpignan, et mit à la tête un Prieur. Ce Chapitre fut transféré à Perpignan en 1321, et la dignité Priorale érigée en même-tems en Abbaye, avec concession des honneurs épiscopaux. On lui donna une église, qui, après avoir été occupée dès le douzième siècle, par des Frères de la Pénitence, avoit été reconstruite et amplifiée en 1300, par Jacques, roi d'Aragon; ce qui lui avoit fait donner le nom de *la Réal*, c'est-à-dire, *la Royale*. Ce Chapitre et l'Abbaye furent sécularisés et érigés en Collégiale en 1592; l'Abbé a conservé les honneurs épiscopaux; mais l'Abbaye vient d'être réunie, en 1781, à la manse épiscopale de Perpignan. Ce Chapitre est présidé aujourd'hui par un Prévôt électif, qu'on change tous les ans; il a quatorze Chanoines, qui ont environ 800 livres de revenu. Leur habit de chœur est le rochet et un camail d'étoffe de soie noire, doublé et à revers de satin cramoisi; ils ont le droit de porter en hiver un habit pareil à celui des Chanoines de la Cathédrale, à la différence que la fourrure doit être de petit gris; mais ils ne s'en servent point. Ces habits sont communs à tous les autres

Chapitres

Chapitres des Collégiales du Roussillon. Le Curé de S. Jacques de Perpignan porte aussi le camail doublé et à revers de satin cramoisi, et marche, dans les processions, immédiatement avant le Chapitre de la Cathédrale, comme ayant été autrefois Chanoine de l'ancienne Collégiale de S. Jean. L'Eglise de la Réal a encore, outre ce Chapitre, un Clergé particulier, composé de vingt Bénéficiers. Cette Eglise est de construction moderne, grande et belle; on y voit un grand ostensoir de vermeil, qui seroit très-beau, si on ne le comparoit point avec celui de la Cathédrale. C'est un présent fait à cette Eglise par un Jardinier.

PRIEURÉ ET CHAPITRE DE CORNELLA. Les Comtes de Cerdagne avoient une prédilection particulière pour la petite ville de Cornella en Conflent; ils y avoient un palais; ils y passoient une partie de l'année; le Comte Guifre en acquit l'église en 965, de l'évêque d'Elne, auquel il donna en échange celle d'Escaro; le Comte Guillaume fit des dons considérables à cette Eglise en 1095; le Comte Jordan, son fils, y fonda, en 1097, un Chapitre de Chanoines réguliers sous la règle de S. Augustin. Ce Chapitre fut sécularisé en 1592. Il est composé aujourd'hui d'un Prieur, à la nomination du Roi, qui jouit de 8,000 livres de rente; de cinq Chanoines, dont les revenus ne sont pas les mêmes, et vont de huit à douze cents livres; et de quatre Prébendiers. Il est exempt de la Jurisdiction de l'Ordinaire, et est soumis immédiatement au S. Siége.

CHAPITRE DE TORRELLES. Ce Chapitre, fondé à Torrelles, près des rives de l'Agly, à une demi-lieue O. de la mer et à trois lieues N.E. de Perpignan, étoit autrefois de Chanoines réguliers de S. Augustin; il a été sécularisé dans la suite, et a eu pour chef un Chapelain Majeur, dont les revenus ont été réunis au Chapitre de la Cathédrale. Il n'y a plus que cinq Chanoines. C'est un des Chapitres les plus pauvres du Royaume.

ABBAYE DE SAINT-MICHEL-DE-CUXA. Sept prêtres du diocèse d'Urgel se retirèrent, en 840, dans la Vallée d'Engarra, à l'extrémité occidentale du Conflent, sur la rive gauche de la Tet, au lieu appelé *Exhalada*, à cause des vapeurs d'une source thermale sulfureuse qui en est voisine: ils y bâtirent un Monastère sous l'invocation de S. André, auquel Bera, Comte du Roussillon, fit une donation le 6 des kalendes de mars 846, et dont la fondation fut confirmée par Charles le Chauve en 872. Ce Monastère fut détruit en 878 par un débordement de la rivière; à peine en reste-t-il des vestiges: on y apperçoit encore des restes des murs de l'église, sur lesquels on voit une peinture en mosaïque. Ses Religieux se réfugièrent dans la Vallée de Cuxa, près de Prades; ils y bâtirent un nouveau Monastère sous l'invocation de S. Germain, qui est aujourd'hui sous celle de S. Michel; Louis d'Outremer le mit sous sa protection en 930; Riculfe, évêque d'Elne, en consacra l'Eglise en 953; Lothaire en confirma les biens et les possessions en 974.

Cette Abbaye est de l'Ordre de S. Benoit, de la Congrégation de Terragone en Espagne; mais cette Congrégation ne peut y exercer aucun acte de supériorité; elle est obligée de nommer tous les trois ans un Visiteur choisi dans un des trois Monastères de cette Congrégation qui sont en Roussillon, c'est-à-dire, ceux de Saint-Michel, d'Arles et de Saint-Martin-de-Canigou. Elle est composée d'un Abbé régulier et de quinze Religieux. L'Abbé est perpétuel et à la nomination du Roi; il a les honneurs épiscopaux et une jurisdiction *quasi* épiscopale sur quinze paroisses du Conflent, dont il est aussi Seigneur: il a la croix, la crosse et la mitre; il tient son synode; il nomme ses Curés; il approuve les Confesseurs; il fait la visite des Eglises de son district; il exerce la police sur leur Clergé; il a son Officialité; en un mot, à l'ordination et à la confirmation près, il exerce dans son territoire toutes les fonctions épiscopales. Le revenu de cette Abbaye, qui est d'environ 20,000 livres, est beaucoup diminué par les pensions qu'on y a affectées. Les Religieux n'observent point la vie commune; chacun a sa portion sur la mense capitulaire, et, en outre, des bénéfices ou offices claustraux, dont le revenu va depuis 800 jusqu'à 80,000 livres. Chacun a encore sa maison, son ménage et ses domestiques, et il vit à son gré presque dans une entière indépendance. Ils sont habillés comme les prêtres séculiers, dont ils ne sont distingués que par un très-petit scapulaire. Tout ce que nous venons de dire sur la jurisdiction, le régime, la police et les privilèges de cette Abbaye et de ce Monastère, lui est commun avec ceux d'Arles et de Saint-Martin-de-Canigou, dont nous allons parler.

Ce Monastère est beau, grand et bien distribué; il est d'une structure qui convient au dixième siècle, dans lequel il fut construit; il a un beau cloître, bâti en piliers de marbre, qui renferme un beau jardin; son église, qui n'a qu'une nef, est grande, belle et bien décorée. Le palais abbatial et les maisons des Religieux sont très-rians, et rebâtis depuis peu de tems dans le goût moderne.

ABBAYE D'ARLES. Ce Monastère fut fondé en 778 par l'abbé Castellano et quatre Religieux, qui se tenoient auparavant à Saint-Pierre-de-la-Vall-Verde; Louis le Débonnaire et Charles le Chauve, lui donnèrent des domaines en 821, 855 et 869; Louis II le mit sous sa protection en 878; Guifre, archevêque de Narbonne, en consacra l'Eglise en 1047; elle fut ensuite rebâtie et augmentée par les libéralités d'Udalgarius et d'Artauld, évêques d'Elne, et consacrée en 1157 par Bérenger, archevêque de Narbonne, avec beaucoup de solennité et le concours de plusieurs prélats, princes et barons; c'est celle qui existe aujourd'hui. Il y a un Abbé, qui exerce sa jurisdiction sur six paroisses dont il est Seigneur, et qui jouit de 14,000 livres de rente; et huit Religieux, dont les offices claustraux ne rendent que de 600 à 1500 livres de revenu. L'Abbaye est aujourd'hui en commande, et le Prieur claustral du Monastère exerce toute la jurisdiction de l'Abbé. L'édifice de ce Monastère est très-ordinaire; l'église est grande, a trois nefs, mais sans aucun ornement. On y conserve une tombe miraculeuse, dont nous avons déja parlé dans le Chapitre III.

Il y avoit autrefois, à ¾ de lieue S. d'Elne, près du village de Sorède, sur la rive droite du Tec, une autre Abbaye de Bénédictins, sous l'invocation de S. André; elle avoit été fondée au commencement du neuvième siècle par l'abbé Miro, et Louis le Débonnaire l'avoit mise sous sa protection en 830; elle a été réunie à la mense abbatiale de l'Abbaye d'Arles.

ABBAYE DE SAINT-MARTIN-DE-CANIGOU. Cette Abbaye est bâtie sur la face septentrionale du Canigou, et à un tiers d'élévation de cette montagne, sur des rochers et sur les bords de précipices très-escarpés et très-profonds. Elle fut fondée et dotée, en 1001, par Guifre, Comte de Cerdagne, qui lui fit de nouvelles concessions en 1017, et son Eglise fut consacrée en 1009, par Oliva, évêque d'Elne. Le Comte Guifre s'y retira avec la Comtesse Guila, son épouse, et, suivant la tradition, ils y habitèrent dans le clocher; on y voit encore la pièce qu'ils occupoient, où l'on apperçoit des restes de peintures en mosaïque. La Comtesse étant morte, ce prince y prit l'habit de Religieux en 1025, et y mourut en 1060; on y voit son tombeau, dont nous avons parlé dans le Chapitre III. On conserve encore dans ce Monastère une nappe d'autel, qu'on dit avoir été brodée par cette princesse, et dont les couleurs sont, après sept cents cinquante ans, aussi vives et aussi fraîches que si elles étoient de notre siècle. Ce Monastère étoit composé d'un Abbé régulier, avec les honneurs épiscopaux, et un revenu d'environ 8,000 livres, et de six Religieux, dont les offices claustraux rendoient depuis 700 jusqu'à 1,800 livres tous les ans; mais ils viennent d'être sécularisés, dispersés, et le Monastère supprimé, en 1783.

L'édifice de ce Monastère est absolument dans le goût gothique; l'église en est petite, mal bâtie; il y a une seconde église, souterraine, remarquable en ce qu'elle est creusée dans le roc. La position du Monastère est pittoresque; il est environné de rochers, de précipices; mais on y voit avec étonnement les belles terrasses, les jardins en amphithéâtre, que l'art y a construits en tirant le plus grand parti du terrain le plus ingrat; on les prendroit pour des ouvrages au dessus du pouvoir humain. On admire sur-tout un chemin superbe, qui conduit du village de Castell jusqu'au Monastère; il est construit en terrasse, ayant la montagne d'un côté, des précipices très-profonds de l'autre, et soutenu par un mur construit avec art, assez large et d'une pente assez douce, pour qu'une voiture puisse y passer sans danger et parvenir jusqu'au Monastère : une partie de ce chemin traverse un bois épais, qui en augmente l'agrément; c'est un ouvrage digne de la magnificence des Romains. Il a été construit, il y a environ quarante ans; on le doit à l'abbé Llambi, auquel nous croyons devoir donner, en le nommant, une preuve de notre admiration et de la reconnoissance des peuples des environs.

ABBAYE DE SAINT-GENIS. Elle est dans le bas Vallespir, à une lieue et demie O. de la mer, et à deux lieues S. d'Elne, dans le village de *Saint-Genis-des-Fontaynes*, ainsi appelé à cause du grand nombre de sources d'eau dont il est environné. Ce Monastère fut fondé par l'abbé Santimir, au commencement du neuvième siècle; Louis le Débonnaire lui accorda un privilège d'exemption en 819, et Guifre, Comte de Roussillon, obtint de Lothaire, en 981, la confirmation de ses biens et de ses privilèges. Ce Monastère est de l'Ordre de S. Benoit. Il avoit autrefois un Abbé perpétuel, avec les honneurs épiscopaux; il passa ensuite à la Congrégation de Valladolid, et fut mis sous la dépendance de l'Abbé de Montserrat en Catalogne; mais depuis la réunion du Roussillon à la Couronne de France, on y a établi un Abbé triennal, à la nomination de l'Abbé de Montserrat, qui ne porte la croix que lorsqu'il officie, et qui, ainsi que les Religieux, doit être né en France. Il y a aujourd'hui sept Religieux. Le Monastère a environ 7,000 livres de revenu. Il y avoit autrefois, à côté de ce Monastère, un Couvent de Religieuses, qui ne subsiste plus.

ABBAYE DE JAU. C'étoit un Monastère de l'Ordre de Citeaux, situé sur les montagnes du Conflent, du côté du Languedoc, au Col de Jau, et fondé dans le douzième siecle; il n'en reste que des ruines, et le titre abbatial, qui est en commande, et qui a un revenu d'environ 1,200 livres.

ABBAYE DE VALBONNE, autre Monastère du même Ordre, situé dans les montagnes du Vallespir, du côté de Collioure, aux frontières de l'Espagne, et fondé en 1164; il est le lieu de la sépulture de Yolande, épouse de Jacques I, roi d'Aragon. Il n'en reste que des ruines, et le titre abbatial, qui est en commande, et qui a un revenu d'environ 1,000 livres.

PRIEURÉ DU MONESTIR-DEL-CAMP. C'étoit un célèbre Monastère de Chanoines réguliers de S. Augustin, situé dans la partie méridionale de la plaine du Roussillon, à trois lieues et demie S. de Perpignan; il avoit obtenu, en 1163, du pape Alexandre III, la confirmation de plusieurs donations que les évêques d'Elne lui avoient fait. Ce Chapitre fut sécularisé dans la suite. Il n'en reste aujourd'hui que le titre prieural, qui est en commande, et rapporte environ 3,000 livres, et celui d'un Curé ou Vicaire perpétuel, avec titre de Chanoine, qui jouit d'environ 1,200 livres. L'église subsiste encore, avec quelques portions de bâtimens, qui servent aux Fermiers.

Il y avoit encore autrefois en Roussillon deux Prieurés et deux Monastères célèbres et riches, l'un de l'Ordre de S. Augustin, à *Serrabone* dans le haut Vallespir, l'autre de l'Ordre du Saint-Sépulchre de Jérusalem, à *Marcevol* en Conflent; ils sont détruits, et il ne reste que leurs églises. Les titres et les revenus ont été réunis, ceux de Serrabone, au Prieuré de Solsone en Espagne, et ceux de Marcevol, à la Communauté des prêtres de Vinça en Conflent.

Il y a enfin, à Perpignan, un Monastère de *Chanoinesses régulières de S. Augustin*, dont le Couvent est sous le titre de *Saint-Sauveur*. Ce n'étoit que de simples Religieuses de l'Ordre de S. Augustin, qui furent transférées d'Espira-de-l'Agly à Perpignan, au commencement du treizième siècle. Elles ont pris dans la suite la qualité de Chanoinesses régulières, et se sont décorées du surplis, lorsqu'elles sont au chœur, sans qu'on connoisse aucun titre qui les y autorise. Elles ne veulent recevoir aujourd'hui que des Demoiselles d'extraction noble, tandis qu'elles regardoient autrefois la Noblesse comme un titre d'exclusion; elles refusèrent, en 1339, *Constance de Cruilles*, sur le seul motif qu'elle étoit d'une famille noble, et ne la reçurent enfin qu'après y avoir été forcées par un Bref du pape Benoit XII. Elles n'observent point la vie commune; chacune d'elles a sa portion sur les revenus du Couvent, sa maison, son ménage et ses domestiques. Elles ne sont cloitrées que depuis le commencement de ce siècle : elles ont une Prieure, qu'elles élisent tous les trois ans.

CONCILES DU ROUSSILLON. On compte ordinairement six Conciles tenus dans la province de Roussillon, ceux de Colliouvre, de Saint-Genis-de-Fontaynes, de Tulujas, de Saint-Michel-de-Cuxa, d'Elne et de Perpignan.

Celui qu'on suppose avoir été tenu à Colliouvre, est, suivant les uns, de l'an 305, suivant les autres, de l'an 338; on a été induit en erreur par la dénomination de *Concilium Eliberitanum*, qu'on a pris pour *Illiberitanum*, et quelques-uns, persuadés qu'*Illiberis* étoit Colliouvre, ont conclu que ce Concile avoit été tenu dans cette ville; mais *Garcias* et *Baronius* ont démontré que le lieu de ce Concile a été la ville appelée aujourd'hui Grenade.

Le *Concile de Saint-Genis-de-Fontaynes* est de l'an 947; il fut composé des Evêques de la province, assemblés pour rétablir Selva et Hermemiro dans leurs siéges de Girone et d'Urgel; on y accorda à l'évêque d'Elne et à ses successeurs le droit de siéger immédiatement après le Métropolitain dans les Conciles et les Consécrations d'évêques. M. *de Marcà* regarde ce Concile comme supposé; mais il est en contradiction avec lui-même; il se borne ailleurs à dire qu'on en a vicié les actes, pour relever la dignité de l'Eglise d'Elne.

Le second Concile du Roussillon et le plus remarquable, est celui qui fut tenu dans *les Prairies de Tulujas;* il eut pour objet de remédier au désordre et à la confusion qui régnoient dans l'Eglise et dans l'Etat. Les Seigneurs et les Evêques de Septimanie y assistèrent; parmi les premiers, on compte *Gausfred*, Comte de Roussillon, *Gelabert* son fils, *Pons*, Comte d'Ampurias, *Guillaume*, Comte de Besalu, *Raimond*, Comte de Cerdagne, et *Gausbert*, Vicomte de Castelnou; l'Archevêque de Narbonne y présida. On y fit plusieurs réglemens relatifs aux hostilités et aux guerres particulières, dont on ordonna l'observation, sous peine d'excommunication, qui, après trois mois, devoit être convertie en anathème; un de ces réglemens défendoit d'attaquer son ennemi dans le Roussillon, depuis l'heure de None du samedi jusqu'à celle de Prime du lundi. Ce Concile fut appelé *de la Trève de Dieu;* c'est le premier qu'on trouve sur cet objet, où les Puissances ecclésiastique et séculière se soient réunies. Les auteurs de l'Histoire du Languedoc le rapportent à l'an 1041; la fixation de cette époque demanderoit une discussion qui seroit ici trop longue.

Le Concile de *Saint-Michel-de-Cuxa* fut tenu au mois de juin 1035; il fut composé de l'Archevêque de Narbonne, et des Evêques d'Elne, de Toulouse, de Comminges, de Couserans, de Gironne et d'Ausonne. On n'en connoît point les actes.

Le *Concile d'Elne* fut tenu le 10 décembre 1058 : mais c'est plutôt un Synode qu'un Concile.

Le dernier est un Concile général, prétendu œcuménique, tenu à Perpignan par *Pierre de Luna*, anti-pape sous le nom de Benoit XIII; il fut composé de cent-vingt Prélats de la France, de la Castille, de l'Aragon, de la Navarre, de la Savoie et de la province des Gaules; le roi de Navarre y assista. L'ouverture du Concile fut faite le 1er novembre 1409, et la première session tenue dans la Chapelle de la Citadelle; la seconde fut renvoyée au mois de décembre, par rapport à l'absence de quelques Prélats, et fut tenue, ainsi que toutes les autres, dans l'église de la Réal. Les actes de ce Concile sont assez connus, pour que nous puissions nous dispenser d'en rendre compte.

ARTICLE II.

Administration civile et politique.

L'Administration civile et politique comprend l'administration municipale des villes, leur constitution et leurs privilèges, l'administration de la Justice et celle des Finances. Chacune de ces administrations mérite d'être examinée en particulier; mais nous croyons devoir auparavant faire connoître un Officier, propre au Roussillon, qui participe à ces trois administrations.

La province de Roussillon a trois *Viguiers*, qui sont nommés par une Commission du Roi, et qui sont à la tête de chacune des Vigueries du Roussillon, du Conflent et de la Cerdagne; leur institution est très-ancienne; ils existoient déja sous les Comtes, dont ils étoient les Lieutenans, et il en est fait mention dans la Coutume de Perpignan, rédigée en 1162. Ce sont des Officiers d'épée, qui conduisoient l'*Host* convoqué par le Souverain, et faisoient tous les ans quatre *montres* à cheval. Ils sont les Commandans-nés des Milices, et même de l'arrière-ban de leur Viguerie; ils président le Tribunal où sont portées en première instance les causes des Nobles et des autres exempts de la Jurisdiction ordinaire, et qui a la connoissance des cas royaux et des matières bénéficiales; ils sont les seuls Juges des poids et des mesures; leur jurisdiction s'étendoit autrefois sur les colombiers, la chasse, les boucheries et les objets relatifs à l'exportation des grains; ils veilloient à l'entretien des chemins publics; ils en sont chargés encore aujourd'hui, mais sous les ordres de l'Intendant de la province. Ils sont les chefs de toutes les Communautés de leur département; ils reçoivent les comptes de l'administration de leurs revenus patrimoniaux et de la collection des deniers publics; ils arrêtent leurs impositions, commandent les corvées, donnent les ordres pour le logement des gens de guerre, et sont chargés des ordres du Roi, qui leur sont donnés par le Commandant ou l'Intendant de la province; enfin, ils reçoivent le serment des Consuls des villes, bourgs et villages de leur Viguerie, à l'exception de ceux de Perpignan.

Administration des Villes.

La ville de Perpignan obtint le droit de Commune de Pierre I, roi d'Aragon, au mois de février 1196; ce prince permit aux habitans de choisir tous les ans cinq Consuls, pour être à la tête de l'administration municipale. Les habitans furent divisés en deux classes, en *main-majeure* ou premier état, qui fut composé des Bourgeois vivant noblement et des *Mercadiers;* et en *main-mineure* ou second état, qui comprit les autres classes des citoyens: les Bourgeois furent séparés des *Mercadiers* en 1549, et formèrent seuls, avec les Docteurs en Droit, le premier état, les *Mercadiers* le second, et les autres habitans le troisième. Les Nobles vivoient à la campagne dans leurs terres ou dans leurs châteaux; ils ne pouvoient faire partie du corps municipal; ils en étoient même exclus nominativement par la constitution de l'Hôtel-de-Ville; qui n'admettoit que ceux qui étoient du For du Baille (1); les Nobles ne pouvoient renoncer à leur for pour s'assujettir à celui des Roturiers, et c'en étoit assez pour empêcher leur admission. Ils vinrent insensiblement habiter la ville de Perpignan; lorsqu'ils y furent assez nombreux, ils desirèrent de participer à l'administration municipale; ils y furent enfin admis en 1601, pour former le premier état avec les Bourgeois honorés et les Docteurs en Droit.

Les habitans de la ville de Perpignan sont divisés aujourd'hui en trois classes. La première, appelée *Bras militar*, c'est-à-dire, *Classe de la Noblesse*, comprend les Nobles,

(1) *Coutume de Perpignan.... Lettr. Pat. de Jacques, roi d'Aragon, de* 1247... *Ordonn. du roi Martin, de* 1402.

les Bourgeois honorés ou Citoyens nobles, dont nous allons parler, et les Docteurs en Droit et en Médecine ; les Nobles titrés et les Docteurs en Médecine n'entrent point cependant dans les charges municipales, les premiers par un privilège particulier, les derniers par une exemption qu'ils tiennent du Droit Romain. La seconde classe comprend les *Mercadiers ;* c'étoient autrefois des Négocians en gros : cette classe fut établie dans un tems où le commerce étoit considérable en Roussillon ; ces Négocians en font encore partie, mais on y admet aussi les Bourgeois vivant noblement ; l'admission des uns et des autres doit être délibérée par l'Hôtel-de-Ville ; les Notaires leur ont été associés. La troisième réunit les artistes, c'est-à-dire, les Chirurgiens, Apothicaires, Marchands, Peintres, Sculpteurs, etc., et les *Menestrals* ou artisans. Nul ne peut cependant concourir aux charges de l'Hôtel-de-Ville, s'il n'a été agréé par le Conseil-de-Ville, et mis dans les bourses, d'où on fait au sort l'extraction de ceux qui doivent les remplir.

L'Hôtel-de-Ville a cinq Consuls, qui sont tirés tous les ans au sort, et pris dans ces trois états. Le premier et le second sont choisis dans la première classe ; le premier est pris une année dans l'Ordre de la Noblesse, et le second dans celui des Bourgeois honorés ou Citoyens nobles, et des Docteurs en Droit ; l'année suivante ceux-ci occupent la première place, et les Nobles la seconde. Les troisième et quatrième Consuls sont pris dans le second état, et le cinquième dans le dernier, alternativement parmi les Artistes et les Artisans.

Les Consuls jouissent d'un grand nombre de beaux privilèges, qu'ils ne partagent avec les Officiers municipaux d'aucune autre ville du royaume. Ils siégent sous un dais et sur une estrade élevée ; ils donnent la Maitrise dans tous les Corps d'arts et métiers, et ils en sont les chefs, les supérieurs et les juges immédiats ; ils exercent seuls dans la ville et fauxbourgs la police, soit gracieuse, soit contentieuse, et tous les réglemens de police émanent de leur Tribunal. Ils sont Seigneurs du Vernet, dont ils ont la haute-justice ; ils connoissent au civil et au criminel de toutes les causes relatives à l'arrosage des terres de la plaine du Roussillon, au moyen du ruisseau de *las Canals.* Le premier Consul est Colonel du Régiment de Perpignan, dont nous parlerons dans l'article suivant : en cette qualité, il a quelquefois commandé dans la ville en l'absence du Commandant pour le Roi. En cas de siége, il est le Commandant, non de la ville, comme quelques-uns l'ont cru, mais des Milices qui y sont rassemblées pour sa défense. Il avoit autrefois la garde des clefs de la ville pendant le siége ; mais dans le siècle dernier, il a été déchargé de cette pénible fonction. Il a le droit de marcher immédiatement à côté du Roi, lorsqu'il fait son entrée à Perpignan, ainsi qu'il a été observé à l'arrivée de Louis XIV dans cette ville, le 10 avril 1660.

Les Consuls portent toujours l'épée pendant l'année de leur consulat, de quelque état qu'ils soient, et un chaperon de velours cramoisi sous leur habit ; leur robe de cérémonie est de damas cramoisi, fort large, à grands plis par devant et à très-petits plis par derrière, avec des grandes manches et un grand collet renversé orné de rubans, une fraise au col, et une haute toque de velours noir fort plissée, qu'ils portent à la main ; ils ont une robe de damas noir pour les cérémonies lugubres. Ils ne marchent jamais que précédés d'un Alguazil, l'épée au côté, et portant une canne, dont la pomme est aux armes de la ville, de trois Verguiers et de deux Massiers ; ceux-ci sont en robe de drap cramoisi très-plissée et juste au corps ; ils sont suivis de tous les Officiers de l'Hôtel-de-Ville. Les jours de grande cérémonie, leur marche est pompeuse et brillante, et leur cortège très-nombreux ; elle est ouverte par tous les Corps de métiers, ayant chacun à sa tête son drapeau, son étendard et son tambour ; ce qui fait environ douze cents hommes rangés deux à deux, trente drapeaux, autant d'étendards et de tambours ; viennent ensuite les quatre trompettes et les six haut-bois, clairinettes et *xiremines* (1) de l'Hôtel-de-Ville, habillés d'une casaque rouge

(1) Ce sont des instrumens du pays.

à galons jaunes; ceux-ci sont suivis des Alguazils, Verguiers et Massiers; les Consuls viennent après, et sont suivis des Officiers de l'Hôtel-de-Ville, de tous les anciens Consuls des trois états, et des Membres des différens Conseils de Ville (PLANCHE XXIX).

La ville de Perpignan jouit d'un très-beau privilège, qui lui est particulier et qui est unique dans le Royaume. Elle a le droit d'annoblir tous les ans deux de ses Citoyens, et leur communique dès ce moment tous les droits, honneurs et privilèges de la Noblesse pour eux et leurs descendans mâles à perpétuité; elle tient ce privilège de la concession qui lui fut faite par Philippe III, Roi d'Espagne, le 13 juillet et le 23 décembre 1599, et qui a été confirmée plusieurs fois par les Rois de France. Le nombre de ceux qu'elle pouvoit annoblir étoit illimité; mais il a été réduit à deux pour chaque année par des Arrêts du Conseil du Roi, du 29 novembre 1671 et du 26 mai 1714. Ces annoblis prenoient autrefois la qualification de *Bourgeois honorés;* ils ont pris ensuite celle de *Bourgeois nobles*, et enfin celle de *Citoyens nobles;* cette dernière dénomination leur a été donnée quelquefois par nos Rois; leurs preuves sont admises dans l'Ordre de S. Michel; elles l'ont été quelquefois dans celui de Malte. Les Nobles du Roussillon leur contestent l'essence de la noblesse, et ne veulent leur reconnoître qu'une jouissance transmissible des privilèges de la Noblesse; il y a depuis long-tems une contestation pendante à ce sujet au Conseil du Roi, qui vraisemblablement ne sera jamais jugée. Le Roi vient cependant de préjuger la question en faveur des *Bourgeois honorés;* par Arrêt de son Conseil, du 22 décembre 1785, où il leur donne la qualification de *Citoyens nobles;* il reconnoît que leur nomination est un vrai annoblissement, ne différant aucunement de celui qui résulte des Lettres de Noblesse, et il les assujettit au droit du Marc d'or fixé pour les Lettres d'annoblissement. Les Docteurs en Droit et en Médecine jouissent en Roussillon, ainsi que les *Citoyens nobles*, de tous les honneurs, droits, privileges et prérogatives de la Noblesse.

La constitution municipale des autres villes, bourgs et villages du Roussillon est à peu près la même que celle de Perpignan. Elles ont toutes un Officier d'épée, connu sous le nom de *Baille*, qui est à la nomination du Roi pour les terres domaniales, et à celle des Seigneurs pour les terres seigneuriales. Cet Officier est à la tête du Corps municipal, exerce la police, est le juge-né des contestations qui n'excèdent point la somme de dix livres, rend les jugemens sommairement et sans frais, et a une autorité sur tous les habitans, à l'exception des Nobles et Exempts. La ville de Perpignan a aussi son *Baille,* dont les privilèges étoient autrefois très-étendus; il est nommé par une Commission du Roi; il exerce une certaine jurisdiction sur les Corps des métiers; il juge sommairement les contestations du peuple, qui n'excèdent point la somme de dix livres; il donne les ordres pour la patrouille et les corvées des habitans de Perpignan; il préside le Tribunal où sont portées les causes civiles et criminelles des Roturiers, connu sous le nom de Siége du Bailliage; il a sous lui un Chef du Guet et un Sous-Baille, qui sont chargés de l'exécution de ses ordres.

Administration de la Justice.

Il ne suffit point d'indiquer les Tribunaux qui sont chargés de l'administration de la Justice; il est plus important de faire connoître les lois auxquelles la province de Roussillon a été soumise sous la domination de ses différens Souverains; ce tableau devient intéressant par sa liaison avec les révolutions fréquentes que cette province a éprouvées.

Les Gaulois portèrent vraisemblablement leurs lois en Roussillon; mais il n'en reste aucun vestige; elles cédèrent aux lois Romaines; celles-ci furent remplacées à leur tour par celles des Visigoths. Ces peuples en retinrent cependant une partie, puisqu'Alaric II, leur roi, fit publier, en 506, le Code Théodosien dans tous les pays de sa domination. Ils confièrent à un Comte l'administration de la Justice; ils firent un partage des terres avec les Romains ou anciens habitans, et soumirent celles de ces derniers à un simple tribut, sans aucune mouvance du fisc; ils n'établirent de redevance seigneuriale que pour les serfs. Les Sarrasins qui leur succédèrent, respectèrent les lois, et permirent aux peuples vaincus d'avoir des Juges choisis parmi eux, et d'être jugés suivant les lois de leur pays. La domination des Rois de France n'y apporta aucun changement; les peuples, en se soumettant volontairement, demandèrent et obtinrent d'être maintenus dans leurs lois; ces Rois se bornèrent à y accorder des privilèges, à y faire des dons et des concessions de terres quittes et franches, d'où commence à dériver le droit de franc-aleu, qui existe dans cette province, et qui a été reconnu dans la suite par un grand nombre de ses Souverains; l'allodialité y est présumée, si la mouvance n'est justifiée.

Les lois Gothiques continuèrent d'être observées sous la domination des Comtes; on trouve même des testamens faits encore dans le onzième et le douzième siècles, conformément à ces lois, suivant lesquelles il suffisoit que, dans six mois, des témoins affirmassent, moyennant serment, en présence du Juge, la disposition verbale du testateur (1). Ce n'est que vers cette époque qu'on commence à appercevoir quelques traces de la féodalité. Le Code Visigothique ne cessa d'être observé qu'en 1162; la Coutume de Perpignan, qui fut rédigée à cette époque, et confirmée la même année par le Comte Gérard, proscrivit la loi Gothique, et rétablit le Droit Romain; les Rois d'Aragon et de Majorque la confirmèrent plusieurs fois; elle ne cessa d'être observée qu'en 1344, après que Pierre III d'Aragon, qui venoit de s'emparer du Roussillon sur Jacques II, Roi de Majorque, eut réuni cette province à la Catalogne, pour être régie par les mêmes lois et coutumes.

Le Roussillon fit dès ce moment partie des États de Catalogne, partagea leur pouvoir législatif, donna ou refusa avec eux la sanction nécessaire pour l'exécution des lois du prince, concourut lui-même à la rédaction du Code, qui devoit faire la loi de ses habitans et la règle de ses Tribunaux, et qui est connu sous le nom de *Constitutions de Catalogne.* Ce Code, établi, pour la plus grande partie, sur le Droit Romain, a laissé subsister les dispositions de ce dernier, pour les cas qu'il n'a pas prévus. Telle est, depuis trois siècles, la loi qu'on suit en Roussillon; qui a été confirmée par les Rois d'Aragon et d'Espagne; dont cette province a stipulé l'observation littérale en se donnant à la France, en 1641; dont le Maréchal de Brezé, au nom de Louis XIII, a juré la manutention à Barcelone le 23 février 1642; qui lui a été conservée par le traité des Pyrénées, et que les Rois de France ont maintenue constamment : les changemens qu'ils ont faits postérieurement n'ont été relatifs qu'aux formes judiciaires et à des objets de peu d'importance.

Le Roussillon est par conséquent un pays de Droit écrit; le Droit Romain y est observé dans toute son étendue; les Constitutions de Catalogne y sont suivies aussi; mais les dispositions qu'elles contiennent, ne concernent que des objets passés sous silence dans les lois Romaines, ou simplement quelques exceptions peu importantes, et ne dérogent point à ces lois.

Les habitans du Roussillon jouissent du privilège de ne pouvoir être traduits hors de leur province, pour quelque raison que ce puisse être; ils ne reconnoissent ni les jugemens émanés des Tribunaux des autres provinces, ni les évocations et attributions qui les traduisent hors de leur pays, ni aucunes Lettres de committimus, ni la Jurisdiction du Grand Conseil, quoique étendue dans tout le Royaume. Ce privilège, qui leur a été accordé en 1175, par Alfonse, roi d'Aragon, n'a souffert aucune atteinte; il a été reconnu et confirmé par tous leurs Souverains; les Rois de France y ont eu égard, et l'ont maintenu dans toutes les occasions.

La Justice fut administrée en Roussillon, sous les Visigoths, par des Comtes, et sous les Comtes ses anciens souverains, par les Viguiers, les Bailles locaux, et quelques Juges particuliers. Les Rois d'Aragon, et ensuite ceux d'Espagne, laissèrent subsister la jurisdiction des Viguiers et des Bailles, mais leur donnèrent des Assesseurs pour le jugement

(1) Il y en a un du 3 des kalendes d'avril 1077, et un autre du 5 des ides de novembre 1128; ils sont dans le *Cartul.* du Chapitre d'Elne, fol. 44 et 45. Le dernier qu'on connoisse est celui de Gausfred ou Guifre, Comte de Roussillon, fait après le milieu du douzième siècle : il est à l'Hôtel-de-Ville de Perpignan, dans le procès du roi de Majorque.

des affaires contentieuses ; ils créèrent plusieurs petits Tribunaux, auxquels ils firent l'attribution de quelques objets moins importans. Ils attribuèrent au Gouverneur général la connoissance des appels des premiers jugemens ; un Assesseur jugeoit en son nom : c'est ce qu'on appeloit la *Gubernation ;* enfin, ils établirent un Tribunal suprême, composé de sept Magistrats, sous le nom d'*Audience.* Ils avoient confié la direction de leurs domaines à un *Procureur royal ;* ils avoient encore un *Commissaire général des amortissemens*, un *Maître des Eaux*, un *Maître des Ports ou Passages*, et un *Maître des Forêts :* ils supprimèrent dans la suite ces quatre places, et les réunirent sur la tête du *Procureur royal*, qui eut seul alors la connoissance des Matières domaniales et des Eaux et Forêts. Louis XI, ayant acquis le Roussillon par engagement, y créa un Parlement en 1471 ; mais ce Tribunal fut supprimé en vertu de la capitulation de Perpignan, du 10 mars 1475. Telle a été la forme de l'administration de la Justice, jusqu'à ce que le Roussillon soit passé sous la domination Françoise ; les Rois de France y ont laissé subsister tous les anciens Tribunaux ; ils ont fait seulement quelques changemens à celui qui a la connoissance des Matières domaniales ; ils ont supprimé la Gubernation et l'Audience du Gouverneur, et ont créé à leur place d'abord un Conseil Royal en 1642, ensuite un Conseil Souverain en 1660 ; enfin ils y ont établi quatre nouveaux Tribunaux, relatifs à de nouveaux établissemens, ceux de l'Amirauté, des Fermes et Gabelles, de la Prévôté et des Monnoies. Nous ajoutons ici un tableau succinct de tous les Tribunaux de cette province.

Le Conseil Souverain du Roussillon, séant à Perpignan, a été créé, par Edit de juin 1660, *pour de tout juger souverainement et en dernier ressort ;* il n'a été composé d'abord que de deux Présidens à mortier, de six Conseillers laïcs, d'un Conseiller clerc, d'un Procureur général, de deux Avocats généraux, d'un Greffier en chef, d'un premier Huissier et de quatre Alguazils. Ce nombre a été augmenté depuis cette époque. Il a aujourd'hui un Premier Président, deux Présidens à mortier, deux Chevaliers d'honneur, choisis dans la première Noblesse de la province, trois Conseillers d'honneur, un Conseiller clerc, treize Conseillers laïcs, six Conseillers soit honoraires, soit surnuméraires, un Procureur général, trois Avocats généraux, dont un honoraire, deux Substituts du Procureur général, un Greffier en chef, un premier Huissier audiencier et quatre Alguazils (1). Cette Cour, composée de deux Chambres, juge souverainement les appels de tous les Tribunaux de la province, à l'exception de ceux de la Capitainerie et des Monnoies. Elle ne diffère des Parlemens que par sa dénomination ; elle en a les honneurs, les droits, l'autorité et les prérogatives ; elle réunit même la jurisdiction des Chambres des Comptes, du Grand Conseil et des Bureaux des Finances ; elle connoît en dernier ressort de toutes les affaires attribuées à ces Tribunaux. Sa jurisdiction s'étend sur toute la province du Roussillon, et elle a eu l'attribution de celles de l'île de Minorque, dans le tems que cette île a appartenu à la France. Tous les offices de cette Compagnie, ainsi que tous les autres offices de judicature de la province, sont exercés par commission, en vertu de Lettres du grand sceau ; les seules places de Greffier en chef, de Juge-Visiteur des Gabelles et de Juges-Gardes de la Monnoie, sont sujettes à la vénalité. Cette Cour a une Chancellerie particulière, qui ne diffère point des Chancelleries des autres Cours souveraines du Royaume.

La Chambre du Domaine, érigée par Lettres-Patentes du 17 juin 1759, avoit succédé aux droits et aux fonctions du Procureur royal, et du Commissaire des Domaines, qui avoit remplacé ce dernier après la réunion du Roussillon à la Couronne de France. Elle étoit composée d'un Président, de deux Conseillers, d'un Procureur du Roi, et d'un Substitut de cet Officier ; les trois premiers étoient Conseillers honoraires, et le Procureur du Roi, Avocat général honoraire au Conseil Souverain du Roussillon. Ce Tribunal con-

(1) Ces *Alguazils*, uniques dans le Royaume, sont des Officiers d'épée, qui marchent toujours avec le Conseil Souverain, sont chargés des commissions de cette Compagnie, et président à l'exécution de ses Arrêts, dont ils dressent les procès-verbaux ; ils ne font aucun exploit, et sont au dessus des Huissiers. Ils sont en habit noir, manteau court, rabat, épée, et portent une canne, dont la pomme est aux armes du Roi.

noissoit de toutes les Matières domaniales et de tout ce qui concerne les Eaux et Forêts; les appels de ses jugemens étoient portés au Conseil Souverain. Mais cette Chambre vient d'être supprimée ; la connoissance des affaires domaniales a été attribuée à la seconde Chambre qui a été formée au Conseil Souverain, et qui est composée d'un Président, de deux Conseillers titulaires et des Conseillers honoraires et surnuméraires ; les appels de ses jugemens seront portés à l'avenir à la première Chambre de cette Compagnie.

Le *Siége de la Viguerie* est le Tribunal du Viguier ; les jugemens y sont rendus par un Assesseur, nommé par le Roi, sous le titre de *Juge au Siége royal de la Viguerie ;* le Viguier a le droit d'y siéger et d'y présider. Il y a trois Siéges pareils, un à Perpignan pour la Viguerie du Roussillon, un à Prades pour la Viguerie du Conflent, et un à Sallagosa pour celle de la Cerdagne ; les deux derniers ont un Procureur du Roi, et le premier un Procureur et un Avocat du Roi, qui servent aussi dans les Siéges royaux des Bailliages de chaque Viguerie respective, et en outre un Greffier en chef. Ce Tribunal connoît au civil et au criminel, dans toute l'étendue de chaque Viguerie, de toutes les affaires des Nobles, des personnes qui jouissent des priviléges de la Noblesse, de celles qui sont exemptes de la Jurisdiction ordinaire, des Communautés ecclésiastiques et séculières, et des Consuls des villes, bourgs et villages, à l'exception de ceux de Perpignan, et en outre des cas royaux et des matières bénéficiales.

Les *Siéges des Bailliages* sont les Tribunaux des Bailles royaux, qui ont le droit d'y siéger et d'y présider; les jugemens y sont prononcés par leurs Assesseurs, qui sont nommés par le Roi, sous le titre de *Juges aux Siéges royaux des Bailliages ;* celui de Perpignan en a deux ; leur Ressort comprend les villes de Perpignan, de Collioure et de Tuyr; ceux de Prats-de-Mollo, de Prades et de Vinça n'en ont qu'un chacun, et sont bornés à chacune de ces trois villes. Ces Tribunaux connoissent au civil et au criminel des causes des Roturiers qui habitent les villes de leur Ressort ; leur jurisdiction ne s'étend point sur les habitans des autres villes et lieux de la province.

Le *Tribunal de l'Hôtel-de-Ville de Perpignan* est composé des Consuls, assistés d'un Assesseur, d'un Syndic, qui est la partie publique, mais qui donne ses conclusions par le ministère d'un Assesseur appelé *Avocat biennal*; d'un Greffier, d'un Alguazil et de quatre Commissaires de Police, qui ne connoissent que des affaires de Police, dont ils rendent compte aux Consuls : tous ces Officiers sont à la nomination de ces derniers. Nous avons déja indiqué les causes dont ce Tribunal connoît.

La *Jurisdiction Consulaire* de la province du Roussillon est à Perpignan ; elle est composée de trois *Juges-Consuls*, extraits au sort tous les ans à l'Hôtel-de-Ville, et choisis les deux premiers dans les deux premiers états, et le dernier parmi des Marchands ; d'un Assesseur, d'un Greffier et d'un Huissier audiencier. Elle connoît des mêmes affaires que les autres Jurisdictions consulaires du Royaume.

La *Capitainerie* est le Tribunal du Gouverneur-Capitaine-Général de la province ; elle a deux degrés de jurisdiction, qui est exercée par des Officiers du Conseil Souverain du Roussillon. Le Tribunal de première instance est composé d'un Juge, qui est toujours Conseiller de cette Compagnie, d'un Procureur du Roi et d'un Greffier, tous au choix du Gouverneur ; les appels sont portés à un Tribunal supérieur, qui juge souverainement, et qui est composé du Premier Président, du Doyen des Conseillers, et d'un Avocat Général au Conseil Souverain : ce dernier fait les fonctions de Procureur Général. Ces Tribunaux connoissent des affaires personnelles, où les Enrôlés en la Capitainerie, Gardes, Sauve-Gardes et Canonniers, dont nous parlerons dans l'article suivant, sont les défendeurs.

Les *Cours des Tiers* sont des Tribunaux particuliers d'où émanent les saisies-exécutions contre les biens des débiteurs, en vertu des contrats qui ont leur exécution. Les exécutoires s'expédient aux noms des Viguiers et des Bailles royaux.

La *Jurisdiction des Fours* ne concerne que la police particulière des fours banaux de

Perpignan ; elle est exercée dans l'enclos de ces fours par des Officiers à la nomination de l'Ordre de Malte, auquel ils appartiennent.

Les *Jurisdictions bannerettes* sont toutes les Justices seigneuriales, dont les Officiers sont à la nomination des Seigneurs particuliers. Elles connoissent, chacune dans son district, des mêmes affaires que les Juges des Bailliages, à l'exception des cas royaux ; l'appel de leurs jugemens est porté directement au Conseil Souverain.

Le *Tribunal des Sobreposats* est composé dans chaque village de deux notables Laboureurs, qu'on change tous les ans, et dont les fonctions consistent à évaluer les dommages faits par des hommes ou des bestiaux aux arbres, fruits pendans ou travaux des jardins et des campagnes. Celui qui est à Perpignan a une autorité sur les autres ; il reforme leur jugement dans les affaires où quelque habitant de cette ville est intéressé.

La *Prévôté* a deux degrés de Jurisdiction ; le premier est exercé par le Grand-Prévôt, assisté d'un Assesseur ; le second, par le Grand-Prévôt, son Assesseur, le Juge de la Viguerie du Roussillon, les deux Juges du Bailliage de Perpignan, le Procureur et l'Avocat du Roi à ces Siéges ; ces derniers jugent souverainement. Ce Tribunal ne connoît que des cas prévôtaux ; il a un Procureur du Roi particulier.

Le *Siége de l'Amirauté* se tient à Collioure ; il est composé d'un Lieutenant Général, d'un Procureur du Roi et d'un Greffier. Il connoît des affaires attribuées aux Siéges de l'Amirauté dans tout le Royaume.

Les *Gabelles* et les *Fermes générales* ont aussi leurs Juges particuliers. Le *Juge-Visiteur des Gabelles* est Conseiller honoraire au Conseil Souverain du Roussillon.

L'*Hôtel des Monnoies* a aussi son Tribunal, composé de deux Juges-Gardes, d'un Procureur du Roi et d'un Greffier ; il ressort de la Cour des Monnoies.

Le *Tribunal du Recteur de l'Université de Perpignan* est composé du Recteur assisté d'un Assesseur, d'un Avocat fiscal, qui en est la partie publique, et d'un Greffier. Il connoît au civil des objets de police des Ecoles, et au criminel, de tous les délits commis dans l'enceinte de l'Université par toutes personnes, de quelque état et condition qu'elles soient. L'appel en est porté directement au Conseil Souverain.

Administration des Finances.

Les anciens Souverains du Roussillon, les Comtes, n'avoient d'autres revenus dans cette province que leurs domaines ; les Rois d'Aragon et d'Espagne, qui leur succédèrent, y perçurent seulement quelques droits d'entrée et de sortie. L'administration des biens domaniaux étoit confiée au Procureur Royal ; les autres droits étoient si modiques, que leur perception étoit très-simple et très-aisée. Elle est devenue aujourd'hui bien plus compliquée par la variété et le nombre de droits et d'impôts auxquels on y est assujetti.

La Taille n'y a point lieu ; il n'y a point de cadastre, ni par conséquent des feux de compoids. La Capitation y a été cependant établie ; elle y est même payée par les Ecclésiastiques. On y a introduit aussi successivement une grande partie des autres impôts et droits qu'on paye dans le reste du Royaume, les Vingtièmes, les Tabacs, les Gabelles, les Fermes générales, les droits sur les huiles, le Contrôle et les Insinuations : le papier timbré y a été établi depuis quelques années. L'administration générale de ces finances est confiée à l'Intendant de la province, et, sous ses ordres, à un Directeur des Domaines pour les Contrôles et Insinuations, et à un Directeur général des Fermes pour tous les droits qui appartiennent à la Ferme générale. Le Vingtième et la Capitation ont des Receveurs particuliers, qui versent dans la caisse du Receveur général de la province. Chaque Corps de la ville de Perpignan taxe la capitation de chacun des Membres qui le composent ; mais celle des autres villes, bourgs et communautés, et les rôles de leurs vingtièmes, sont arrêtés par leurs Viguiers respectifs. L'Ordre de la Noblesse de toute la province a un rôle particulier pour sa capitation, dont la répartition est faite par quatre Commissaires pris dans cet Ordre ; les Bourgeois honorés ou Citoyens nobles, les Avocats et les Médecins y sont compris.

Il y avoit encore deux autres droits, le *Droit Réal* et l'*Impariage*, qui appartenoient à la province. Le premier, établi en 1668 pour l'entretien des ouvrages publics, se percevoit sur le fer qui sortoit de la province et sur le vin qui passoit à Villefranche ; il a été supprimé depuis vingt ans, et réuni au suivant. Le dernier se percevoit sur toutes les marchandises qui entroient en Roussillon ou en sortoient ; il fut imposé par la province, en 1394, pour l'entretien de deux galères destinées à purger la côte maritime des pirates qui l'infestoient : les Juges-Consuls en avoient l'administration ; il fut aliéné en 1683 pour l'entretien des cazernes, et ensuite du pont de Perpignan ; on l'a affecté dans la suite aux réparations des ponts et des chemins, et aux gages des Professeurs de l'Université ; il a été enfin réuni à l'Hôtel-de-Ville de Perpignan en 1749. On vient de supprimer ce droit, en 1785, à la demande de la province, et on l'a remplacé par une augmentation à peu près équivalente sur les Gabelles.

ARTICLE III.

Administration militaire.

Les guerres dévastent les pays qui en sont le théâtre ; elles renversent les villes et ravagent les campagnes ; mais elles forment des soldats et préparent des défenseurs à la patrie. La nécessité d'une juste défense inspire du courage ; l'habitude et l'exemple amènent la bravoure. Le peuple attaqué résiste ; il se défend ; bientôt il méconnoît le danger ; il brave, il attaque, il renverse les bataillons qui l'avoient fait trembler pour ses foyers, les traits d'héroïsme se multiplient ; ils étonnent ceux qui en sont les témoins ; ils élèvent l'ame, ils enflamment le courage ; l'honneur et l'amour de la gloire deviennent le germe de mille vertus. Ces sentimens se transmettent de père en fils ; les vieillards racontent à leurs enfans leurs beaux faits, ceux de leurs compatriotes, les actions où ils ont répandu leur sang pour la patrie ; leurs récits répétés à chaque génération, passent à la postérité la plus reculée, et soutiennent dans les cœurs de leurs descendans l'amour des mêmes vertus.

De là, ces peuples, dont l'humeur guerrière les dispose à s'armer dans un instant pour la défense de leur prince et la gloire de leur nation. De là, le caractère guerrier de la province du Roussillon et la bravoure naturelle de ses habitans. Formés au métier des armes par trois cents ans d'une guerre presque continuelle, ils ont appris à prodiguer leur sang pour leur prince et leur patrie ; les annales de cette province sont remplies de traits d'héroïsme ; on y voit à tout moment la seule bravoure des peuples repousser les ennemis, défendre les villes, et protéger les frontières ; on les a vus encore, au commencement de ce siècle, résister seuls, pendant quinze ans, à tout l'effort de la guerre ; s'ils ont versé leur sang pour leur Souverain, ils ont eu la gloire de soutenir l'honneur de la nation, de défendre les frontières d'une province qui est le boulevard de la France, et de contribuer à placer un rejeton de la Maison de nos Rois sur le trône d'Espagne. Aussi la constitution du Roussillon a-t-elle toujours été une constitution militaire, et ses peuples ont-ils mérité de leurs Rois le glorieux privilège de se garder eux-mêmes. Ne pourroit-on point dire des Roussillonnois ce que M. *Dupré de Saint-Maur* a dit des Basques. » Il » n'est point indifférent pour le Souverain d'avoir sur la frontière d'un grand royaume » une poignée d'hommes, qui, croyant spécialement avoir le droit de la défendre, tiennent » à honneur cette espèce de privilège exclusif, et qui, nouveaux Spartiates, donneroient, » au besoin, à l'Univers, un exemple de la journée des Thermopyles «.

Les avantages de cette constitution militaire du Roussillon ont été sentis par le Gouvernement ; aussi a-t-elle été maintenue par les Rois de France. Les peuples de cette province

province sont toujours armés et prêts à voler à la défense de ses villes et de ses frontières ; ils marchent au cri public fait de l'autorité du Commandant de la province ; ils ont leurs Commandans particuliers, leurs Officiers, et vont se ranger sous leurs ordres ; dans les cas importans, ils se rassemblent sous ceux des Gouverneurs des huit Places fortes de la province ; ceux de chaque Viguerie sont commandés par leurs Viguiers respectifs; c'est ce qu'on appelle *Soumetens.* Il y a en outre cinquante-cinq compagnies de Milices, toujours existantes, mais qui ne sont employées que dans l'occasion ; trente-cinq, de quarante hommes chacune, pris dans toute la province, forment quatre bataillons, destinés à la garde des Places fortes et à celle de la Citadelle de Perpignan ; elles sont commandées par les Viguiers, et ont leurs Officiers choisis parmi les Nobles, Bourgeois honorés et notables Bourgeois des villes et bourgs de la province. Les autres vingt compagnies, de cinquante hommes chacune, choisis parmi les Artistes et Artisans de Perpignan, sont employées à la garde de cette ville ; elles font deux bataillons, qui forment le Régiment de Perpignan, dont le premier Consul est le Colonel ; ses Capitaines sont pris dans le premier état de la ville, et ses Lieutenans dans le second : ses Officiers, ainsi que l'Etat-Major, sont à la nomination des Consuls. Ce Régiment a reçu ses drapeaux du Roi, et ce prince y a consacré les sentimens de fidélité dont cette ville a toujours donné des preuves, en y faisant placer l'inscription suivante, *Regi suo semper fidelissima.* Ces compagnies de Milice sont toujours employées à la garde des Places fortes de la province, lorsque les besoins de l'Etat obligent le Gouvernement à en retirer les garnisons, et elles sont payées alors par le Roi sur le pied des troupes réglées.

Les peuples de cette province sont chargés encore de la garde des côtes maritimes dans tous les cas où on a lieu de craindre une incursion de ce côté-là ; pendant les deux dernières guerres, ils y ont été constamment au nombre de douze cents hommes, sous les ordres d'un Commandant-Inspecteur, choisi dans la première Noblessse de Perpignan, et ils y ont donné plusieurs fois des preuves de leur intrépidité.

Le Roussillon a encore deux compagnies toujours en action et composées de ses seuls habitans, une de quarante-deux canonniers, et une de cavalerie, attachée particulièrement à la Capitainerie-Générale dont nous allons parler ; celle-ci est composée d'un Capitaine, d'un Lieutenant, d'un Exempt, de deux Maréchaux-de-logis, de quarante-six Gardes ou Cavaliers, de quelques Gardes surnuméraires, d'un Trompette et d'un Chirurgien-Major ; elle est immédiatement sous les ordres et attachée à la personne du Capitaine-Général. Les Gardes ou Cavaliers sont toujours pris parmi les Bourgeois les plus distingués des campagnes, vivant du produit de leurs terres.

C'est encore en Roussillon que se fait la levée d'une troupe qui est connue par la manière distinguée dont elle a toujours servi ; nous voulons parler des *Miquelets*, appelés aussi indifféremment *Arquebusiers*, *Mignons*, *Fusiliers de Montagne ;* elle ne peut être composée que des habitans de cette province ; les soldats refuseroient même de marcher sous les ordres d'Officiers qui n'en seroient point. Il y en a eu jusqu'à seize bataillons, qui ont été réduits insensiblement, et enfin réformés. Les peuples du Roussillon sont singulièrement attachés à cette troupe, et ils se présenteront en foule pour s'enrôler, toutes les fois qu'on voudra en faire des levées. C'est une troupe légère, excellente pour les embuscades, les coups de main, pour harceler les ennemis, principalement dans les pays de montagnes ; elle gravit les rochers avec une agilité inconcevable ; elle se porte partout avec tant de légèreté et de promptitude, qu'elle paroît se multiplier. L'uniforme de cette troupe est une casaque à la mode des montagnards du Roussillon, appelée *Gambeto,* large et n'arrivant point aux genoux, une petite veste fort courte, un gilet à deux rangs de petits boutons jaunes, une culotte ronde sans jarretières, une espèce de petit jupon court plissé à la mode des coureurs, un bonnet de laine sur la tête, quelquefois un chapeau, des souliers de corde, et une ceinture de cuir, qui soutient sur le devant une petite bourse où se placent les cartouches, et sur le côté gauche un placard où sont deux pistolets

et une petite bayonnette; ils ont en outre un fusil plus court que les fusils ordinaires, qu'ils portent en bandoulière, et un poignard à la ceinture. La couleur de leur casaque a été grise pour quelques bataillons ; mais le plus grand nombre la porte bleue, avec la veste et les paremens rouges (PLANCHE XXX, *fig.* 5). Chaque compagnie est de soixante-dix hommes, et a deux Capitaines et deux Lieutenans, l'un en premier, l'autre en second; ils ont la paye des troupes étrangères. Ces *Miquelets* ont servi avec distinction en Catalogne, en Italie, dans les Cevennes et en Corse ; ils ont gardé les lignes en Provence pendant la peste de Marseille; ils ont été employés encore dans l'île de Minorque. Le lieu ordinaire de leur garnison étoit le haut des montagnes du Roussillon, où ils avoient la garde des frontières.

Tant de services militaires dans une seule province, méritoient quelques égards de la part du Souverain; aussi a-t-elle été maintenue constamment dans l'exemption des Milices; c'est même un des priviléges auxquels les habitans sont les plus attachés; l'atteinte qu'on pourroit lui donner seroit capable de produire parmi eux une fermentation fâcheuse. Si le Gouvernement, trompé par des personnes intéressées, a ordonné quelquefois la levée des Milices, les représentations de la province ont été bientôt accueillies, et les Ministres ont retiré les ordres qu'on avoit surpris à leur religion.

L'Etat militaire de la province de Roussillon est composé d'un Gouverneur, d'un Lieutenant-Général, qui en est ordinairement le Commandant, des Gouverneurs et des Etats-Majors des Places fortes.

Le Gouverneur a les mêmes droits, honneurs, fonctions et attributions que les Gouverneurs des autres provinces du Royaume; il préside le Conseil Souverain du Roussillon; mais il ne peut y prononcer les Arrêts, qui doivent l'être toujours par le Premier Président. Il est encore Capitaine-Général de la province, et en cette qualité Général-né des armées en Roussillon, et Chef de la Capitainerie-Générale et des Enrôlés à cette Capitainerie, dont nous avons déja parlé. La place de Capitaine-Général est unique dans le Royaume, et est un reste de l'ancien Gouvernement d'Espagne, que Louis XIV a maintenu, en 1660, par un Arrêt du Conseil d'en-haut.

Le Lieutenant-Général et Commandant de la province jouit des mêmes droits, honneurs et fonctions que dans les autres provinces frontières du Royaume; en l'absence du Gouverneur, il préside le Conseil Souverain, et commande les Enrôlés de la Capitainerie-Générale.

La ville de Perpignan comprend trois Gouvernemens particuliers, ceux de la Ville, de la Citadelle et du Castillet; ils sont réunis à la place de Gouverneur de la province. L'Etat-Major de la Ville est composé d'un Lieutenant de Roi, d'un Major, de deux Aide-Majors et d'un Capitaine de portes, et celui de la Citadelle, d'un Lieutenant de Roi, d'un Major, d'un Aide-Major, de deux Aumôniers et d'un Chirurgien-Major.

Le Gouvernement de Collioure a un Gouverneur, un Lieutenant de Roi, un Major, deux Aide-Majors, et un Capitaine de portes; il comprend encore le Fort-Saint-Elme et le Port-Vendres, chacun desquels a un Commandant particulier.

Celui de Villefranche a un Gouverneur, un Lieutenant de Roi, un Major, un Aide-Major et un Chirurgien-Major; il comprend encore le Château du même nom, où il y a un Commandant particulier.

Chacun des deux Gouvernemens de Bellegarde et du Mont-Louis a un Gouverneur, un Lieutenant de Roi, un Major, un Aide-Major, un Capitaine des portes, un Aumônier et un Chirurgien-Major.

Le Gouvernement de Prats-de-Mollo a un Gouverneur, un Major, un Aide-Major et un Chirurgien-Major.

Celui de Salses a un Gouverneur, un Lieutenant de Roi, un Aide-Major, un Aumônier et un Chirurgien-Major.

Le Fort-des-Bains n'a qu'un Commandant, un Major et un Aumônier.

Les Places fortes de cette province ont une garnison; Perpignan, Mont-Louis et Collioure ont des troupes réglées; les autres sont gardées par des Invalides; la garnison de Perpignan est ordinairement de six ou sept bataillons, dont un à la Citadelle, et celles de Collioure et du Mont-Louis, chacune d'un bataillon.

Ces Places fortes ont encore des Ingénieurs et des Officiers d'Artillerie, qui sont aux ordres, les premiers du Directeur général des Fortifications, et les derniers du Lieutenant du Grand-Maître et du Contrôleur général de l'Artillerie : ces trois derniers résident à Perpignan.

Enfin, cette province a une compagnie de Maréchaussée, commandée par le Grand-Prévôt, et un Lieutenant, qui résident à Perpignan, et deux Exempts; il y en a deux brigades à Perpignan, une au Volo, et une à Prades; ces deux dernières sont commandées chacune par un Exempt.

CHAPITRE SIXIÈME.

Etablissemens de bienfaisance publique.

Si l'indigence a des droits sur les bienfaits des ames sensibles, ses besoins sont encore plus pressans, lorsqu'elle est accablée des infirmités qui affligent l'espèce humaine; elle n'a pas même la foible ressource de pouvoir les solliciter. La main secourable, qui la soulage dans ses maux, s'etend aussi sur cette classe d'êtres infortunés, délaissés dès leur naissance, méconnus par ceux qui leur ont donné le jour, et destinés à vivre dans le besoin et l'humiliation; ils deviendroient les victimes d'un abandon total, et seroient autant de sujets perdus pour l'Etat, si une tendre compassion ne répandoit sur eux des bienfaits, d'autant plus nécessaires, qu'ils sont hors d'état de faire connoître leurs besoins. Une autre espèce d'hommes, qui ne connoît de loi que celle de répandre son sang pour la patrie, et qui fait une des parties les plus nobles de la nation, mérite également l'attention de l'Etat; toujours prêts à se sacrifier pour le service de leur prince, ils ne cessent de lui être utiles, que lorsque leurs forces, abattues par la maladie, refusent de seconder leur courage; la main bienfaisante du Souverain vient à leur secours, les soulage, les rétablit, les met en état de recommencer leurs travaux.

De là, tant de fondations d'asyles respectables, où le pauvre retrouve une santé qu'il a perdue dans les malheurs de l'indigence et les fatigues d'un travail souvent infructueux; de là, tant d'établissemens utiles, où les tristes victimes de l'abandon de leurs pères sont conservées à l'Etat, et élevées au travail et à la vertu; de là, tant de retraites honorables, où le défenseur de la patrie trouve un remède assuré aux maux qu'il a contractés dans les fatigues de son état. La ville de Perpignan réunit ces trois espèces d'établissemens; elle doit le premier à la vigilance attentive des Comtes, ses anciens souverains; le second, au zèle du Corps-de-Ville et à la générosité de quelques particuliers, soutenus par les libéralités des Souverains; et le dernier, à la bienfaisance réfléchie de nos Rois.

Les Comtes du Roussillon portèrent leurs vues bienfaisantes sur cette classe du peuple, qui ne doit son existence qu'à la charité des fidèles ou à un travail journalier, dont la cessation détruit toutes ses ressources; ils voulurent lui préparer un asyle dans ses infirmités, et y consacrèrent une partie de leurs propres domaines. Le Comte *Arnaud-Gaufred* ou *Guifre* fonda et dota l'Hôpital de Saint-Jean-de-Perpignan en 1113 (1), et donna, en 1116, un terrain considérable dans le lieu où il est aujourd'hui, pour y construire l'édifice nécessaire; *Gaufred* ou *Guifre* son successeur, et *Gerard*, fils et successeur de ce dernier, lui firent des nouveaux dons en 1148 et 1167; *Nunio-Sanche*, qui posséda dans

(1) Voyez l'inscription que nous avons déja rapportée.

la suite le Roussillon à titre d'apanage, prit cet Hôpital sous sa protection en 1120, et lui fit de nouvelles concessions en 1227. Les libéralités des particuliers ont contribué dans la suite à augmenter et à perfectionner cet établissement. Cet Hôpital, qui est aujourd'hui assez riche, est administré, sous l'autorité des Consuls, par des particuliers qui ne sont dirigés que par leur zèle pour le bien des pauvres. On ne sauroit assez applaudir à la sagesse de leur administration; l'Hôpital est bien tenu; les pauvres y reçoivent tous les secours nécessaires, et on n'y néglige aucun des soins particuliers, qui peuvent contribuer à leur conservation.

On reçoit dans cet Hôpital non-seulement les pauvres malades de Perpignan, mais encore les étrangers et ceux de toute la province du Roussillon; il y a plusieurs salles pour les hommes et pour les femmes. On y reçoit, dans un quartier séparé, les insensés de toute la province; on les traite avec les ménagemens que leur état exige, et on leur prodigue les secours qu'on croit propres à rétablir leur santé. Enfin, cet Hôpital donne aussi un asyle aux enfans trouvés; il en place une partie dans les campagnes chez des nourrices, et fait élever les autres à Perpignan, sous les yeux de l'Administration; la police qui y est établie sur cet objet, mériteroit d'être rectifiée; les nourrices des campagnes ne sont pas assez surveillées, et leurs nourrissons sont souvent les victimes de leur négligence; on pousse l'économie un peu trop loin à l'égard de ceux qu'on élève dans l'Hôpital même; on n'y proportionne point le nombre des nourrices à celui des enfans, et souvent ceux-ci périssent par le défaut d'une nourriture suffisante. Après le sevrage, on les garde tous dans l'Hôpital, et ils sont alors assez bien tenus; lorsqu'ils ont atteint l'âge de sept ans, on les envoie à l'Hôpital général, dont nous allons parler.

Des établissemens pareils sont multipliés dans la province; il y a des Hôpitaux de charité à Arles, a Prats-de-Mollo, à Ceret, à Elne, à Ille, à Vinça, à Prades; mais on a diminué mal-à-propos leurs revenus pour augmenter ceux de l'Hôpital de Perpignan; il en résulte un grand inconvénient; les pauvres de ces villes et des lieux voisins, auxquels leur maladie ni leur fortune ne permettent point de se faire transporter à Perpignan, y sont privés de beaucoup de secours que la modicité des revenus ne permet point de leur fournir.

Il avoit été établi depuis long-tems, à Perpignan, un Hôpital ou Hospice sous le nom de *la Miséricorde*, qui étoit destiné à recevoir les orphelins; il n'avoit d'autres revenus que quelques secours qu'il recevoit de l'Hôtel-de-Ville, le produit de quelques fondations et les libéralités incertaines des particuliers; ils étoient insuffisans pour remplir l'objet de cet établissement. Cette utile institution fixa l'attention de Louis le Grand; il répandit ses libéralités sur la classe indigente d'un peuple qui venoit de se soumettre à sa domination; il érigea, en 1686, l'*Hôpital de la Miséricorde* en *Hôpital Général;* il s'en déclara le conservateur et le protecteur par les réglemens les plus sages; il y établit une forme d'administration et une police; il lui accorda un grand nombre de droits utiles, et lui fit des dons considérables. Les vûes de ce prince ont été remplies; la prudence, le zèle et la vigilance des Administrateurs ont répondu à la sagesse de ses réglemens: il y a peu d'Hôpitaux aussi bien administrés, et où, malgré la multitude d'individus qu'il renferme, il y ait autant d'ordre, d'économie, de tranquillité, de subordination et de correspondance mutuelle; la sagesse des Supérieurs paroît se communiquer à ceux qui leur sont subordonnés, et cet Hôpital est l'objet de l'admiration et de la vénération de la province.

Les Consuls de Perpignan sont les premiers Administrateurs de cet Hôpital; mais son administration particulière est confiée à un Bureau composé de quatre Intendans, de quatre Administrateurs et de trois Syndics perpétuels: les quatre premiers sont pris parmi le Conseil Souverain du Roussillon, les Consuls de Perpignan, le Chapitre de la Cathédrale et la Noblesse; les quatre suivans parmi les Mercadiers et Notaires, les Marchands, les Artistes et les Artisans; les trois derniers ont la conduite et la direction des affaires sous les ordres du Bureau. Ils servent tous gratuitement; ils se trouvent assez payés de

leurs

leurs peines et de leurs soins par la satisfaction intérieure qu'ils éprouvent en élevant des sujets à l'Etat, et en conservant le bien des pauvres.

On reçoit dans cet Hôpital non-seulement les enfans-trouvés qui y sont envoyés de l'Hôpital Saint-Jean à l'âge de sept ans, mais même tous les pauvres orphelins de la province et un grand nombre de ceux dont les parens sont hors d'état de leur fournir la subsistance; on y donne encore un asyle à beaucoup de personnes que les maladies, les infirmités ou des accidens imprévus ont mis dans un état d'impotence, qui ne leur permet point de se procurer les moyens d'exister: les enfans y sont non-seulement instruits des principes de la Religion, mais on leur apprend encore des métiers, et on les met en état d'être utiles et de pourvoir à leur subsistance lorsqu'ils en sortent. Cet Hôpital a une manufacture de draps, à laquelle on emploie une partie des personnes des deux sexes qu'il renferme. Enfin, le soin des pauvres honteux fait partie de l'objet de cet établissement: le Bureau leur fait tenir secrètement des secours proportionnés à leurs besoins et aux revenus de l'Hôpital.

Cet Hôpital, quoique très-bien administré, ne suffit à ses besoins que par beaucoup d'ordre et d'économie; il n'a pu parvenir depuis long-tems à agrandir son local, qui, quoique très-vaste, est cependant très-resserré, eu égard au grand nombre d'individus qu'il renferme, et aux différentes espèces de travaux auxquels on les occupe. Cet établissement mériteroit de fixer l'attention et d'obtenir des secours du Gouvernement.

Perpignan a encore un Hôpital militaire, qui est absolument aux frais du Roi, et soumis à la police d'un Commissaire des Guerres sous les ordres de l'Intendant de la province; il y a deux Médecins, un Chirurgien-Major, un Chirurgien Aide-Major, un Apothicaire-Major, plusieurs Employés chirurgiens et apothicaires, et un Aumônier. Il est un des mieux tenus du Royaume; l'emplacement en est très-vaste; mais il n'y a qu'une salle qui soit belle, grande, commode, bien aérée, où il peut tenir environ huit cents lits; les autres ne présentent point les mêmes avantages. Il y a encore des Hôpitaux militaires à Collioure et au Mont-Louis, qui ont chacun un Médecin et un Chirurgien-Major; leurs bâtimens sont petits, serrés: celui de Collioure est dans un endroit bas, au bord de la mer, et mal-sain; celui du Mont-Louis est dans une bonne exposition; ce dernier est bien tenu: M. *Barrère*, qui en est le Médecin depuis plus de vingt ans, y fait régner beaucoup d'ordre, de propreté et de soins.

On a établi dans toutes les villes policées des asyles où on puisse ramener aux principes de la sagesse et de la vertu les personnes du sexe, qu'un instant de foiblesse, le besoin ou le mauvais exemple ont entraîné dans le vice; cet établissement existe depuis long-tems à Perpignan, sous le nom d'*Hôpital des Repenties*, qui est entièrement sous la police des Consuls. Mais il est trop négligé; il n'a presque d'autre revenu que les aumônes des fidèles et le produit du travail des femmes qui y sont renfermées. A peine peut-on suffire aux besoins de cette Maison, malgré l'ordre qui y règne, et l'économie avec laquelle elle est administrée.

Les réglemens qu'on a faits depuis quelque tems pour détruire la mendicité, ont fait établir à Perpignan, ainsi que dans les autres principales villes du Royaume, un *Dépôt* destiné à renfermer les Mendians; il est soumis à la police de l'intendant de la province; le local en est resserré, bas, mal construit, mal aéré, et mal-sain; les pauvres y sont entassés les uns sur les autres: il seroit à desirer qu'on lui donnât plus d'étendue; un lieu destiné à garder et à nourrir des malheureux, que leur âge ou leurs infirmités mettent hors d'état de pourvoir à leurs besoins, ne doit point être pour eux une prison infecte et dangereuse.

Il existe encore à Perpignan quelques autres établissemens de bienfaisance publique; on les doit à la générosité de quelques particuliers. Tel est celui qui est connu sous le nom d'*Aumône;* les biens en sont administrés par un Bureau, dont les Membres sont à la nomination des Consuls, sous le nom d'*Aumôniers;* une partie des revenus est destinée à l'Hôpital de Saint-Jean ; l'autre partie est consacrée à donner des secours à des pauvres orphelins et à des pauvres honteux ; ils sont distribués à ces derniers secrètement. Telles sont encore trois fondations destinées à faciliter à des pauvres filles les moyens de se marier : au tems indiqué, elles se font inscrire sur un registre particulier ; leurs noms sont mis dans une roue et tirés au sort, celles que le sort favorise ont un habit à l'Aragonoise, où il y a assez d'étoffe pour en faire deux, avec lequel elles vont le lendemain à une procession ; elles sont conduites à l'Eglise et ramenées chez elles comme en triomphe par un cortège nombreux, composé de plusieurs Prêtres et des Administrateurs de la Fondation, précédé de banières, de tambours, de trompettes et de la musique, et suivi d'un grand nombre d'autres filles habillées de blanc : on leur donne encore une somme en argent le jour de leur mariage. Il se fait trois tirages de ce genre tous les ans, un au mois de mai dans l'Eglise de S. Jacques, un au mois de septembre dans celle de S. Mathieu, et l'autre au mois de décembre dans l'Eglise Cathédrale : ce dernier n'est que pour une fille, les autres pour deux chaque fois : ils étoient autrefois pour trois ; mais la diminution des revenus en a fait réduire le nombre. On appelle, dans le pays, ces tirages, la *Loterie des Donzelles.* Les fondations pareilles sont assez multipliées en Roussillon ; il y en a beaucoup de particulières, destinées à doter des pauvres filles, même des demoiselles, dont le choix dépend des Bureaux composés suivant l'intention des Fondateurs ou de leurs Familles.

CHAPITRE SEPTIÈME.

Agriculture, Manufactures, Commerce, Navigation.

ARTICLE PREMIER.

Agriculture.

Si la variété, la bonté et l'abondance des productions de la Nature font la richesse d'une province et l'éloge des cultivateurs, le Roussillon doit être regardé comme une des plus riches du Royaume, et une de celles où on a le plus perfectionné l'agriculture. Les productions de la terre y sont aussi variées que multipliées ; on y recueille toutes sortes de grains, du froment, du seigle, du bled noir, du maïs, du millet, de l'orge, de l'avoine, des grosses et des petites féves, et des haricots, du vin, de l'huile, du lin, du chanvre, des fruits et des légumes herbacés de toutes les espèces. Il est vrai que, si l'art y est pour quelque chose, la bonté du sol et la qualité des eaux y contribuent beaucoup. En général, cette province est très-fertile ; mais les productions sont différentes, eu égard à la diversité des cantons et à l'espèce des terres.

La plaine du Roussillon est la partie la plus fertile de la province ; elle est coupée dans presque toute son étendue par des canaux qui prennent l'eau de différentes rivières, et d'où on la distribue dans les terres pour servir à leur arrosage. On ne sauroit assez admirer l'industrie avec laquelle on fait conduire les eaux, même dans les endroits élevés : les paysans y pratiquent avec succès les règles de l'Hydraulique, sans en avoir jamais appris les élémens. Les deux plus beaux de ces *canaux* sont ceux de *Corbera* et de *las Canals :* le premier, pris de la rivière de la Tet, au dessus de Vinça, tourne autour de la montagne, se distribue dans la plaine, et arrose une grande étendue de pays ; le dernier part de la même rivière, au dessus d'Ille, parcourt un espace d'environ neuf lieues, distribue ses eaux à toutes les terres voisines jusqu'à la distance de plus d'une lieue à droite et à gauche, passe à Perpignan, y fournit à plusieurs réservoirs de la Ville et de la Citadelle, et donne de l'eau dans toutes les rues, où on la fait couler à volonté; il passe, dans un endroit, sur un pont fort élévé, composé d'un grand nombre d'arches, et long de deux portées de fusil, et dans un autre endroit on le conduit par un aqueduc souterrain bien voûté, d'environ une lieue d'étendue. Il a été établi depuis long-tems une très-bonne police pour la distribution des eaux de ce canal, propre à prévenir les discussions et les préférences, et d'après laquelle chaque particulier pourroit arroser ses terres à son tour sans difficulté: elle est confiée à un Officier connu sous le nom de *Baille des eaux*, sous les ordres des Consuls de Perpignan, qui ont la haute police et la haute justice dans tout le territoire qu'il parcourt; mais elle est mal observée, et on ne surveille pas assez l'Officier qui en est chargé.

On divise la plaine du Roussillon en quatre parties, eu égard à la situation et à la qualité des terres: en *Salanca*, qui comprend les terres voisines de la mer; en *Riberal*, qui contient celles qui sont voisines des rivières; en *Regatiu*, c'est-à-dire, les terres qui sont arrosées par les différens canaux; et en *Aspres*, ou terres qu'on ne peut point arroser. Les terres de la *Salanca* contiennent une saumure qui contribue singulièrement à leur fertilité: on y cultivoit autrefois beaucoup de riz, qui valoit celui qu'on nous apporte du Levant; mais l'insalubrité qui en résultoit, a fait cesser cette culture; on y fait aujourd'hui beaucoup de bled et de soude. Les terres du *Riberal* et du *Regatiu* sont très-grasses; celles des *Aspres* le sont infiniment moins, mais on y supplée par beaucoup de fumier. Toutes ces terres rapportent toutes sortes de grains, mais principalement du beau froment: celui de la *Salanca* est le plus beau et le plus savoureux; celui des *Aspres* contient plus de parties nutritives que celui du *Riberal* et du *Regatiu*; mais ces deux dernières parties en donnent une plus grande quantité. Les terres les plus maigres des *Aspres* servent à faire du méteil; c'est un mélange de bled et de seigle. Ces terres rapportent tous les ans; on y fait même ordinairement plusieurs récoltes dans une seule année. On fait la semaille vers la fin de l'année; on coupe le bled à la fin du mois de juin, et tout de suite après on y sème encore des haricots, des pois, des féves, de l'orge, de l'avoine, du millet, du maïs, ect., qu'on recueille vers la fin de l'été. Les terres qu'on peut arroser sont celles où on multiplie le plus ces doubles récoltes. On en retire beaucoup plus de bled qu'il n'en faut pour la province.

Cette plaine est parsemée d'arbres fruitiers de toutes les espèces, et contient beaucoup de jardins, sur-tout dans les environs des habitations: ceux qui sont autour de *Perpignan*, d'*Ille* et de *Ceret* sont les plus beaux, les plus fertiles et les mieux tenus; les fruits en sont beaux, abondans, d'un goût exquis, et font même une branche de commerce.

Les oliviers sont une des richesses de cette plaine; elle en est remplie, et ils rapportent beaucoup: leur culture ordinairement se réduit à un ou deux labours dans le cours de l'année, un peu de fumier au pied de l'arbre, et une coupe des branches sèches ou surabondantes tous les quatre ans. L'huile en est excellente, et ne le cède point en bonté à la meilleure huile de Provence, quand on veut la bien faire; mais on la fait mauvaise, par le desir d'en avoir une plus grande quantité. Après avoir cueilli les olives, on les laisse en tas pendant six semaines ou deux mois; elles s'échauffent, fermentent, deviennent plus grasses, contractent même un peu de pourriture, et donnent ainsi plus d'huile: à la mouture, on leur prodigue l'eau bouillante dans la même vue; aussi, l'huile est-elle généralement âcre et forte. Si on faisoit l'huile au moment où les olives viennent d'être cueillies, et si on supprimoit l'eau bouillante, ou au moins si on l'employoit en moindre quantité, elle seroit bonne et douce; elle le seroit encore plus, si on cueilloit les olives un peu avant leur parfaite maturité: les particuliers qui veulent avoir de la bonne huile pour leur usage, observent cette méthode.

Cette plaine est encore couverte de vignes, sur-tout dans les endroits pierreux, et leur produit fait la plus grande richesse du pays. On y recueille différentes sortes de vins. Le plus abondant est un vin rouge, sec et agréable, mais violent, qui est assez connu pour nous dispenser de nous étendre à son sujet : on lui reproche d'être gros, épais et tartareux; mais cela dépend de la manière dont on le fait; il prend ces qualités, si on le laisse cuver long-tems; il est au contraire léger, fin et dépouillé, lorsqu'on ne le fait cuver que deux ou trois jours. Les particuliers qui veulent avoir du bon vin pour leur usage, suivent cette méthode; mais en général, comme ces vins sont destinés à être exportés dans les pays étrangers et à traverser les mers, on les fait cuver plus long-tems, parce que sans cela les Marchands ne voudroient point s'en charger. Ces vins, qui sont les vins d'ordinaire en Roussillon, sont servis comme vins de liqueur dans les provinces septentrionales de la France. Les meilleurs sont ceux qu'on recueille dans les terrains pierreux : on distingue principalement ceux de l'*Esparro* près de Canet, du *Vernet* près de Perpignan, de *Pia*, de *Rivesaltes*, de *Baho* et de *Torremila.*

On fait encore en Roussillon plusieurs vins de liqueur : il y a d'abord un petit *Vin blanc*, qui est fort doux et agréable, auquel on donne un goût de muscat, en pressant le raisin sur le marc du raisin muscat, ou bien en passant ce vin blanc dans les tonneaux où il y a eu du vin muscat. Le second vin de liqueur est le *Grenache*, qu'on fait du côté de *Collioure* et en *Conflent*, et qui est rouge; il a toutes les qualités du meilleur vin du Cap. On fait encore de la *Malvoisie*, mais en très-petite quantité, et d'une qualité inférieure à celle de Madère et de Sitxas. Enfin, le meilleur est le *Vin Muscat ;* on en fait à *Claira*, à *Salses* et à *Rivesaltes ;* celui-ci l'emporte sur ceux de *Salses* et de *Claira ;* il est délicieux et est le premier de tous les vins muscats de l'Europe : on n'en recueille que quinze ou vingt pièces tous les ans; mais les Marchands ont l'adresse de le multiplier; on en trouve par-tout, tandis qu'à peine le Roussillon peut fournir un dixième de la consommation qui s'en fait.

La culture des vignes est très-simple; on ne fait que les provigner et les bécher; quelques-uns les labourent, quoique la charrue ne vaille pas la bèche. On y porte aussi du fumier; la récolte en est plus abondante; mais le vin a moins de qualité; il est aussi meilleur, quoique moins abondant, dans les années sèches que dans les années pluvieuses.

La plaine du Roussillon donne encore d'autres productions, dont quelques-unes n'exigent absolument aucune culture. Les haies y sont formées par des grenadiers d'une très-belle hauteur, couverts, dans la saison, de fleurs, et ensuite de beaux fruits; les orangers, les limoniers et les citronniers y viennent par-tout en pleine terre; mais on en néglige la culture et la multiplication; les mûriers y sont répandus de toutes parts. Les collines et les parties incultes, qu'on appelle *Garrigas*, y sont couvertes de thym, de romarin, de serpolet, de lavande et de genièvre, dont l'odeur se répand au loin et frappe agréablement l'odorat du voyageur; mais il y a aujourd'hui très-peu de terres incultes; on en a beaucoup défriché depuis vingt ans; c'est peut-être un mal pour cette plaine, qui manque naturellement de pâturages, et qui en manque encore plus depuis ces défrichemens. On y trouve très-peu de prairies; on commence cependant depuis quelque tems à y faire des prairies artificielles, et la culture du sainfoin, du trèfle et de la luzerne y a pris déja une certaine faveur.

La plaine du Vallespir est aussi fertile que celle du Roussillon; elle a le même arrosage, les mêmes qualités de terres et les mêmes productions. Les terres du haut Vallespir sont plus sèches, plus maigres, plus arides; on y recueille très-peu de froment, mais beaucoup de méteil, de seigle, de maïs, de bled sarrasin. Cependant il y a quelques vallées qui sont arrosées, où les terres sont meilleures, plus fertiles, et les productions plus variées et plus multipliées, comme aux environs de Ceret, de Reynès, etc.; au dessus d'Arles, il n'y a plus ni vignes ni oliviers, encore jusque-là le vin est-il d'une qualité inférieure à celui de la plaine du Roussillon. Les environs de Ceret ressemblent à un jardin continuel par la quantité et la variété d'arbres fruitiers dont ils sont couverts; les fruits en sont excellens. Les montagnes d'une partie du Vallespir sont couvertes de châtaigniers,

taigniers, et les parties les plus élevées sont assez fécondes en pâturages. L'activité, la vigilance et l'industrie caractérisent les habitans de cette contrée relativement à la culture de leurs terres : ils ne laissent rien d'inculte, et ils tirent parti des plus petites langues de terre, qui paroîtroient ne devoir être d'aucun rapport.

Le Conflent peut être divisé en montagnes, en collines et en vallées. Les premières sont cultivées jusqu'à une certaine élévation ; elles produisent du seigle, du bled noir, du maïs : les collines ont les mêmes productions ; elles sont encore plantées de vignes, qu'on construit d'une manière aussi ingénieuse que pénible : le vin en est très-bon, mais inférieur à celui de la plaine du Roussillon. Les vallées sont toutes arrosées par des ruisseaux ou des petites rivières ; elles donnent du beau froment, et le disputent en fertilité aux bonnes terres de la plaine ; on y fait de même plusieurs récoltes ; les bords des ruisseaux et des rivières y sont couverts de prairies. Cette contrée a aussi des oliviers, mais plus petits que ceux de la plaine, et il n'y en a plus au dessus de Prades. On y fait encore beaucoup de chanvre et de lin.

Le Capsir ne produit qu'un peu de seigle et quelques petits grains; mais, en revanche, il est fécond en pâturages; on y élève et on y engraisse beaucoup de bestiaux.

La Cerdagne peut être distinguée en plaine et en pays montagneux : celui-ci est maigre et sablonneux; cependant, au moyen de la culture, du fumier, du limon entraîné des montagnes, et des broussailles qu'on y laisse pourrir, on parvient à y faire des champs et des prairies. La plaine a bien de meilleures terres et est bien plus fertile ; on y recueille du seigle, de l'orge, de l'avoine, des lentilles, des pois, des navets, des pommes de terre; elle fournit environ 3,000 charges de seigle tous les ans à ses voisins (1). Les prairies ne peuvent être fauchées qu'une fois tous les ans, mais rendent assez. Les montagnes voisines sont couvertes d'excellens pâturages. Il n'y a dans cette contrée ni vignes, ni oliviers.

On ne peut assez admirer l'industrie, la patience et l'activité du peuple des montagnes de cette province : le tableau en est touchant et pittoresque, il présente d'abord des montagnes rapides, ornées de terrasses depuis les lieux bas jusqu'à une grande partie de leur élévation, dont chacune contient le terrain que la rapidité du sol précipiteroit dans les rivières; un amphithéâtre toujours vert et prolongé, frappe agréablement les yeux du voyageur ; mille petites murailles tiennent comme en suspens des arbres fruitiers et des vignes, qui jouissent, comme dans des immenses espaliers, de la chaleur que le soleil imprime aux roches sur lesquelles ils sont placés, et préparent une heureuse récolte. Tantôt les pluies, les orages renversent quelques portions de ces murailles; le patient cultivateur rétablit incontinent le frêle édifice : tantôt une muraille tombe sur une muraille inférieure, entraîne la terre, les vignes et les arbres, forme des crevasses et des vides; le paysan, toujours laborieux et patient, rétablit encore la terrasse, rapporte de la terre, replante sa vigne, substitue des nouveaux arbres, et entretient, par un travail pénible et redoublé, la perpétuelle culture du sol le plus difficile. Quelquefois il s'empare d'un trou à travers des roches toutes nues; il y établit une culture; il le remplit de terre, il y plante un arbre fruitier, un olivier, un sep de vigne. Malgré le nombre, la difficulté et la variété des travaux, le robuste montagnard suffit à la culture de ses collines, de ses terrasses, de ses précipices, et vient encore au secours du riche cultivateur de la plaine.

L'engrais des terres du Roussillon mérite une attention particulière. Elles sont lavées continuellement par les arrosemens fréquens, et, sans le secours du fumier, elles perdroient bientôt de leur qualité et de leur fertilité; aussi cet objet fixe-t-il les premières vues des agriculteurs de cette province. On n'y connoît que deux espèces de fumier,

(1) La charge pèse de 300 à 350 livres.

celui qui provient de la litière des animaux, et celui des troupeaux qu'on tient sur les terres; ceux-ci sont en assez grand nombre; il y a peu de propriétaires ou de fermiers un peu aisés qui n'aient leur troupeau de bêtes à laine plus ou moins nombreux. Les bœufs et les vaches y sont beaucoup plus rares; ils ne servent qu'au labour dans la plaine du Roussillon; on en élève un plus grand nombre dans la Cerdagne et dans les parties les plus élevées du Vallespir; dans cette contrée, dans le Conflent et dans quelques endroits du Roussillon, on laboure avec des chevaux ou des mules; ces dernières servent au charroi dans toute la province.

Les troupeaux à laine pourroient être un objet de spéculation dans cette province; ils seroient d'un grand rapport; ils procurent un double avantage aux propriétaires, l'engrais des terres, et la laine : celle-ci est la plus belle du Royaume. M. *Daubenton*, d'après des expériences longues et répétées, convient que les toisons du Roussillon sont les plus riches et les plus précieuses qu'on recueille en France; elles entrent dans la fabrique de nos plus beaux draps, connus sous le nom de *Segovie*. Il seroit possible d'en augmenter la quantité, la beauté et la finesse, en suivant le procédé qui a réussi à ce physicien; il consiste à faire parquer les troupeaux pendant toute l'année, et à ne les enfermer jamais la nuit dans les bergeries; les laines du Roussillon deviendroient plus abondantes et d'une qualité au moins égale aux plus belles laines d'Espagne. La multiplication des troupeaux en seroit une suite; les moutons et les brebis, exposés continuellement à l'air extérieur, deviendroient plus robustes, seroient moins sensibles aux intempéries des saisons, moins sujets aux maladies, vivroient plus long-tems, et produiroient une espèce plus robuste. M. *Hell* en a fait aussi l'heureuse expérience en Alsace, en suivant ce procédé pendant plusieurs années; il a observé que les moutons étoient plus forts et mieux portans, la laine supérieure à celle des autres moutons du pays, plus forte, et les soies des toisons plus lisses. L'attachement des habitans du Roussillon à leurs anciens usages, sera long-tems un obstacle à l'introduction de ce moyen; mais il faut espérer qu'ils l'adopteront insensiblement, sur-tout s'ils font bien réflexion qu'il est bien plus aisé à pratiquer dans un climat tempéré comme celui de cette province, que dans les pays beaucoup plus froids, où MM. *Daubenton* et *Hell* ont fait leurs expériences et constaté leurs succès.

La beauté et la bonté du miel du Roussillon l'emporte sur tous ceux de l'Europe; il passe sous le nom de Miel de Narbonne; on le recueille une fois et souvent deux fois tous les ans, quand l'année est favorable. Mais on ne suit, dans cette province, aucun principe pour l'éducation des abeilles; ce n'est qu'une routine, qui se transmet de père en fils. On ne devroit point négliger les moyens de multiplier ces animaux, d'augmenter le produit de la cire et du miel, et d'en améliorer la qualité; on en retireroit des avantages considérables, en étendant et perfectionnant une branche importante du commerce de cette province. M. *Barthès* a indiqué les moyens d'y parvenir, après une suite d'expériences intéressantes qu'il a faites à ce sujet; on peut consulter dans l'*Encyclopédie* son article *Mouche à miel*. Le découragement des propriétaires y mettra peut-être un obstacle; il tient à un impôt considérable qui a été mis sur les ruches, qui diminue beaucoup les profits, et qui fait craindre au cultivateur de ne pas retrouver dans les mauvaises années de quoi acquitter les droits; une modération de cet impôt ranimeroit l'émulation, et le Gouvernement y gagneroit par la multiplication des ruches.

Enfin on pourroit tirer quelque parti du genet, qui croit en abondance en Roussillon; mais on y néglige absolument cet arbuste; nous en parlerons en nous occupant du commerce de cette province.

ARTICLE II.

Manufactures.

Il y avoit autrefois un grand nombre de Manufactures de drap à Perpignan ; on y comptoit, en 1332, trois cents quarante-neuf Fabricans, qui étoient connus, et qui sont désignés encore sous le nom de *Pareurs ;* ils occupoient un rang distingué dans le Corps municipal, et jouissoient de beaucoup de prérogatives ; ils exerçoient la Police, privativement à tous autres, dans quatre rues ; les Criées s'y font même aujourd'hui d'ordre de leurs *Supposés,* qui sont les Chefs de leur Communauté. Mais les guerres, dont le Roussillon a été le théâtre pendant long-tems, ont entraîné le dépérissement de toutes ces Manufactures, dont il ne reste plus que le souvenir. On a fait même passer, dans le siècle dernier, après la réunion du Roussillon à la France, une partie de ces Fabricans à Carcassonne ; on a appauvri une province, en la privant de son industrie, pour enrichir une petite ville qu'on vouloit favoriser. Il y a encore à Carcassonne des familles Roussillonnoises parmi les riches Fabricans de cette ville. Le Roussillon n'a plus qu'une Manufacture de draps ; elle est dans l'Hôpital général de Perpignan, auquel elle appartient. Il y a cependant à Prades, à Prats-de-Mollo, à Ceret, et dans quelques endroits du Capsir et de la Cerdagne, quelques Fabricans particuliers qui font chez eux du drap, sans avoir des Manufactures montées. Ces draps sont faits avec la plus mauvaise laine ; ils sont gros et d'un tissu fort lâche ; ils ne sortent point de la province, et ne servent qu'à habiller les paysans ; ceux de l'Hôpital général sont un peu supérieurs. Il seroit possible cependant de faire de très-beaux draps ; le Roussillon possède la laine la plus belle et la plus fine du Royaume ; les eaux y sont très-bonnes ; avec quelques encouragemens et des bons ouvriers, on y feroit des draps dont la beauté ne le céderoit point à ceux du reste de la France.

On avoit établi, au commencement de ce siècle, une Manufacture de soieries et de velours dans le faubourg de la Blanquerie de Perpignan ; mais le défaut de débouché pour les étoffes qu'on y fabriquoit, l'a fait tomber dans peu de tems.

Les autres Manufactures de cette province ne méritent point d'être connues ; il y en a une d'eau-forte à Perpignan, une de papier à Catllar près de Prades ; le papier en est très-commun ; et une de faïence près de Tuyr ; celle-ci est établie depuis peu de tems ; la faïence en est assez belle ; le propriétaire s'occupe des moyens de la perfectionner ; on espère même pouvoir y faire de la porcelaine : on a trouvé vers le Mas-Sinisterre, près d'Elne, une terre qui y est très-propre. Il y avoit encore à Perpignan deux Manufactures de savon ; l'une avoit un local spacieux et bien construit, et commençoit à avoir quelque réputation ; mais des discussions entre les propriétaires en ont fait suspendre les travaux depuis quelques années ; l'autre est trop resserrée, et ne peut fabriquer qu'une très-petite quantité de savon.

Nous croyons pouvoir ranger dans la classe des Manufactures la fabrication d'une très-grande quantité de bas de laine tricotés à l'aiguille, qui se fait dans la Cerdagne et le Capsir ; elle occupe une grande partie des habitans de ces deux cantons ; on y fait des bas de toutes les qualités, et il y en a dont la beauté et la finesse approchent de celles des bas de soie. Cet objet est considérable ; on en exporte tous les ans pour plus de de 200,000 livres.

Nous ne devons point oublier une Fabrique de salpêtre, qui existe depuis long-tems, à un quart de lieue de Perpignan ; elle étoit entièrement tombée ; mais elle vient d'être rétablie, et est déjà très-considérable ; elle ne peut que le devenir de plus en plus ; le terrain de Perpignan est chargé de parties nitreuses, et très-propre par conséquent à remplir l'objet qu'on se propose.

Il est malheureux pour la province du Roussillon que l'émulation des particuliers ne soit excitée et soutenue ni par la fortune, ni par la facilité de l'exportation, ni par les encouragemens du Gouvernement; elle seroit susceptible de plusieurs établissemens qui pourroient devenir avantageux ; l'abondance, la finesse et la beauté des laines feroient établir des Manufactures de draps, de serges et de couvertures; la quantité de chanvre et de lin qu'on y recueille, faciliteroit des Manufactures de toile ; l'abondance et la qualité des vins fourniroient à des Fabriques d'eau-de-vie ; la grande quantité d'huile feroit donner plus d'étendue aux Fabriques de savon. Les Fabricans y gagneroient beaucoup ; les particuliers se déferoient plus aisément de leurs denrées, et le peuple y trouveroit des nouveaux moyens de se livrer au travail et de fournir à sa subsistance.

ARTICLE III.

Commerce.

Quelles que soient les productions de l'art et de la nature, elles ne peuvent rendre une province florissante, qu'autant que leur exportation est aisée ; aussi le Roussillon, malgré ses richesses naturelles, n'est rien moins qu'opulent ; il manque de débouchés pour se défaire de ses denrées, et souvent il éprouve des besoins en même tems qu'il regorge de richesses. Les objets de commerce y sont cependant très-multipliés ; ils fournissent tous à une branche d'exportation, mais qui est trop bornée ; le surplus doit se consommer dans le pays ; il en résulte que les denrées sont vendues à trop bas prix ; ce qui décourage les propriétaires et les agriculteurs.

La difficulté de l'exportation a été un des premiers obstacles au commerce de cette province ; elle n'a d'autre débouché que la mer ; mais le défaut de ports et de rades où les navires puissent être en sûreté, a toujours fait craindre l'approche des côtes, sur-tout dans une mer orageuse, et en a éloigné les bâtimens. Les droits exorbitans qu'on avoit imposé sur toutes les marchandises qui sortent de la province, a contribué encore à gêner l'exportation de ses denrées et à diminuer son commerce. Mais ces deux obstacles sont levés aujourd'hui ; le rétablissement du Port-Vendres fournira un asyle assuré aux navires marchands, et la suppression du droit d'impariage, dont nous avons déja parlé, en abolissant tous les droits, facilitera la vente et la sortie des productions de cette province. On doit espérer que son commerce augmentera insensiblement, et y amènera l'opulence, et par conséquent l'industrie et l'activité que font naître le desir et l'espoir d'y parvenir ; il y a d'autant plus lieu de le croire, que cette province a eu autrefois un commerce très-étendu, qu'elle envoyoit des navires dans différentes parties de l'Europe, et qu'il y avoit à Perpignan une Banque très-fameuse, qui a été détruite par les malheurs des guerres.

Le mauvais état des chemins de cette province, opposoit encore un obstacle au commerce ; ils étoient mal percés, mal tenus, souvent impraticables ; mais, depuis vingt ans, on y a ouvert des très-belles routes ; on y a fait des chaussées, des ponts ; on veille avec soin à leur entretien, et on auroit de la peine à en trouver de plus beaux dans le Royaume. La communication du Roussillon avec le Languedoc et avec l'Espagne, est aujourd'hui facile, et se fait par un très-beau chemin ; des routes particulières et belles traversent l'intérieur de la province ; on les a déja conduites du côté des montagnes, en Vallespir jusqu'à Arles, et en Conflent jusqu'à Aulète ; on les continue, et dans peu de tems la communication sera aisée dans toute la province, même pour les voitures et les charettes, dans des endroits où à peine un mulet pouvoit passer.

La province du Roussillon avoit autrefois deux branches de commerce, qui n'existent plus, celui des draperies, qui a été détruit par les guerres et par l'émigration des Fabricans, et celui du sel, qu'elle a perdu par l'établissement de la Gabelle. Mais il lui en reste encore beaucoup d'autres, auxquelles il ne faut donner que plus d'étendue. Nous joignons

joignons ici un Tableau des objets d'exportation de cette province, de ceux qu'elle fournit ou peut fournir tous les ans à ses voisins ou à l'étranger, et des sommes qu'ils peuvent produire.

Huile.	400,000	livres.
Fer fabriqué dans vingt-deux Forges du Conflent et du Vallespir.	300,000	
Laine, la plus belle et la plus fine du Royaume. . .	700,000	
Miel, le plus beau et le meilleur de la France. . . .	20,000	
Soude.	60,000	
Bois de châtaignier et de chêne, destiné à la fabrication de tonneaux et de cerceaux.	120,000	
Bled.	260,000	
Haricots et autres menus grains.	300,000	
Légumes herbacés.	200,000	
Vins de différentes qualités.	1,200,000	
Bas de laine.	200,000	
Total.	3,760,000	livres.

Ce sont là les objets du commerce actuel de cette province; il ne faut que faciliter leur exportation; lorsqu'elle a lieu, l'aisance devient générale; la gêne succède au moindre obstacle; on l'a éprouvé pendant les dernières guerres; le Roussillon se ressent encore de ceux qu'elle a apportés au commerce maritime.

Le Gouvernement devroit encore encourager l'éducation des vers à soie, et la filature de la soie; cette province est celle de tout le Royaume qui y est la plus propre, par la chaleur du climat et la quantité de mûriers dont elle est couverte. On avoit commencé à s'y livrer; mais des entraves particulières ont détruit l'émulation, et ont fait tomber cette branche de commerce.

Enfin, le voisinage de l'Espagne donne à cette province la facilité de faire le commerce des piastres et pistoles d'or, dont le produit est inconnu, mais ne peut être que considérable; la seule ville du Mont-Louis en fait entrer tous les ans dans le Royaume pour neuf ou dix millions.

Le *Genêt* pourroit fournir un nouvel objet de commerce à la province de Roussillon; cet arbuste y croît abondamment dans certains cantons, et il n'y sert qu'à nourrir les chèvres quand il est verd, et à chauffer les fours, quand il est sec. On pourroit tirer de cet arbuste un fil très-fort, qui serviroit à faire de la toile, des vêtemens et des cordages; la manipulation nécessaire pour y parvenir, n'est ni difficile, ni dispendieuse. Cet objet a été toujours négligé en France; mais on s'en occupe depuis long-tems avec le plus grand succès en Toscane; le *Genêt* y servoit déjà dans le seizième siècle à faire de la toile à sac, suivant le témoignage de *Castor Durante*, et de nos jours, il y a à *Bagno-à-acqua*, plusieurs Fabriques de toiles et de cordages faits avec l'écorce des jeunes branches de cet arbuste; les toiles y servent à faire des draps et des serviettes, et on les teint en différentes couleurs pour en faire des vêtemens. La préparation nécessaire pour convertir ces écorces en étoupe, et ensuite en fil, a été décrite par M. *Pingeron* dans le *Journal Encyclopédique, année* 1781, *tome I, p.* 125.

Les Monnoies, Poids et Mesures ont un rapport trop direct avec le Commerce, pour ne pas en parler ici.

MONNOIES. La Monnoie courante en Roussillon est la même que celle du reste de la France; on y voit aussi assez fréquemment la Monnoie d'Espagne, sur-tout sur les montagnes du Vallespir et de la Cerdagne; elle y a même presque autant de cours que la Monnoie de France. Mais on connoît en Roussillon plusieurs Monnoies fictives, qui servent dans les achats, marchés, baux à ferme, etc.

1°. La *Dabla*, qui vaut 11 livres; elle n'est guère plus en usage aujourd'hui qu'à l'Université de Perpignan, où elle sert à fixer la portion qui revient aux Membres de cette Compagnie sur les émolumens des degrés.

2°. La *Livre de Perpignan*, qui vaut 2 livres de notre Monnoie; elle sert encore dans les enchères et baux à ferme de l'Hôtel-de-Ville de Perpignan; elle étoit employée, même au commencement de ce siècle, dans toute la province, et encore aujourd'hui la seule dénomination de *livres* dans les actes, seroit censée indiquer la *Livre de Perpignan*, si on n'avoit soin d'y ajouter ces mots, *Monnoie de France.*

3°. Le *Réal*, ancienne monnoie effective, battue autrefois par l'Hôtel-de-Ville de Perpignan; elle vaut six sols huit deniers, et le *Demi-Réal*, trois sols quatre deniers. Cette manière de compter est très-commune dans toute la province; on conclut beaucoup de marchés par le nombre des *Réaux*, et on les exprime souvent dans les contrats.

4°. Le *Denier*, qui a différentes valeurs dans les diverses parties de la province; dans le Comté de Roussillon, il est appelé *Tolsa*, et vaut un denier comme en France; mais, en Vallespir, en Conflent et en Cerdagne, il vaut deux deniers, et le denier simple y est appelé *Maille.*

5°. Les *Pallofas* de la Communauté de l'Eglise de S. Jean de Perpignan; nous en avons déja parlé.

Poids. On pèse, en Roussillon, la viande, le poisson, le bois, le charbon, presque tous les fruits, presque tous les légumes herbacés. La *livre* du Commerce est de douze onces, celle de viande et de poisson, appelée *livre carnacière*, de quarante-deux onces; on divise celle-ci en trois *tierces*, de quatorze onces chacune. Le gros poids est le *quintal*, qui comprend cent-quatre livres de douze onces; il est divisé en quatre *robas* de vingt-six livres chacune. L'*once du Commerce* est de huit gros; mais l'*once médicinale*, en usage chez tous les Apothicaires de cette province, est de neuf gros, dont chacun est divisé en trois *scrupules*, de soixante grains.

Mesures. On reconnoît en Roussillon des mesures particulières pour le vin, le lait, l'huile, les légumes en grains, les châtaignes, le bled, le seigle, l'orge, l'avoine, le millet, la chaux, le plâtre, etc.

On évalue la quantité de bled par *charges*, composées de dix *mesures*, chacune de trente-cinq à trente-six livres de douze onces; on se sert de la même *mesure* pour les autres petits grains, les châtaignes et les légumes en grain. Cette *mesure* est divisée en *picotins*, qu'on distingue en *picotins de douze* et en *picotins de vingt*; la *mesure* en contient douze des premiers et vingt des derniers; ces *picotins* servent principalement pour la vente en détail des châtaignes et des légumes en grain.

L'huile se vend encore par *charges*, composées de huit *dorchs*, du poids d'environ quarante livres chacun, divisés en soixante *petites*; cette dernière mesure, sous-divisée en plusieurs autres plus petites, ne sert qu'à la vente de l'huile en détail.

Le vin se vend aussi par charges, composées de huit *mitjeras*, contenant chacune huit *pots*, et chaque *pot* soixante-quatre onces de liqueur ou deux pintes de Paris; mais on mesure souvent avec le *pot*; on n'en compte alors que soixante, parce qu'on laisse tomber un peu de liqueur lorsque la mesure est remplie. Les mesures, pour le détail, sont le *pot* de soixante-quatre onces, le *demi-pot* de trente-deux onces, la *chopine* de seize, et le *mesuret* de huit. Ces dernières mesures servent aussi pour la vente du lait et du vinaigre.

On mesure les soieries à l'*Aune de Montpellier*, qu'on a adoptée depuis quelque tems, et les draperies, toiles, mousselines, rubans et autres marchandises, à la *canne*; celle-ci équivaut à soixante-douze pouces pied-de-Roi, et est divisée en huit *pams*, de neuf pouces chacun.

On mesure les terres par *ayminattes* dans la plaine de Roussillon et le bas Vallespir, et par *jornal* dans le Conflent, la Cerdagne et le haut Vallespir; l'*ayminatte* est de mille six cents cannes carrées, et le *jornal* de six cents.

ARTICLE IV.

Navigation.

Le commerce de la province du Roussillon se faisoit autrefois par mer; elle avoit des navires et des matelots; elle avoit même armé des galères pour la défense de ses côtes, et pour les délivrer des pirates qui les infestoient. Mais les malheurs des guerres ont fait cesser ce commerce, et sa cessation a entraîné la destruction de la marine. Depuis cette époque, le Roussillon a négligé absolument le commerce maritime; il n'a ni vaisseaux, ni matelots; tous ses bâtimens se réduisent à de simples barques de pêcheurs, et les courses sur mer, à des pêches qui ne conduisent pas au-delà de deux ou trois lieues des côtes. Il y a lieu de présumer que le rétablissement du Port-Vendres, et l'exemple des Nations qui y aborderont, feront renaître l'émulation, formeront des matelots, et détermineront les habitans des côtes à s'instruire dans la Nautiqne, à armer des navires, et à faire sur mer des courses plus ou moins longues.

CHAPITRE HUITIÈME.

Mœurs, Usages, Cérémonies et Costumes de la province du Roussillon.

LA constitution physique des peuples, l'espèce des lois auxquelles ils sont soumis, les révolutions qu'ils ont éprouvées, l'état civil et politique des pays qu'ils habitent, la nature du climat, influent toujours sur leurs mœurs et leur caractère. Les habitans du Roussillon ont la fibre sèche et tendue, facile par conséquent à émouvoir; la chaleur du climat, la vivacité de l'air, la nature des alimens, la rendent encore plus susceptible. Ils ont été nourris pendant long-tems dans le métier des armes; ils ont appris à aimer la gloire; ils rappellent avec plaisir celle que leurs ancêtres ont acquise, et ils brûlent d'y succéder. Ils ont partagé autrefois avec le Souverain la puissance législative, et concouru avec lui à la rédaction de leur Code national; ils en ont conservé un esprit républicain, qui ne diminue point leur amour pour leurs Maîtres. De là dérivent la vivacité de leur caractère, le noble orgueil qui accompagne leurs actions, l'humeur guerrière qui les anime, et un attachement inébranlable à leurs privilèges.

Les Roussillonnois sont vifs, mais francs, incapables de détours; leur franchise tient même de la dureté dans la partie du peuple où elle n'a pas été adoucie par l'éducation. Ils sont attachés à la Religion de leurs pères et à leurs anciens usages, sensibles au point d'honneur, bons soldats, et dévoués à leurs Souverains. Ils aiment le plaisir et la bonne chère; naturellement obligeans, ils cherchent à se rendre utiles, pourvu qu'on leur laisse la gloire de le faire de leur propre mouvement; leur imagination est vive, et prend dans un instant les impressions des objets qui la frappent. Prompts à concevoir un projet, ils l'exécutent sur le champ si rien ne les arrête; mais si quelque obstacle en retarde l'exécution, ils y mettent ensuite beaucoup de lenteur; fermes dans leurs principes, et persuadés qu'ils valent quelque chose, ils tiennent à leur façon de penser, à moins qu'on ne les convainque par de bonnes raisons. Prêts à tout sacrifier, lorsqu'ils y sont conviés de bonne grace; ils se révoltent contre l'idée qu'on veut leur imposer des lois. Enfin, ils aiment à être flattés, et sont aussi faciles à être menés ou réduits par les caresses, que rebutés par l'aigreur et la sévérité.

On leur reproche d'être durs, hauts, entêtés et paresseux; mais on confond la dureté avec la franchise, la hauteur avec l'élévation dans l'ame, l'entêtement avec la fermeté, et la paresse avec le découragement que leur inspire le peu d'espoir qu'ils ont de tirer quelque parti de leur industrie : s'ils étoient naturellement paresseux, leurs campagnes ne seroient point aussi bien cultivées ; ce défaut n'est point celui du peuple : on pourroit tout au plus le reprocher à cette classe, qui, jouissant d'une fortune médiocre, reste dans l'inaction et dans l'insouciance, ou par habitude, ou par peu d'ambition, ou par l'impuis-puissance où elle se croit d'augmenter sa fortune. On leur reproche avec plus de fondement d'être peu endurans ; cela tient à leur extrême sensibilité, et à l'amour-propre, qui est la suite de l'élévation de leur caractère ; sensibles aux injures et aux affronts, de même qu'aux bons procédés, ils se conduisent suivant les traitemens qu'ils reçoivent ; c'est là le propre de tous les peuples nés avec de l'honneur et de la vivacité.

On observe cependant quelques nuances différentes parmi les habitans des diverses contrées de cette province ; ils sont plus francs dans le Roussillon, plus fins et plus rusés dans le Vallespir, plus souples et plus polis dans le Conflent, plus sombres et plus entêtés dans la Cerdagne, le Capsir et la Vallée de Carol. Les femmes paroissent plus timides dans ces trois dernières contrées, que dans le reste de la province.

Pierre de Marca, qui a été long-tems employé en Catalogne et en Roussillon pour le service du Roi, et qui possédoit à un degré supérieur l'art de connoître les hommes, a bien développé le caractère des habitans de cette province ; il l'a dépeint d'une manière frappante ; il écrivoit, le 20 août 1655, au Comte d'Estrades, nommé par le Roi pour y commander les Armées : » le seul moyen qu'il y a de les gagner, consiste à leur té-
» moigner que l'on estime leur courage, leur constance et leur adresse politique (car ils
» se piquent fort de cela) ; à quoi il faut ajouter les caresses et le soulagement du peuple,
» autant qu'il se peut ; ils contribuent à ce qu'ils peuvent, lorsqu'ils y sont conviés de
» bonne grace ; mais ils ne peuvent souffrir ni l'injure personnelle, ni la violence réelle (1). «

Les peuples du Roussillon ont eu de la peine à se défaire des mœurs Espagnoles ; mais il n'en existe plus aujourd'hui aucune trace dans la plus grande partie de cette province. Le Comté de Roussillon, le Conflent et le bas Vallespir ont adopté entièrement les mœurs Françoises ; elles commencent à pénétrer dans le haut Vallespir, qui est la partie où l'on retrouve encore beaucoup d'usages Espagnols ; la Cerdagne et le Capsir ont un mélange de mœurs Françoises et Espagnoles ; la seule ville du Mont-Louis ne présente aucun vestige des dernières.

Ils aiment peu les jeux tranquilles et paisibles ; les plus bruyans sont ceux qui les amusent le plus. On conserve encore, dans le Vallespir, un goût décidé pour les courses de taureaux : elles sont de toutes les fêtes ; les sifflets qui les annoncent, mettent tout le monde en mouvement ; le Laboureur quitte sa charrue et l'Ouvrier sa boutique ; rien ne seroit capable de les retenir. Ils aiment beaucoup les jeux et les exercices militaires ; le son du tambour leur plaît et les anime singulièrement ; on conserve encore à Perpignan un reste des jeux de ce genre ; on se rassemble à certains jours ; on tire au blanc, quelquefois avec l'arbalète, plus souvent avec le fusil, et le vainqueur est promené dans la ville et ramené chez lui en triomphe au son des tambours et de la musique, et au bruit de la mousqueterie. Ils se livroient beaucoup, il n'y a pas long-tems, à l'exercice de la fronde ; ils faisoient entre eux une petite guerre, des marches, des contre-marches, des évolutions, des attaques vraies ou simulées, des embuscades, et lançoient les pierres avec une adresse surprenante ; mais les évènemens fâcheux qui étoient souvent la suite de ces jeux, les ont fait supprimer.

Ils aiment singulièrement la danse, et s'y livrent avec excès. Nous ne parlerons point ici des bals particuliers, qui ne different point de ceux du reste de la France ; nous nous arrêterons seulement aux danses publiques, qui sont les danses nationales de la province ; elles se tiennent dans les places, au son des instrumens du pays, qui sont une

(1) Cette Lettre est entre les mains de la Famille de *Pont*, à Perpignan.

cornemuse, un tambourin, un flageolet, et quatre ou six hautbois catalans. Elles sont de toutes les fêtes, dans les villes, dans les villages, même dans les hameaux; des fêtes de chaque village, de celles de chaque paroisse dans les villes, de celles des Corps de Métiers: elles font partie de toutes les fêtes publiques dans les grands évènemens; elles durent ordinairement trois jours; on danse toute la journée et bien avant dans la nuit. Elles ont lieu encore, pendant la belle saison, dans presque toute la province, tous les jours de fêtes. Le peuple n'est pas le seul qui y danse; on y voit quelquefois des personnes de tout état, même celles de la naissance la plus distinguée; tantôt elles dansent seules; tantôt elles se plaisent à se confondre avec le peuple.

Les danses font partie des fêtes que la ville de Perpignan donne dans les grandes occasions. On entoure alors la place de l'Hôtel-de-Ville d'une enceinte de bois d'environ vingt pieds de haut; on la couvre de décorations destinées à cet objet; on place aux quatre angles extérieurs, quatre fontaines de vin; on met un grand nombre de Musiciens du pays sur un échafaud orné de même que l'enceinte. Vingt-quatre femmes de *Menestrals* ou Artisans, habillées très-proprement à la Catalanne, et un nombre pareil d'hommes de leur état, sont chargés, par les Consuls, de tenir le bal et d'en faire les honneurs; ces quarante-huit personnes ouvrent le bal tous les jours; après quoi, elles y reçoivent tantôt les Dames, tantôt la Bourgeoisie, tantôt les femmes de leur état; il y a aussi des momens pour le peuple; quelquefois tous les états confondus dansent ensemble. Il y a des jours où le bal est masqué, et où personne, à l'exception des quarante-huit, ne peut y être reçu qu'en habit de masque. C'est alors un très-beau coup d'œil; la place décorée, couverte d'une foule prodigieuse portant des costumes aussi variés que multipliés, éclairée d'une grande quantité de flambeaux, les croisées de la place et les balcons de l'Hôtel-de-Ville remplis de personnes de tout état, un mouvement vif, animé, varié et continuel dans le milieu, forment un ensemble qui frappe agréablement les yeux du spectateur.

Les danses du Roussillon sont de différentes espèces. Les bals publics s'ouvrent d'ordinaire par une danse grave et sérieuse, où un certain nombre de femmes à la file se promènent d'un pas mesuré; elles sont conduites par deux hommes, qui leur jettent, dans de certains momens, de l'eau-rose qu'ils portent à la main dans un petit vaisseau de verre à plusieurs petits goulots, orné de rubans; la file cesse de tems en tems, et on forme des ronds. Une autre danse lui succède, où chaque femme a son danseur; elle est très-vive, mais monotone par son uniformité: elle consiste à tourner toujours en cercle, en sautant en cadence, les hommes à reculons, suivis chacun de sa danseuse; on finit par se réunir en rond, et chaque rond se termine par un saut, où le danseur enlève sa danseuse très-haut, quelquefois au dessus de sa tête, et quelquefois l'asseoit sur son épaule. Il y a encore une autre danse, qui est beaucoup plus vive et plus animée; c'est celle de *Segadilles*: ce sont de petits airs ou couplets détachés fort courts, dont la mesure est très-vive; on ne peut la suivre que par beaucoup de vîtesse et de légèreté, et par des mouvemens précipités; à la fin de chaque couplet, on enlève les danseuses par des sauts pareils à ceux dont nous venons de parler.

Les habitans du Roussillon aiment beaucoup les fêtes et les cérémonies des Eglises: il n'y a pas d'endroit en France où on y mette plus de solennité et de majesté. Il se fait à Perpignan un grand nombre de processions, parmi lesquelles celle du jour de la Fête-Dieu mérite d'être distinguée; c'est une des plus belles et des plus majestueuses du Royaume; le détail en seroit trop long; mais nous croyons devoir donner une description de celle qu'on faisoit dans cette ville la nuit du Jeudi-Saint, et qui est supprimée depuis dix ans; il nous paroît même important, eu égard à sa suppression, d'en conserver le souvenir à la postérité (Planche XXVII).

La Procession sortoit de l'Eglise de S. Jacques à dix heures du soir, parcouroit toute la ville, entroit dans plusieurs Eglises, qui sont toutes très-illuminées ce jour-là dans tout le Roussillon, et rentroit à quatre heures du matin. Elle étoit ouverte par deux Trompettes, et un Porte-sonnette, habillés de rouge, deux Bannières noires où étoient peints les instrumens de la Passion, portées par deux Pénitens noirs, et un grand nombre de ces Pénitens avec des cierges de cire rouge; on portoit à la suite une grande Croix, à laquelle étoient attachés les instrumens de la Passion. Venoit ensuite un Etendard noir, porté par des *Regidors*. On connoît sous ce nom les personnes extraites au sort des différens états de la Ville pour diriger cette Procession et la Confrérie des Pénitens noirs pendant le cours de l'année. La Procession étoit composée ensuite d'un nombre indéfini d'hommes en habits ordinaires, et de Pénitens noirs, portant des flambeaux de cire blanche, rangés deux à deux, les premiers d'abord, et ensuite les derniers, ceux-ci faisant porter la queue de leur robe par un domestique : les Pénitens des différens états, et leurs porte-flambeaux en habits ordinaires, étoient séparés et distingués par leurs *Mystères;* on donnoit ce nom à la représentation de divers objets relatifs à la Passion de J. C., de grandeur naturelle, qu'on portoit sur des brancards très-décorés, et posés sur les épaules de quatre Pénitens : le premier étoit le Jardin des Olives; il appartenoit aux Jardiniers: le second, la Flagellation; c'étoit celui des Menuisiers : le troisième, le Couronnement d'épines; il appartenoit aux Procureurs : le quatrième, l'*Ecce homo;* c'étoit le mystère de la Noblesse, et celui qui étoit toujours précédé d'un plus grand nombre de flambeaux. Après celui-ci venoit le *Porte-Croix;* c'étoit la représentation de J. C. conduit au Calvaire. Il étoit précédé d'un grand nombre d'Ecclésiastiques en soutane, manteau long et bonnet carré, portant chacun un flambeau de cire blanche, au milieu desquels étoit placé un chœur de Musiciens. Venoit ensuite une Compagnie de cinquante Soldats vêtus à la Romaine, commandés par un Centenier, portant un drapeau de l'ancienne Rome; au milieu de cette Compagnie marchoit une personne représentant J. C., vêtu de violet, portant sur l'épaule gauche une croix énorme soutenue par derrière par Simon le Cyrénéen; elle étoit précédée de trois filles de Jérusalem, vêtues de noir, dont une représentoit la Véronique, et portoit un linge blanc, où étoit empreinte la sainte face, qu'on élevoit de tems en tems pour la faire voir au peuple, après avoir essuyé le visage de J. C.; ce qui faisoit chaque fois une cérémonie fort longue, et que tout le monde vouloit voir. Venoit après, S. Jean, une palme à la main, accompagné de la Sainte Vierge et de la Magdeleine, vêtues de noir. Le Porte-Croix étoit suivi d'autres Pénitens noirs, à la suite desquels on portoit J. C. étendu sur la croix, sur un brancard tendu et couvert de velours noir; enfin, la Procession étoit terminée par le Clergé de l'Eglise de S. Jacques, portant des cierges de cire rouge. On y comptoit ordinairement quatre mille flambeaux.

On voyoit encore à cette Procession des personnages singuliers, introduits d'abord par un esprit de pénitence, imités ensuite par l'habitude d'en voir et par l'exemple, quelquefois par partie de plaisir. C'étoit des *Saint-Jérômes*, des *Damejannes*, des *Traineurs de chaînes*, des *Barres de fer* et des *Flagellans;* ils étoient entremêlés dans la Procession à des distances indéterminées les uns des autres.

Les *Saint-Jérômes* et les *Traineurs de chaines* étoient habillés en Pénitens noirs, mais la capuche rabattue; les premiers portoient d'une main un plat de cendres, et l'indiquoient avec le doigt indice de l'autre main; les derniers s'accoloient toujours deux à deux, et traînoient une chaîne de fer fort longue, fort grosse et très-pesante.

Les *Damejannes* avoient un casque, une cuirasse et une culotte, le tout d'une pièce, faites de spart; ils portoient à la main une tête de mort; c'étoient les figures les plus grotesques et les plus risibles; la roideur et les piquans de leur habit les obligeoit à écarter leurs cuisses, et les faisoit marcher en dandinant.

Les *Barres de fer* tenoient les bras étendus en croix, maillottés avec des bandes de spart sur une barre de fer; ils restoient quelquefois six heures dans cette pénible situation; on ne pouvoit les voir sans peine dans cet état souffrant.

Les *Flagellans* étoient habillés de blanc; ils portoient une grande capuche de cinq pieds de haut, terminée en pain de sucre, qui laissoit tomber sur le visage un linge percé de deux trous, un corset, un jupon court et bouffant, ce dernier quelquefois à trois rangs de falbalas, et quelquefois l'un et l'autre bordés de rubans noirs, et des souliers blancs; ce corset avoit sur le dos une très-large ouverture, où la peau paroissoit à nu; c'est sur cette partie qu'ils frappoient avec une grande et épaisse discipline de fil, armée de petites étoiles d'argent; le sang couloit, et c'étoit un titre d'honneur que d'en avoir beaucoup sur les falbalas. On jouoit souvent ce rôle par partie de plaisir, pour faire la cour à une maîtresse; on mettoit une grace particulière à se frapper, et on redoubloit, lorsqu'on se trouvoit devant des femmes auxquelles on vouloit faire une galanterie; les femmes étoient flattées; le peuple les applaudissoit; les étrangers les regardoient avec surprise, le grand nombre avec plaisir; les gens sensés en gémissoient, mais ils couroient pour les voir, tant est fort l'empire qu'ont sur nous l'habitude et l'attachement aux anciens usages.

Il n'y a point de ville en France, dans laquelle on s'attache autant qu'à Perpignan, à décorer et à illuminer les Eglises. Les jours de grandes fêtes on les orne de deux rangs de tapisseries, l'une de damas à bandes de deux couleurs, l'autre de haute-lisse; celles de la Cathédrale méritent d'être remarquées par leur antiquité, la délicatesse du travail et la vivacité des couleurs; elles représentent l'histoire de la Passion de J. C.; les situations y sont naturelles, les figures bien dessinées, les têtes expressives; elles feroient honneur à notre siècle. On décore encore les autels; on les orne de tapis et de ciels de damas ou de velours; on couvre leurs gradins d'une grande quantité de chandeliers d'argent et de cierges; on place au devant et à de certaines distances, six, huit ou dix cordons, qui soutiennent chacun quatre ou cinq lustres les uns sur les autres, de sorte que l'illumination remplit toute la largeur du Sanctuaire, et s'élève presque jusqu'à la voûte. Dans quelques Eglises, comme dans celle de la Réal, pendant l'Octave de l'*Assomption* de la Vierge, et dans celle des Cordeliers, pendant l'Octave de S. Antoine, on fait des illuminations colorées, graduées, placées en amphithéâtre, qui, par la combinaison de leurs différentes couleurs, forment des dessins très-agréables: les décorations de la Cathédrale l'emportent sur toutes les autres; celle du Jeudi-Saint est aussi imposante que majestueuse; celle du jour de la Fête-Dieu est très-riante, et inspire un sentiment de plaisir et d'alégresse; la forme de cette Eglise, qui est très-vaste, qui n'a qu'une nef, et dont le chœur est placé au milieu, isolé et bas, prête beaucoup à ces décorations.

Le jour du Jeudi-Saint, on élève, au bas de l'Eglise, contre la grande porte d'entrée, un temple de bois, à trois nefs, soutenues par des colonnes; il est grand et majestueux, et occupe toute la largeur et presque la hauteur de l'Eglise; on y monte par vingt-quatre marches, qui en tiennent toute la largeur, et le long desquelles règne de chaque côté une balustrade; ce temple est peint et doré; le sol des trois nefs et les marches qui y conduisent, sont couvertes de beaux et grands tapis; la nef du milieu contient un tabernacle d'argent doré, dans lequel on enferme le corps de J. C.; les nefs, les marches et les balustrades de ce temple sont couvertes de cierges. Les jours de l'Eglise sont fermés; les Chapelles sont cachées par les tapisseries. On place tout autour de l'Eglise, à la hauteur d'environ sept pieds, une corniche dorée, qui supporte des cierges du poids de cinq livres, placés à trois pieds de distance l'un de l'autre; on en met de même autour et au dessus de l'enceinte du chœur; on y compte ordinairement quatre mille cierges. Un chœur de Musiciens placé dans les nefs du temple, chante de tems en tems des motets, et ces chants sont suivis d'un silence profond. Cela dure depuis le jeudi à midi jusqu'au lendemain à la même heure. On ne peut entrer alors dans cette Eglise sans être saisi d'un sentiment de respect et de recueillement.

La décoration du jour de la Fête-Dieu est dans un autre genre. Les fenêtres sont ouvertes, et le grand jour entre dans l'Eglise; le Maître-Autel, où le superbe Ostensoire est exposé, est couvert de cierges et illuminé par les cordons de lustres dont nous avons parlé. La même corniche dorée est placée autour de l'Eglise ; elle supporte de gros cierges à cinq pieds l'un de l'autre ; du bas de chaque cierge, où est placé un bouquet de fleurs de la saison, part une guirlande des mêmes fleurs, qui va se joindre à une autre guirlande pareille, venant du cierge voisin ; ces deux guirlandes, en se réunissant, forment un grand bouquet. La même décoration règne sur le pourtour de l'enceinte du chœur. L'Eglise est jonchée de fleurs.

Il y a des Eglises où l'on exécute des décorations vraiment théâtrales. On a vu, le jour du Jeudi-Saint, dans celle de l'Hôpital général, la représentation du mauvais riche de l'Evangile ; dans l'Eglise des Religieuses Clairistes, celle de la résurrection du Lazare, qui se levoit et sortoit de son tombeau, chaque fois que J. C. s'approchoit et lui donnoit sa bénédiction ; dans celle du Temple, la représentation de la Cène ; on y voit J. C. à table avec ses Apôtres ; la table, qui est en fer-à-cheval, est couverte de toutes sortes de mets. On a vu encore, pendant l'Octave des Morts, dans l'Eglise des Minimes, la représentation du Purgatoire ; les ames étoient dans les flammes, et tendoient leurs bras vers la Sainte Vierge, qui descendoit pour les délivrer.

Nous terminerons cet article par une indication succincte des costumes du Roussillon ; nous avons déjà fait connoître la forme particulière des habits du Clergé de cette province et de ceux des Consuls de Perpignan ; nous indiquerons dans le Chapitre suivant ceux de l'Université. Nous nous bornerons ici au costume national du peuple ; celui des personnes plus élevées ne diffère point de celui du reste de la France.

On distingue, pour les femmes, l'habit à la *Menestrale* de l'habit à la *Catalanne ;* la forme en est à peu près la même ; ils ne diffèrent presque que par le degré d'élégance. Le premier est celui des femmes des Artisans, et assez communément des bonnes Bourgeoises et des bonnes Fermières des campagnes ; le dernier est celui des Paysannes. Elles ont toutes un capuchon noir, de serge ou d'étoffe de soie ; les premières le portent toujours sur la tête ; les dernières le plient le plus souvent, et le tiennent sur le bras. La description de la forme de leurs habits est assez difficile et longue ; on la verra plus aisément dans les figures que nous avons fait graver (PLANCHE XXX, *fig.* 7, 8.).

Le costume des femmes du Capsir et de la Cerdagne est différent de celui du reste de la province. Elles couvrent leur tête d'un filet ou réseau de fil ou de soie de couleur, ou bien d'une simple mousseline, qui n'en recouvre que la moitié, et laisse à découvert les cheveux du devant ; elles portent par-dessus un capuchon, rond par-devant, pointu par-derrière, et tombant jusqu'à la ceinture ; il est blanc, de laine pour le peuple, d'une laine plus fine ou de mousseline pour les femmes riches. Elles ont au col une fraise de mousseline ou de dentelles ; leur habit est une espèce de corset, juste au corps vers la taille, mais qui s'élargit vers la partie supérieure de la poitrine, et y laisse un vide considérable ; il est contenu dans cet écartement par une espèce de busquière triangulaire, garnie de baleines de fer, couverte de belles étoffes, mais très-bigarrées, et maintenue par des lacets, rubans ou cordons de différentes couleurs. Leurs jupons sont exactement ronds, à petits plis renversés à la ceinture, et bordés en-bas par des rubans de fil ou de soie de différentes couleurs, ou des galons ou dentelles en or ou en argent. Les femmes du peuple portent des bas rouges ou verts, et des espardègnes ou souliers de corde, ou bien des souliers dont le cuir est tailladé en plusieurs sens, de manière à former un dessin.

L'habit des paysans consiste en un gilet croisé rouge, bleu ou de quelque autre couleur, sur lequel ils portent une veste ou une camisole de drap brun ; ils ceignent le bas de leur ventre avec une bande très-large de serge bleue ou rouge, qui fait plusieurs tours ; ils portent sur la tête un bonnet de laine rouge, quelquefois le chapeau par-dessus, et, à la place des bas, des pièces carrées de toile, dont ils entourent leurs jambes et qu'ils attachent avec des cordons (PLANCHE XXX, *fig.* 6.). Ceux du Roussillon et du bas Vallespir portent des souliers, et ceux du haut Vallespir, du Conflent et de la Cerdagne, des

PROCESSION

de la nuit du Jeudi Saint à Perpignan.

1. Peuple qui crie Senyor Deu misericordia.
2. Trompette.
3. Porte [illegible], habillé de rouge.
4. Pénitens noirs et Bannieres.
5. Paysans, avec Flambeaux de Cire blanche.
6. Etendart noir.

7.7. Pénitens noirs, avec des Cierges rouges.
8.8.8. Régidors.
9. Croix de la Passion.
10 [illegible] 10. Guidons portés par des Enfans.
11. Pénitens noirs sans Capuche.
12.12. Dame Jeanne.

13. Mistère du Jardin des Olives.
14. Porte-Plat de Cendres.
15. Mistère de la Flagellation.
16.16. Pénitens noirs, avec Capuche.
17.17. Flagellans habillés de blanc.
18. Mistère du Couronnement.

19. Mistère de l'Ecce Homo.
20. Traineurs de Chaines.
21 21. Barres de Fer.
22. Ecclésiastiques en Soutanne et Manteau-long, à la tête du Mistère appellé Porte-Croix.

23. Centurion.
24. Soldats Romains.
25. Trois Filles de Jerusalem représentant la Véronique.
26. Jesus portant sa Croix.
27. Simon le Cyrénéen.

28. S.t Jean l'Evangeliste au milieu de la mere de Dieu et de Madeleine.
29. Mistère du Crucifiment.
30. Clergé de l'Eglise de S.t Jacques.

[illegible]

VUE INTÉRIEURE DE LA GRANDE SALE DE L'UNIVERSITÉ DE PERPIGNAN

avec le Recteur et les Doyens des quatre Facultés en Habit de Cérémonie.

VUE EXTÉRIEURE DE L'HOTEL DE VILLE DE PERPIGNAN,

et des Consuls de cette Ville en marche et en habit de cérémonie.

COSTUMES

de la Province de Roussillon.

des souliers de corde. Les paysans riches des montagnes ont un *Gambeto* brun, dont nous avons donné la description en parlant des Miquelets.

Les voituriers de la Cerdagne et d'une partie du Conflent, ont un habit joli et leste; il consiste en un bonnet de laine sur la tête, renversé sur l'oreille, un gilet rouge, une petite veste bleue fort courte, à petites poches, croisée par derrière, garnie de petits boutons de cuivre jaune, une culotte ronde sans jarretières, un petit jupon fort court et très-plissé, à peu près dans la forme de ceux des Coureurs, une ceinture de cuir, de laquelle pend une bourse aussi de cuir, qui se ferme avec des cordons terminés en gland, appelée *Escarcella*, semblable à celle que porte le Recteur de l'Université de Paris, des bas, et des souliers de corde très-légers et très-découverts sur le pied; ceux-ci sont maintenus par des rubans bleus ou rouges, qui, après avoir formé quelques dessins sur le pied, vont faire plusieurs tours et se croiser plusieurs fois sur les jambes, où ils sont noués en forme de petite cocarde (PLANCHE XXX, *fig.* 9).

CHAPITRE NEUVIÈME.

HISTOIRE LITTÉRAIRE ET GRANDS-HOMMES DU ROUSSILLON.

ARTICLE PREMIER.

Histoire littéraire du Roussillon.

LE Roussillon a subi le sort de tous les pays qui ont été ravagés par les Barbares. Les sciences et les arts y ont été négligés, ou au moins n'y ont laissé aucune trace qui soit venue jusqu'à nous. Les historiens Espagnols assurent cependant qu'il y a eu autrefois des Académies et des Ecoles publiques, où on enseignoit la Musique, la Géométrie et la Philosophie; mais leur témoignage ne présente rien de positif; on n'y connoît même aucun vestige d'écoles publiques ni particulières dans les premiers siècles après la renaissance des Lettres. Ce ne fut que dans le treizième siècle de l'ère chrétienne, après que Perpignan fut devenu une ville considérable, qu'on commença à y enseiguer les sciences; cette ville eut alors des Ecoles de Théologie, de Droit canonique et de Philosophie; les Consuls les firent quelquefois enseigner; ils payèrent souvent les salaires des Maîtres; ils encouragèrent par des exemptions ceux qui voulurent y concourir. Les Monastères fondés à Perpignan eurent aussi leurs écoles particulières, qui devinrent insensiblement communes à tous les habitans. L'Evêque d'Elne voulut y concourir à son tour; il accorda, en 1215, le droit de présence et de perception des fruits de leurs Bénéfices aux Chanoines, Curés et Bénéficiers qui suivroient ces Ecoles. Mais ces établissemens n'avoient rien de stable; ils n'étoient presque soutenus que par l'émulation des Professeurs et des Etudians; l'interruption fréquente des leçons, quelquefois leur cessation, le fréquent changement des Maîtres, leur petit nombre, souvent leur défaut, leur indépendance, étoient la source de beaucoup d'inconvéniens.

C'est ce qui fit souhaiter aux Consuls de Perpignan d'établir dans cette ville des Ecoles qui ne fussent ni ecclésiastiques, ni monastiques, qui en eussent les avantages sans en avoir les inconvéniens, et qui fussent plus utiles aux Citoyens pour lesquelles elles seroient destinées. Ils crurent ne pouvoir réussir, qu'en les réunissant en un seul Corps, dans la même enceinte, sous un même Chef, et sous des lois particulières. Ils sollicitèrent auprès de Pierre III, Roi d'Aragon, l'érection d'une Université. Ce Monarque, qui venoit de réunir le Roussillon à sa Couronne, saisit cette occasion de donner une preuve de son amour pour ses nouveaux Sujets; par Lettres-Patentes du 15 des kalendes d'avril 1349, dans lesquelles il parle de Perpignan comme d'une ville qui lui étoit chère par la fertilité du pays et par l'érudition des Savans qu'elle avoit produits, il fonda dans cette ville une Université, composée des quatre Facultés. Le Pape Clément VI joignit son autorité à celle du Souverain ; il confirma l'érection de cette Université par sa Bulle du 4 des kalendes de décembre de la même année, et permit d'y enseigner toutes les Sciences, à l'exception de la Théologie ; mais Nicolas I, un de ses successeurs, permit d'y ouvrir les Ecoles de cette Faculté, par sa Bulle du 22 des kalendes d'août 1447.

Nous ne suivrons point les diverses révolutions que cette Compagnie a éprouvées, les progrès qu'elle fit dès les premiers momens de son érection, son état florissant dans les siècles postérieurs, la célébrité de ses Professeurs, la multitude d'Etudians qui suivoient ses Ecoles, les occasions importantes où elle s'est montrée d'une manière distinguée, le rôle qu'elle a joué dans les évènemens les plus remarquables de la province du Roussillon, les preuves qu'elle a données dans beaucoup de circonstances de son amour pour ses Souverains, son zèle pour les sciences, qui ne lui a pas permis d'interrompre ses exercices, malgré les horreurs des différens siéges que la ville de Perpignan a soutenus. Nous passerons tout de suite à sa décadence, occasionnée par une foule de circonstances fâcheuses, qui ont été la suite inévitable des guerres dont le Roussillon a été le théâtre.

La ruine des bâtimens, la perte des revenus, la dispersion des Ecoliers avoient jeté tous les Ordres de l'Université dans un état de langueur, peu propre à entretenir l'émulation nécessaire aux progrès des sciences. Ses Ecoles dispersées, trouvoient à peine un asyle à l'Hôtel-de-Ville et dans quelques Monastères ; ses Professeurs, n'ayant pour toute récompense que la gloire d'être utiles, étoient réduits à cet état d'indigence qui refroidit le zèle, décourage l'esprit et détruit l'émulation ; les leçons, souvent interrompues, ne fournissoient qu'une instruction imparfaite. Tel étoit l'état de dépérissement d'une Compagnie autrefois célèbre, et qui touchoit au moment de sa décadence totale, lorsqu'elle reçut, en 1723, de Louis le Bien-Aimé une preuve de son amour pour ses peuples : les bienfaits de ce Prince parurent la ranimer ; mais ils étoient encore trop bornés pour lui rendre son ancienne splendeur.

Il étoit réservé à un Seigneur, dont le nom chéri depuis long-tems dans la province du Roussillon, et gravé dans les cœurs des habitans, se transmettra jusqu'à leur postérité la plus reculée, de ranimer cette Compagnie languissante, et de lui donner une consistance à l'abri des injures des tems. M. *le Maréchal de Noailles*, qui, en succédant à ses ancêtres dans le Gouvernement du Roussillon, a succédé aux droits qu'ils avoient acquis sur l'amour des peuples de cette province, a accueilli et porté aux pieds du Trône les vœux de l'Université ; il a été secondé par M. *le Maréchal de Mailly*, Commandant de cette province, également occupé du bonheur des peuples soumis à ses ordres. Ces deux Seigneurs ont procuré à l'Université les influences salutaires de la bienfaisance de Louis le Bien-Aimé et de son auguste Successeur ; ils lui ont obtenu des dons considérables, des revenus multipliés, des établissemens dans tous les genres, des réglemens sages et étendus, la confirmation de tous ses priviléges. Cette Compagnie leur doit une augmentation de deux Professeurs en Médecine, un Jardin de plantes, un Amphithéâtre et un Cours d'Anatomie, un Cabinet et un Cours de Physique expérimentale, un Cabinet et un Cours d'Histoire naturelle, et une Bibliothèque publique. Elle leur doit encore un bâtiment aussi beau que commode, dont la magnificence répond à la munificence de son restaurateur.

Cette Université est composée des quatre Facultés de Théologie, de Droit, de Médecine et des Arts. Elle admet indistinctement dans son régime les Professeurs et les Docteurs ; mais les premiers ont toujours la préséance, et le plus ancien d'entre eux dans chaque Faculté, en est le Doyen perpétuel. Les assemblées sont composées de trente-six vocaux, neuf de chaque Faculté, élus tous les ans à la fin de l'année.

Elle a un Chancelier, qui est nommé par le Roi, dont les fonctions se réduisent à recevoir le serment du Recteur, et à conférer le degré de Docteur (1). Il siége alors à la droite du Recteur; dans tous les autres cas, il n'a ni préséance, ni même droit de séance dans les assemblées, et il n'a jamais ni aucune jurisdiction sur les Membres et Suppôts de cette Compagnie, ni aucune influence dans la police des Ecoles; il est même obligé de se rendre à l'Université dans les deux seules occasions où il peut y siéger. En cas de mort du Chancelier, le Recteur remplit ses fonctions jusqu'au moment de l'installation de son successeur. Cette place est remplie depuis quelque tems par l'Evêque de Perpignan; mais ce n'est qu'en vertu d'une commission particulière du Roi; elle a été occupée le plus souvent par des Chanoines de la Cathédrale, des Magistrats, même des simples Docteurs ès lois.

L'Université est présidée par un Recteur, qu'elle élit tous les ans, et qui est choisi alternativement parmi les Professeurs des quatre Facultés, et parmi les Docteurs en Théologie, en Droit et en Médecine. On lui donne le titre de *Très-Illustre;* il préside aux assemblées de l'Université et des Facultés, aux disputes des chaires, aux thèses, à tous les autres actes académiques, et y exerce la jurisdiction; il a la police des Ecoles, il confère le degré de Bachelier, il nomme les Vice-Professeurs des Facultés de Théologie, de Droit et des Arts, pendant la vacance des chaires (2). Il a la voix de prépondérance en cas de parité de suffrages dans les assemblées de l'Université et dans les Concours pour les disputes des chaires; il est le premier Juge des contestations entre les Professeurs, les Docteurs, les Ecoliers et autres Suppôts de l'Université, et l'appel de ses jugemens est porté à l'assemblée de trente-six Vocaux, à laquelle il préside; en matière criminelle, il est le premier Juge des crimes commis par toutes personnes, de quelque état et condition qu'elles soient, dans l'enceinte de l'Université, et l'appel de ses jugemens est porté directement au Conseil Souverain du Roussillon. Il a le droit de nommer un Vice-Recteur qui le supplée en cas d'absence ou empêchement, à moins de quoi, tout comme en cas de mort du Recteur, le Doyen de la Faculté dont il est Membre en remplit toutes les fonctions. Il occupe toujours la première place dans tous les actes littéraires, et siége sur un fauteuil, derrière une table couverte d'un tapis aux armes de l'Université, sur laquelle il y a une clochette, comme une marque de jurisdiction. Il ne marche jamais qu'à la tête de sa Compagnie ou des Facultés, ou accompagné des Doyens des quatre Facultés, et précédé des Massiers de l'Université; il étoit précédé autrefois, les jours de cérémonie, de Musiciens et de Trompettes. Son habit est une robe noire et une *Beca;* c'est une bande de satin noir, d'environ huit pouces de large, qu'il passe derriére sa tête, et qui tombe de chaque côté sur le devant jusqu'aux pieds (PLANCHE XXVIII); c'est l'ancien ornement des Régens ou Premiers Présidens des Cours souveraines de la Catalogne et de l'Espagne.

La Faculté de Théologie a quatre Professeurs, dont un enseigne la Théologie positive, et les autres la Théologie scholastique et morale, ou donnent un Commentaire sur les quatre propositions contenues dans la Déclaration du Clergé de France de 1682. L'ancien d'entre eux, et le Professeur de Théologie positive, sont Chanoines de la Cathédrale de Perpignan, en vertu de l'union qui a été faite, en 1760, de deux Canonicats à leurs chaires.

La Faculté de Droit a cinq Professeurs, un pour le Droit Canonique, trois pour le Droit Civil, et un pour le Droit François.

La Faculté de Médecine a six Professeurs, trois pour la Médecine théorique et pratique, un pour la Botanique, un pour la Chimie, et un pour l'Anatomie et la Chirurgie; celui-ci donne tous les ans dans l'Amphithéâtre un Cours d'Anatomie, d'opérations de Chirurgie et d'accouchemens, et a sous lui un Démonstrateur, et ensuite, dans les Ecoles, un Traité de Chirurgie en langue Françoise. Le plus ancien d'entre eux est Proto-Médic

(1) On ne confère dans cette Université, le degré de Licencié dans aucune Faculté.
(2) La Faculté de Médecine nomme ses Vice-Professeurs.

de la province du Roussillon ; en cette qualité, il est le Supérieur immédiat de tous les Chirurgiens et Apothicaires de toute la province, à l'exception de ceux de Perpignan, il leur donne des Lettres de Maîtrise, il reçoit leur serment d'obéissance, il est le Juge des contestations relatives à l'exercice de leur profession, il taxe leurs mémoires, il fait tous les ans la visite des boutiques des Apothicaires et Epiciers de toute la province, même de Perpignan; cette place, qui étoit autrefois à la nomination du Roi, a été réunie, en 1759, à l'ancien des Professeurs en Médecine; elle a rapporté jusqu'à 3,000 livres tous les ans. Les deux places de Médecins de l'Hôpital Militaire de Perpignan, qui rapportent l'une 1,800 livres, et l'autre 800, sont encore réunies à ces Professeurs, et remplies par ceux d'entre eux qu'il plaît au Roi de choisir.

La Faculté des Arts a trois Professeurs, un qui enseigne les Mathématiques, et les autres la Logique, la Physique et la Métaphysique; un de ces derniers donne tous les ans un Cours de Physique expérimentale; l'ancien de ces deux derniers, s'il est Ecclésiastique, et à son défaut, le second est Chanoine de la Collégiale de la Réal, en vertu de l'union qui a été faite en 1760 d'un Canonicat à ces deux Chaires.

Les Professeurs sont tous perpétuels, et sont élus par les Facultés, après un Concours annoncé six mois avant par des affiches répandues dens tout le Royaume; ils sont installés dès le moment de leur élection, sans qu'il soit besoin d'attendre la confirmation du Roi. Ils jouissent de tous les priviléges des habitans de Perpignan; ils sont exempts des Charges municipales, de tutelle, de curatelle, de toutes charges publiques, de corvées, de logement des gens de guerre; ils participent à tous les priviléges de la Noblesse; ils partagent même avec ceux de l'Université de Toulouse la possession réelle et transmissible des droits de Chevalerie, accordée à ces derniers en 1533 par François I, et communiquée à ceux de Perpignan par plusieurs des Souverains de cette province; concession, qui a été confirmée dans la suite par les Rois de France.

Les Docteurs participent au régime de l'Université, ainsi que les Professeurs, mais ils ne marchent et ne siégent qu'après eux; ils ne peuvent jamais être Doyens de leurs Facultés, et ils parviennent plus rarement au Rectorat. Leur habit de cérémonie est la robe noire, sur laquelle ils portent un camail de satin, à petits boutons d'or, et bordé d'une dentelle d'or; le derrière en est noir, et le devant blanc pour la Théologie, cramoisi pour le Droit, jaune pour la Médecine, et violet pour les Arts. Leur bonnet est un bonnet carré sans houppe; il est couvert d'un tissu de fils d'or et de soie de la couleur de chaque Faculté, terminé par une frange de fils d'or et de soie qui tombent autour du bonnet, et surmonté par une espèce de pyramide de six pouces de haut, couverte du même tissu, et ornée de petites houppes d'or et de soie (PLANCHE XXIX).

Cette Université a un bâtiment, beau, vaste et commode, dont nous avons déja donné la description; il a été bâti en 1761 et 1762; la première pierre en fut placée le 27 mai 1760, au nom de Louis XV; cette cérémonie fut faite en présence de tous les Ordres du Clergé, de la Ville et de l'Université, au son des timbales et des trompettes, et au bruit des tambours, des cloches de toutes les Eglises, de l'artillerie de la Ville, du Château et de la Citadelle, et de la mousqueterie de la Garnison qui étoit sous les armes, entremêlé d'acclamations excitées par les mouvemens de la joie la plus vive des habitans de la province, dont l'affluence étoit prodigieuse.

Nous croyons devoir présenter ici un tableau succinct des différens établissemens faits depuis vingt-cinq ans dans cette Université, et qu'elle doit à la bienfaisance du Souverain.

Elle a un *Amphithéâtre d'Anatomie*, où le Professeur et le Démonstrateur d'Anatomie font tous les ans des Cours d'Anatomie, d'opérations de Chirurgie et d'accouchemens; un *Cabinet d'Anatomie*, qui renferme une grande quantité de pièces d'Anatomie préparées; un *Laboratoire de Chimie*, où le Professeur de cette partie fait tous les ans son Cours; un *Cabinet de Physique expérimentale*, qui contient une collection complète de toutes sortes d'instrumens et de machines de physique; deux *Jardins de Plantes*, dont nous avons donné

donné déja la description; une *Bibliothèque publique*, composée d'environ 15,000 volumes, sur toutes les parties des Sciences, des Belles-Lettres et des Arts, et sur l'Art militaire. Il a été pourvu, par des revenus assez considérables, à l'entretien des Jardins et à l'augmentation annuelle de cette Bibliothèque.

Ces deux Jardins des plantes commençoient à former un spectacle intéressant; on y avoit rassemblé en très-grand nombre les plantes des Pyrénées et celles des Alpes; ils auroient pu devenir comme l'entrepôt de tous les Jardins de Botanique du Royaume par la multiplicité riche et variée des productions végétales dont les montagnes voisines sont couvertes; mais, par une fatalité attachée à la plupart des établissemens utiles, ils sont négligés depuis quelque tems; on y a laissé dépérir les plantes les plus précieuses, et à peine y trouve-t-on celles de la plaine du Roussillon; il seroit à desirer que la Faculté de Médecine de Perpignan surveillât avec un peu plus d'attention le Professeur chargé de l'entretien de ces Jardins, et que son zèle ne trouvât point un obstacle décourageant de la part des Supérieurs.

L'Université, pénétrée des bienfaits de *Louis le Bien-Aimé*, a voulu consacrer à perpétuité le témoignage de sa reconnoissance, et ce Monarque en a agréé l'hommage; elle a fait frapper une médaille, qui présente d'un côté le buste de ce Prince, avec ces mots, *Ludovicus XV, Rex Christianissimus*, et de l'autre, la plaine du Roussillon, terminée par les Pyrénées et par la mer, au milieu de laquelle sont une colonne détruite, et une autre colonne élevée, chargée des attributs des Arts et des armes de l'Université, ayant au pied une figure assise et couronnée, appuyée d'une main sur la base de la colonne, et de l'autre sur l'écusson des armes de la ville de Perpignan, avec ces mots, *Regi remuneratori*, et au bas, *Perpinianensis Universitas restaurata*, 1759. Elle a arrêté en même tems qu'elle feroit célébrer tous les ans les fastes du règne de ce Monarque, dans un Discours qui seroit prononcé par son Recteur à la tête de sa Compagnie, et auquel il seroit remis ensuite une pareille médaille en or. Cette cérémonie se fait tous les ans, le 15 février, dans la grande salle de l'Université, après une Messe en musique, à laquelle assistent, en habits de cérémonie, les Chapitres de la Cathédrale et de la Collégiale, les Consuls et le Corps-de-Ville, l'Etat-Major, la Noblesse et la Garnison.

Cette Compagnie a encore deux autres établissemens utiles.

Elle doit le premier à la bienfaisance particulière de M. *le Maréchal de Mailly*. Ce Seigneur, persuadé que l'émulation est le premier mobile des progrès de la jeunesse, et que les distinctions publiques sont les seuls moyens de l'exciter, a fondé huit prix tous les ans, deux pour chaque Faculté; ils sont proclamés et remis publiquement à la fin de l'année littéraire, dans une assemblée générale de l'Université, aux deux Ecoliers qui, au jugement des Professeurs de chaque Faculté, se sont le plus distingués dans le cours de l'année. Ces prix consistent en une médaille d'or pour le premier prix, et d'argent pour le second.

Le second établissement est un Cabinet d'Histoire naturelle, borné aux seules productions de la province; il a été formé, d'après un Décret de l'Université du 8 octobre 1770, par M. *Carrère*, alors Professeur d'Anatomie et de Chirurgie dans cette Université. Ce Cabinet présentoit déjà, trois ans après, un spectacle intéressant; la collection d'environ 2,000 plantes formoit le règne végétal; le règne minéral contenoit une grande quantité de métaux, de pétrifications, de congélations, de cristallisations, de sels, de terres, de pierres, de marbres; le règne animal ne se faisoit pas moins distinguer par la variété et la multiplicité des êtres qu'il renfermoit; cette partie se trouvoit enrichie des productions de la mer, lithophytes, éponges, coralines, coquillages, madrépores, millepores, coraux, outre une grande quantité de poissons de toutes les espèces. Cet établissement, qui paroît être aujourd'hui un peu négligé, auroit pu devenir très-utile, sur-tout dans une province très-riche dans toutes les parties de l'Histoire naturelle; il seroit à desirer qu'on veillât avec plus de soin à son entretien, et qu'on en formât de pareils dans toutes les provinces ; ce seroit le moyen de connoître aisément et dans un instant les productions de chacune d'elles, et de former ensuite un tableau général de l'Histoire naturelle de tout le Royaume.

Perpignan n'a point d'Ecoles pour les Arts ; il y a une Communauté de Chirurgiens et une d'Apothicaires ; mais ce ne sont que des simples Jurandes ; les Elèves en Chirurgie sont reçus seulement dans les Ecoles d'Anatomie et de Chirurgie de la Faculté de Médecine ; les Elèves en Pharmacie trouvent une ressource dans l'établissement qu'on vient de faire d'une Chaire et d'un Cours de Chimie.

On ne peut parvenir à l'étude des Sciences, qu'après avoir pris les premiers élémens de la langue Latine ; l'Université de Perpignan eut, dès son institution, des Ecoles dans ce genre, et des Professeurs pour la Rhétorique, les Humanités et la Grammaire ; elle en fut dépouillée vers le milieu du siècle dernier, par l'usurpation des Jésuites ; elle conserva cependant la prééminence et la jurisdiction dans leurs Ecoles : après la dissolution de ces Religieux, elle est rentrée dans ses droits ; ses Ecoles de Rhétorique et de Grammaire sont sous sa direction, et les Principaux, Professeurs et Régens, à sa nomination. Ces Ecoles sont tenues dans un Collége, connu sous le nom de *Collége Royal de Saint-Laurent,* composé d'un Principal, d'un Sous-Principal, d'un Professeur de Rhétorique, d'un Professeur d'Humanités et de quatre Régens pour la troisième, la quatrième, la cinquième et la sixième. Toutes les villes et plusieurs bourgs de la province ont des Ecoles particulières, où l'on enseigne les élémens de la langue Latine, et dont les Régens sont à la nomination des Officiers municipaux.

La ville de Perpignan a encore des petites Ecoles publiques, destinées à apprendre à lire et à écrire aux enfans du peuple ; on y donne aussi une teinture des premiers élémens de la langue Latine, pour disposer les enfans à être reçus dans les basses classes du Collége. Ces petites Ecoles sont très-multipliées dans la province ; il y en a dans toutes les villes et bourgs, et dans beaucoup de villages.

Il y a, à Perpignan, un autre Collége, appelé de *Pi*, du nom de son fondateur ; mais il n'est point de plein exercice ; ce n'est qu'un Pensionnat sans écoles ; il est dirigé par un Principal et un Sous-Principal ; il y a quatre places franches, qui equivalent à ce qu'on appelle Bourses dans le reste du Royaume ; elles sont à la nomination de M. *le Marquis d'Oms*, comme représentant les héritiers du fondateur.

Nous ne saurions finir ce qui concerne l'éducation publique, sans faire connoître un établissement particulier fait à Perpignan en 1751 ; c'est une *Ecole Militaire*, où douze Gentilshommes de la province reçoivent une instruction gratuite et relative au métier des armes qu'ils se proposent de suivre. Ils y apprennent le Dessin, la Tactique, les Mathématiques, la Danse, le Maniement des armes et l'Equitation ; ils ont dans cette Ecole des Maîtres pour tous ces objets. Nous en avons déjà donné la description.

ARTICLE II.

Hommes illustres du Roussillon.

L'Histoire littéraire de la province du Roussillon doit être suivie d'une Notice des personnages qu'elle a produits et qui se sont distingués dans les Sciences, la Littérature et les Arts ; nous croyons devoir faire connoître en même tems quelques-uns des Guerriers de cette province, dont le courage et les exploits ont transmis le nom à la postérité ; nous rapporterons à cette classe ceux qui ont mérité une distinction particulière par des traits d'héroïsme d'un autre genre.

GUERRIERS.

GUIFRE D'ARRIA, Seigneur Visigoth, dont les ancêtres, établis depuis long-tems en Roussillon, se soutinrent constamment au château d'Arria, en Conflent, dont ils étoient Seigneurs. En partie par leur valeur, en partie par la situation du lieu, favorisée par la Nature, ils résistèrent aux Sarrasins; ils conservèrent leur liberté et leur religion au milieu des horreurs de la guerre et des persécutions de ces barbares. *Guifre* se distingua de bonne heure dans le métier de la guerre; il signala ses premières armes contre les Sarrasins; il se joignit, en 838, à Bernard, Comte de Barcelonne et Duc de Septimanie, pour faire la guerre à Aimon, Gouverneur de la Guienne, qui avoit soulevé cette province en faveur des enfans de Pepin, Roi d'Aquitaine, contre Louis le Débonnaire : il contribua beaucoup à la défaite de ce rebelle et à la réduction de cette province sous l'obéissance de son légitime Souverain. Il marcha l'année suivante en Espagne contre les Sarrasins, et fit le siége de Tortose, qu'il fut cependant obligé de lever malgré ses exploits et la valeur de ses troupes. Il succéda au Comté de Barcelonne en 843, après la mort du Comte Bernard, condamné pour crime de félonie. La préférence que Charles le Chauve lui témoigna dans cette occasion, lui suscita des ennemis; un des plus animés, fut Salomon, Comte ou Gouverneur de la Cerdagne, qui fit naître dans l'esprit de ce Prince des soupçons sur la fidélité de *Guifre;* Charles le Chauve, dont la domination étoit mal affermie dans la Marche d'Espagne, l'attira sous différens prétextes hors du pays qu'il gouvernoit, et le fit arrêter pour être conduit à sa Cour; mais en passant au Puy, *Guifre* fut massacré, sans qu'on ait pu découvrir si ce fut par l'ordre de ce Prince, ou par les émissaires de ses ennemis qui craignoient sa justification. Il est certain cependant que l'Empereur ne lui donna d'autre successeur, que son fils *Guifre le Velu*, qui a été la tige des Comtes de Barcelonne et des Rois d'Aragon, et dont les descendans ont régné dans une grande partie de l'Europe; nous avons déjà donné un tableau de sa généalogie.

GUILLAUME JORDA, naquit de *Guillaume Raimond*, Comte de Cerdagne, et de la Comtesse *Adélaïde*, fille de *Pierre Raimond*, Comte de Beses; il succéda à son père en 1097, en vertu du testament de ce dernier, des nones d'octobre, de la trente-cinquième année du règne de Philippe, Roi de France (1095). Il s'étoit déjà distingué l'année précédente au siége d'Huesca. A peine fut-il tranquille possesseur de ses Etats, que, partageant le pieux délire de ses contemporains, il se joignit à l'armée des Croisés, et passa à la Terre-Sainte en 1097; il n'y resta pas long-tems; mais il y retourna en 1102, après avoir institué son héritier et successeur *Bernard Guillaume*, son frère; il y fit paroître beaucoup de bravoure, se trouva au siége d'Antioche, et s'étant trop exposé à celui du château d'Archas, près de Tripoli, il y fut tué d'un coup de flèche.

GERARD ou GUINARD, naquit à Perpignan de *Gilabert*, Comte de Roussillon, et de la Comtesse *Etiennette*, et succéda à ce Comté à la mort de son père. C'étoit alors le tems des Croisades; *Gerard*, entraîné par le torrent et séduit par l'exemple de ses pareils, passa à la Terre-Sainte vers la fin de l'an 1096, sous les enseignes de *Raimond de Saint-Gilles*, Comte de Toulouse, suivi de plusieurs Seigneurs Roussillonnois, entre autres de *Guillaume de Canet;* il se trouva en 1097 au siége de Nicée, et en 1098 au siége et à la prise d'Antioche; il se distingua sur-tout à la bataille donnée devant cette ville, le 28 juin 1098, où les Croisés remportèrent la victoire sur une armée innombrable, aux ordres de *Corbaghan*, Général du Roi de Perse; *Gerard* commandoit un des corps de l'armée des Croisés : il se trouva ensuite au siége de Jérusalem, se distingua à la prise de cette ville, et fut un des premiers qui y entrèrent à la suite de *Godefroi de Bouillon.* Couvert de gloire, il revint dans ses Etats, où le bruit de ses exploits l'avoit devancé; il succéda alors à son père; mais l'inquiétude enthousiaste, assez ordinaire dans son siècle, et le desir d'acquérir encore de la gloire, lui firent faire un second voyage à la Terre-Sainte, d'où il revint en 1113; il mourut la même année, peu de tems après son retour, et laissa un fils, appelé *Gaufred* ou *Guifre*, qui succéda à ses Etats.

NUNIO SANCHE, fils de *Nunio*, Comte de Roussillon et de Cerdagne, et petit-fils d'Alphonse I, Roi d'Aragon, naquit en Roussillon vers la fin du douzième siècle, et succéda aux Etats de son père. Il se distingua de bonne heure dans la profession des armes; il se trouva, dans un âge encore tendre, à la fameuse bataille de *las Nabas de Tolosa*, gagnée le 17 juillet 1212 contre les Sarrasins par les Rois d'Aragon, de Navarre et de Castille; il y étoit accompagné de plusieurs Seigneurs Roussillonnois, entre autres de *Guillaume d'Oms* et d'*Arnaud de Banyuls*, dont les familles existent encore en Roussillon; *Pierre* le Catholique, Roi d'Aragon, son oncle, témoin de ses exploits, l'arma Chevalier sur le champ de bataille. Il soutint avec succès des guerres particulières, en 1222, contre Guillaume de Moncada, Vicomte de Béarn, et, en 1232, contre Bernard, Comte de Foix; celle-ci fut terminée par un traité de paix fait entre ces deux Princes, le 7 des ides de septembre 1233. Il accompagna, en 1226, Jacques II, Roi d'Aragon, à la conquête de l'île de Majorque, et fut le premier qui descendit dans cette île avec Raimond de Moncada; il s'y signala dans plusieurs combats contre les Infidèles, ainsi qu'au siége et à la prise de la ville de Majorque en 1228; il fit, en 1235, la conquête de l'ile d'Iviça. Il quitta ensuite le monde, embrassa l'état ecclésiastique, fut Chanoine d'Elne en 1238, et mourut en janvier 1241, après avoir légué ses Etats au Roi d'Aragon.

FERDINAND, fils de Jacques I, Roi de Majorque et Comte de Roussillon, étoit né au château de Perpignan, et fut Seigneur de celui du Vernet, près de cette ville, et Duc de Clarence; il se livra de bonne heure à la profession des armes, et fit concevoir les plus grandes espérances. Il se distingua sur-tout en Grèce dans les guerres de la Morée; les Historiens Espagnols racontent ses divers exploits; ils assurent même qu'il fit la conquête de la Morée, et qu'il en fut reconnu le Souverain. Il y mourut en 1300; son corps fut transporté à Perpignan, et enterré dans le Couvent des Dominicains. Il avoit épousé Constance, Duchesse de Clarence, dont il laissa un fils qui fut le dernier Roi de Majorque, sous le nom de Jacques II.

ORTAFFA, famille ancienne et illustre du Roussillon, qui a produit plusieurs grands personnages, parmi lesquelles on distingue, 1. *Bérenger de Perapertusa d'Ortaffa*, Grand-Maître de la Maison de la Reine Yolande d'Aragon dans le treizième siècle; 2. *Gilbert*, qui alla, vers le milieu du quinzième siècle, au secours du fameux Scanderberg, à la tête de 6,000 Espagnols; 3. *Godefroi*, Gouverneur de Minorque; 4. *Bérenger*, Commandeur de l'Ordre de Saint-Jacques; 5. *François*; Gouverneur du château et de la ville de Puycerda; 6. *Bonaventure*, Maréchal des Camps et Armées du Roi, Commandant et Inspecteur-Général des Miquelets, dont le petit-fils est aujourd'hui Mestre de Camp d'Infanterie, et Inspecteur des Gardes-Côtes de la province du Roussillon.

Parmi les grands-hommes de cette Maison, on doit distinguer sur-tout *Pierre*, Gouverneur et Châtelain du château d'Opol en Roussillon, et *Pierre*, son fils, Vice-Gérent du Royaume d'Aragon, Gouverneur et Capitaine-Général des Comtés de Roussillon et de Cerdagne. Ils se signalèrent l'un et l'autre dans les guerres qui précédèrent et suivirent l'engagement de la province du Roussillon, fait à Louis XI par Jean, Roi d'Aragon. Ils allèrent, en 1462, au secours de la Reine Jeanne d'Aragon, et du Prince de Girone son fils, assiégés dans la ville de ce nom par le Comte de Pallas et les Catalans rebelles, et contribuèrent, par leur prudence et leurs exploits, à leur délivrance; le dernier se distingua sur-tout par la vigoureuse défense qu'il fit pendant le siége de Perpignan de 1474 et 1475; il soutint, pendant plus de huit mois, tout l'effort de l'armée Françoise, sans autres troupes que les Habitans, dont le courage seconda la valeur et l'activité de leur Gouverneur, malgré les horreurs de la famine la plus cruelle; aussi, après la reddition de cette place, Louis XI, qui le craignoit et ne l'aimoit point, ne put s'empêcher de l'estimer. Il mourut dans sa patrie, vers la fin du quinzième siècle, couvert de gloire, et jouissant de la considération la plus distinguée.

BLANCA (*Jean*),

BLANCA (*Jean*), Bourgeois de Perpignan, dont on ne connoît qu'un trait d'héroïsme, mais qui honore sa patrie, et qui mérite que son nom soit transmis à la postérité. Il étoit premier Consul de Perpignan pendant le siége de 1475; en cette qualité, il commandoit les Milices renfermées dans la ville pour sa défense, qui en faisoient presque toute la garnison, et gardoit les clefs de la ville. Son fils unique fut pris dans une sortie; les assiégeans crurent l'occasion favorable pour se rendre maîtres d'une ville, devant laquelle ils étoient sur le point de succomber: ils firent menacer *Jean Blanca* d'immoler son fils, s'il ne leur en ouvroit les portes. Mais ce brave citoyen, fidèle à son devoir, répondit que *les liens du sang et l'amour paternel ne l'engageroient jamais à trahir son Dieu, son Roi, sa Patrie; que la vie de son fils lui étoit moins chère que la fidélité qu'il devoit à son Roi, et qu'il fourniroit plutôt les armes propres à assouvir leur cruauté*. Le fils de ce Consul fut en effet poignardé à la tête du camp des assiégeans, aux yeux de son père et du peuple de Perpignan, qui, du haut des remparts, considéroient ce triste spectacle. Les habitans de cette ville, pour consacrer le souvenir de cet évènement, firent placer sur la maison de *Blanca*, une Inscription que nous avons déjà rapportée; elle subsiste encore aujourd'hui sur les murs de l'ancien Jardin de l'Intendance, où étoit autrefois la maison du Consul (1).

MARGARIT, nom d'une famille ancienne et illustre de Catalogne, transplantée en Roussillon, qui étoit déjà distinguée dès le douzième siècle: elle a donné des Cardinaux à l'Eglise Romaine, des Evêques aux Eglises d'Elne, de Perpignan et de Girone, des Capitaines-Généraux à l'Espagne, des Gouverneurs à la Catalogne et à la Sicile, et des Généraux à la Sicile, à l'Espagne et à la France. *Joseph de MARGARIT, Marquis d'Aguilar*, issu de cette famille, et né en 1602, se distingua beaucoup dans le siecle dernier. Il fut un de ceux qui influèrent le plus à la révolution de 1640, où la Catalogne se donna à la France: il soutint, par la force des armes, ce qu'il avoit commencé par la voie de la persuasion; à la tête des troupes de cette Principauté, il résista aux efforts des armées Espagnoles, les contint, assiégea et prit la ville et le château de Constantin, et donna le tems aux troupes Françoises de venir à son secours. Il servit alors pour le Roi de France, qui le nomma Gouverneur de la Catalogne en 1641, et Maréchal de Camp en 1642; en 1644, il leva un Régiment à ses dépens; il battit les Espagnols dans la Vallée d'Aran, fit prisonnier Martin d'Astor, leur Général, et reprit le château de Castel-Leon; il veilla l'année suivante à la sûreté de Barcelone, y découvrit et prévint une conspiration; il contribua, en 1648, à la prise de Tortose; il dégagea, en 1650, cinq Régimens de Cavalerie assiégés dans le village de Mora; il défendit Barcelone pendant quinze mois, en 1651 et 1652, contre l'armée Espagnole, et fut fait Lieutenant-Général des Armées du Roi en 1651. Pendant le cours de cette guerre, il rendit des services signalés à la France, par sa bravoure, son intelligence, sa fermeté, son activité, et par le sacrifice entier de sa fortune; il vendit ses meubles et sa vaisselle, et engagea tous ses biens pour faire subsister les troupes Françoises. En 1685, il fut fait Chevalier des Ordres du Roi; mais la mort le surprit au moment de sa nomination, et ne lui permit point de jouir d'un honneur qu'il méritoit par sa naissance et ses services. Ses descendans existent à Perpignan, et suivent la carrière des armes.

CALVO, autre famille de Catalogne, transplantée en Roussillon, qui a donné le jour à *François de CALVO*, né en 1627; celui-ci s'attacha à la France, à la révolution de 1650; il servit dans différentes occasions, sur-tout en Hongrie, où il alla, en 1664, avec le secours que Louis XIV envoya à l'Empereur; il se distingua en Hollande, en 1672,

(1) Quelques-uns révoquent en doute la vérité de cette anecdote; ils ne se fondent que sur ce qu'on ne trouve rien qui y soit relatif dans les Mémoires de ce tems; mais ces Mémoires se réduisent à un Journal du siége de Perpignan, qu'on conserve dans cette ville, et qui n'est pas complet: cette anecdote peut avoir été rapportée dans la partie qui nous manque. La conséquence qu'on en déduit est donc insuffisante, sur-tout lorsqu'elle est contraire à la tradition constante de trois siècles, au témoignage des Historiens qui ont vécu dans le siècle suivant, et sur-tout au monument destiné à en consacrer la mémoire. Les Annales du Roussillon ne présentent aucun autre évènement auquel cette inscription puisse être rapportée.

sous les yeux de ce Prince, et fut des premiers à passer le Rhin ; ce qui le fit choisir pour être Gouverneur d'Arnheim, et ensuite de Maestricht, après la prise de cette ville en 1673 ; il la défendit pendant plus de deux mois contre toutes les forces des ennemis, commandées par le Prince d'Orange, et parvint à faire lever le siége ; il fut fait alors Lieutenant-Général des Armées du Roi, et obtint une pension de 20,000 livres. Il se trouva, en 1674, à la bataille de Senef, et fut envoyé tout de suite en Catalogne, pour s'y opposer aux efforts des Espagnols ; il y remporta une victoire signalée près du Pont-Major, où, après avoir passé la rivière à la nage, il les défit entièrement, et auroit fait prisonnier le Duc de Bournonville, leur Général, si la nuit n'étoit survenue. Il servit, en 1688, en Flandre, sous le Maréchal d'Humières ; il fut fait Chevalier des Ordres du Roi en 1689, et chargé de défendre, avec un corps de cinq mille hommes, les lignes que les Espagnols et les Hollandois vouloient attaquer avec une armée beaucoup supérieure. Il fut très-estimé de Louis XIV ; » J'ai, disoit ce Monarque, quatre hommes que les ennemis respectent, » MONTAL, CHAMILLY, CALVO et DUFAY «. Couvert de gloire, et comblé d'honneurs et des bienfaits du Roi, il mourut à Deins, le 29 mai 1690, âgé d'environ soixante-trois ans. Cette maison n'existe plus ; elle s'est fondue par les femmes dans celle de *Tort* à Perpignan, qui vient de s'éteindre, et à laquelle a succédé la maison d'*Oms*.

THÉOLOGIENS.

RIMO (*Pierre*), naquit à Perpignan vers le milieu du treizième siècle : il entra dans l'Ordre des Grands-Carmes, et se distingua par ses lumières en Théologie. Il écrivit sur *les Pseaumes*.

TERRENA (*Gui de*), appelé communément GUI DE PERPIGNAN, naquit dans cette ville après le milieu du treizième siècle ; il entra dans l'Ordre des Grands-Carmes, étudia la Théologie dans le lieu de sa naissance, et se perfectionna dans l'Université de Paris, où il reçut les honneurs du Doctorat. Après avoir rempli différentes charges de son Ordre, il en fut élu le treizième Général au Chapitre tenu à Bordeaux en 1318. Il étoit déjà Maître du Sacré Palais. Il fut successivement Evêque de Majorque en 1321, Evêque d'Elne en 1330, appelé en 1351 auprès du Pape Benoit XII, pour être du Conseil secret de ce Souverain Pontife, nommé ensuite par Clément VI, son successeur, Patriarche de Jérusalem et Evêque de Vaison. Il mourut à Avignon, le 5 juin 1353, et fut enterré dans la Chapelle de Sainte Anne de l'Eglise de son Ordre, où on lui érigea un mausolée, sur lequel on plaça son portrait et une épitaphe très-honorable.

Terrena gouverna ses Eglises avec beaucoup de zèle, de sagesse et de fermeté ; il tint à Elne plusieurs Synodes célèbres, dans lesquels il fit éclater la supériorité de ses lumières, sa vigilance pour la discipline ecclésiastique, son zèle pour la défense de la Religion, sa ferveur pour la destruction des hérésies. On conserve ses Constitutions synodales dans les archives de l'Eglise de Perpignan ; *Baluze* en a inséré quelques-unes dans sa Collection, et *Labbe* croit qu'elles méritent une place distinguée dans la nouvelle édition des Conciles. Il donna un ouvrage sous le titre de *Summa de Hæresibus*, qui le fit surnommer, pendant sa vie, *Malleus Hæreticorum*. Il écrivit encore sur *les quatre Livres des Sentences*, sur *la Physique et la Métaphysique de l'ame*, sur *la Philosophie morale d'Aristote*, sur *la Vie de J. C.* etc. Il laissa plusieurs manuscrits, dont deux, *de Perfectione vitæ* et *Correctorium juris*, sont conservés dans la Bibliothèque du Vatican. Enfin, il fut un des premiers qui ordonnèrent la célébration de la fête de la Conception de la Sainte Vierge, par un Decret qu'on conserve dans l'Eglise de Perpignan.

NICOLAU (*Antoine*), savant Théologien et habile Politique, né à Perpignan vers la fin du treizième siècle : il entra dans l'Ordre des Grands-Augustins, et fut, en 1336, Professeur en Théologie à Perpignan, dans le Couvent de son Ordre. Sa science, sa prudence, ses vertus et son esprit conciliateur lui méritèrent l'estime et la confiance de plusieurs Souverains, et le firent charger de plusieurs commissions délicates et importantes. Il travailla souvent sous le Cardinal de Rhodez, qui avoit été envoyé en Roussillon par le Pape Clément VI, pour rétablir la paix entre les Rois de Majorque et d'Aragon; il fut député vers ce dernier par ce Cardinal et par la ville de Perpignan, le 22 juillet 1343 ; il fut envoyé peu de tems après, auprès du même Prince, par Jacques II, Roi de Majorque. Il mourut à Perpignan, dans le Couvent de son Ordre, en 1346.

HORTOLA (*Côme-Damien*), naquit à Perpignan en 1493. Il étudia la Philosophie dans l'Université d'Alcala, et la Théologie dans celle de Perpignan, où il reçut les honneurs du Doctorat en 1517; il alla à Paris en 1520, dans la vue de perfectionner ses connoissances. Dans un séjour de dix ans, il y fit beaucoup de progrès dans l'étude de la Poésie, de l'Éloquence, des Mathématiques, et des langues Syriaque, Hébraïque et Chaldéenne. La reconnoissance l'attacha au fameux *Jean Silvius*, Médecin, qui l'avoit traité dans une maladie grave, et il acquit auprès de lui des connoissances en Médecine. Il voulut passer à l'étude du Droit; il alla s'y livrer à Bologne en 1533, et y fut reçu Docteur en Droit Canonique. Il y fut très-estimé du Cardinal Contarini, Légat du Souverain Pontife, aux yeux duquel il fit briller sa science et son érudition dans une dispute publique contre un hérétique ; mais il se refusa aux sollicitations de ce Prélat, qui vouloit l'attirer à Rome. De retour dans sa patrie, il fut appelé en 1543 par les Consuls de Barcelonne, pour travailler aux statuts de l'Université renaissante de cette ville, et pour y remplir une chaire de Théologie. Il acquit la confiance de l'Evêque de cette ville, et fut chargé du soin de son diocèse. La réputation d'*Hortola* le fit choisir par Philippe II, Roi d'Espagne, pour aller au Concile de Trente en qualité de Député de ce Prince et de la Principauté de Catalogne : il fut nommé en même tems à l'abbaye de Villebertrand. Il soutint au Concile le choix de son Souverain. A son retour, il prit l'habit de Chanoine régulier de S. Augustin, devint le légitime Pasteur de son Monastère, y rétablit l'ordre et la régularité, et y mourut le 26 octobre 1566, à l'âge de soixante-treize ans. On voit encore son épitaphe dans l'Eglise de ce Monastère. Il a donné un *Commentaire sur le Cantique des Cantiques*, qui a été très-estimé (1).

DELPAS (*Ange*), naquit à Perpignan en 1541, de *Jean Delpas* et d'*Anne Pincarda*; on lui donna au Baptême les noms de *Jean-Charles*, et il prit celui d'*Ange* à son entrée en Religion. Il prit l'habit des Cordeliers à Perpignan, fit ses vœux à Barcelonne, fut Professeur de Théologie en 1564 dans le Couvent de Saint-Thomas près de Vic, et de Philosophie en 1566 dans celui de Tortose, Gardien dans cette ville en 1568, et Définiteur de son Ordre en 1573. Il entra dans la réforme des Récolets dès son commencement; il en fut un des principaux moteurs ; il l'appuya de son crédit et de ses sollicitations, fit pour cela des voyages à Rome, en fut nommé par le Pape, en 1581, Vicaire Apostolique, et élu premier Provincial de la province de Catalogne le 22 octobre de la même année. A peine Sixte V fut-il monté dans la chaire de S. Pierre, qu'il appela *Frère Ange* auprès de lui, et le chargea de la composition de plusieurs ouvrages de Théologie. Ce Religieux pratiqua toutes les vertus; il se livra sans réserve au travail du cabinet, au tribunal de la pénitence et à l'exercice de la chaire. Il passoit pour un des plus fameux Prédicateurs de son tems. Il succomba enfin à ses travaux, et mourut à Rome dans le Couvent de Saint-Pierre-du-Mont, le 14 août 1496. On lui attribua un grand nombre de miracles; le peuple lui rendit un culte, et le Souverain Pontife le plaça parmi les Bienheureux. Nous avons de lui douze volumes, dont quelques-uns *in-folio*, publiés en différens tems, sur *le Symbole des Apôtres* (2), *l'Eucharistie* (3), des sujets de Théologie scholastique et

(1) *Paraphrasis et Comment. in Cantica Canticorum*; Barcelonne, 1583, 4°. Venise, 1585, 4°.

(2) *In Symbolum Apostolorum*; Rome, Imprim. du Vatican, 1596. fol. 2 vol.

(3) *De dignâ et necessariâ præparatione ad suscipiendum SS. Eucharistiæ Sacramentum*; Rome, 1599, 8°... *De Cœnâ Eucharisticâ*; Rome, 1599. 8°.

ascétique (1), et des *Commentaires sur les Évangiles de S. Marc* et de *S. Luc* (2), outre un grand nombre de manuscrits, dont on ne connoît que les titres.

LLOT DE RIBERA (*Michel*), naquit à Claira, à deux lieues de Perpignan, en 1555. Il entra dans l'Ordre de S. Dominique à l'âge de quatorze ans, fut honoré du Doctorat en Théologie dans l'Université de Perpignan en 1583, fut ensuite Recteur de cette Compagnie en 1586, Professeur en Théologie dans cette même Université en 1590, Prieur du Couvent de son Ordre à Perpignan en 1585, envoyé à Rome en 1595 pour y solliciter la canonisation de Raimond de Penyafort, enfin Prieur du Couvent de Lérida en 1607, où il mourut peu de tems après. Il a donné plusieurs ouvrages ascétiques (3), et une Analyse exacte et judicieuse des quatre Livres du Maître des Sentences (4).

PUJOL (*Bernard*), vivoit à la fin du seizième siècle et au commencement du dix-septième; il étoit Chanoine de la Collégiale S. Jean de Perpignan; il avoit été reçu au Doctorat en Théologie, dans l'Université de cette ville, en 1596, et fut Recteur de cette Compagnie en 1604 et 1609. Il écrivit sur l'*Adoration du Saint-Sacrement* (5).

JUST (*Pierre*), fameux Théologien de l'Ordre de S. Dominique, né à Perpignan, et Docteur ès Arts et en Théologie dans l'Université de cette ville. Après avoir enseigné la Philosophie et la Théologie dans l'Université de Lérida, il fut fait Recteur de celle de Perpignan, en 1624, et ensuite Professeur en Théologie en 1627. Il fut Prieur des Couvens de Perpignan et de Puycerda, Recteur du Collège Impérial de Tortose, Lecteur perpétuel de l'Ecriture Sainte dans la Cathédrale d'Urgel, et Vicaire-Général de son Ordre dans le Royaume d'Aragon. Il avoit formé une Bibliothèque considérable, dont il fit don au Couvent de Perpignan. Il mourut le 3 septembre 1633.

RIO (*Honoré*), naquit, en 1586, à Saint-Hippolite, village du Roussillon, d'une famille riche. Il entra dans l'Ordre des Jésuites en 1606, et mourut à Perpignan, en odeur de sainteté, le 24 septembre 1644, à l'âge de cinquante-huit ans. Il a laissé plusieurs ouvrages ascétiques (6).

SOLER D'ARMENDARIS (*Melchior*), étoit issu, du côté maternel, de la maison d'*Armendaris*, célèbre depuis long-tems dans le Béarn, et du côté paternel, de celle de *Soler*, illustre en Roussillon et en Catalogne par les services qu'elle avoit rendus à ses Souverains depuis le douzième siècle (7). Il entra dans l'Ordre des Carmes-Déchaussés, passa ensuite dans celui des Bénédictins, fut promu au Doctorat en Théologie dans l'Université de Perpignan, et devint ensuite Abbé de Saint-Martin-de-Canigou, et Visiteur des Monastères de son Ordre de la Congrégation de Terragone. Il a laissé un *Commentaire sur le Prophète Daniel* (8).

DESCAMPS (*Antoine-Ignace*) naquit à Perpignan d'une famille noble, dont nous aurons encore lieu de parler; il entra dans l'Ordre des Jésuites en 1630, y enseigna la Rhétorique et la Philosophie, fut reçu Docteur en Théologie dans l'Université de Perpignan, le 18 février 1644, et tout de suite après, pourvu d'une chaire de Théologie dans cette Université; il fut enfin Consulteur et Qualificateur du Saint-Office. Il a laissé deux ouvrages, publiés en 1666 et 1671 (9).

ARNU (*Nicolas*) naquit, suivant certains, en Roussillon, et suivant d'autres à Me-

(1) *Comment. sobra la tercera regla de S. Francisco*; Barcelone, 1579. 8°.... *De los fundamentos del buon espiritu y de toda perfeccion esperitual*; Gènes, 1582.... *Enchiridion Theologiæ divinæ et scholasticæ*; Gènes, 1584. 4°... *De Oratione jaculatoriâ*; Rome, 1599... *De cognitione et amore Dei*; Rome, 1599.

(2) *Comment. in Marci Evangelium*; Rome, 1623. fol..... *Comment. in Lucæ Evangelium*; Rome, 1625-1628. fol. 3 vol.

(3) *Historia de la reliquia del Bras y Ma Esquerra de S. Juan-Baptista*; Perpignan, 1570... *Llibre de la translatio dels Martirs SS. Abdon y Sennen*; Perpignan, 1591. 8°... *De laudabili vitâ et de Actis pro Canonis. B. Raymundi de Penyafort*; Rome, 1595. 4°... *Vita ven. sor. Mariæ Raggi et Mazzæ Chiensis*; Barcelone, 1606. 8°.

(4) *Epitome eorum omnium quæ à PETRO LOMBARDO Magistro in suis quatuor libris conscripta reperiuntur*; Perpignan, 1594. 8°.

(5) *De Sacro Adorationis cultu, disputationes quatuor*; Perpignan, 1608. 8°.

(6) *De la Contricion*; Barcelone, 1638. 8°. Il a écrit encore sur *la Messe*, *le Catéchisme*, *les Indulgences*, *le Purgatoire*, *l'Eternité*, *la Chasteté*, *&c.*

(7) Cette maison est éteinte depuis la fin du siècle dernier, et n'existe à Perpignan que par les femmes, dans la maison de *Réart*.

(8) *Discursos œconomicos de la Historia de Joachim y Susanna Sobra el cap. XIII del Profeta DANIEL*; Barcelonne, 1648. 4°.

(9) *De la Congregacion de N. S. del Socos*; Perpignan, 1666. 4°... *Vida de Suares*; Perpignan, 1671-1672. 4°. 2 vol.

raucourt en Lorraine; mais il puisa au moins, dans la première de ces provinces, les connoissances qui ont fait dans la suite sa réputation. Il suivit les écoles de l'Université de Perpignan, y étudia la Philosophie et la Théologie, y prit les degrés de Philosophie le 2 mai 1650, et en Théologie le 10 février 1658, y fut nommé Professeur en Théologie en 1659, et en Philosophie en 1660. L'Université, par une grace particulière, qu'il ne dut qu'à son mérite, lui permit de réunir sur sa tête ces deux chaires à-la-fois. Il fut fait Recteur de cette Compagnie en 1663. Appelé ensuite à Rome par son Général, il fut Professeur de Théologie dans le Collége de Saint-Thomas, et nommé enfin à une chaire dans l'Université de Padoue, où il mourut en 1692. Il écrivit sur *la Philosophie* (1), et donna un *Commentaire sur la première Partie de la Somme de S. Thomas* (2).

GARRIGO (*François*), né à Perpignan vers la fin du siècle dernier, puisa les premiers principes dans l'Université de cette ville. Il quitta de bonne heure le lieu de sa naissance, et se rendit à Barcelone, où il enseigna les Humanités et la Rhétorique. A peine promu à l'Ordre de prêtrise, il se livra sans réserve aux pénibles fonctions du Ministère Apostolique, et fut bientôt placé à la tête des Missions de la province de Catalogne, où il eut des fréquentes occasions de faire éclater son zèle. Il joignit toujours à ses exhortations la pratique la plus austère de ses devoirs; animé d'une charité vive, il prodiguoit ses secours aux malheureux; il partagea son tems entre le Ministère de la Chaire, le Tribunal de la Pénitence, et les visites des malades, des Hôpitaux et des Prisons. Il mortifia son corps par des austérités; son humilité lui fit refuser les dignités ecclésiastiques auxquelles on voulut plusieurs fois l'élever; il répétoit souvent ces paroles de Cicéron, *alieno oneri est honori inservire.* Il fut cependant forcé, après beaucoup de refus, d'accepter les places d'Examinateur Synodal du Diocèse de Barcelonne, de Théologal de la Nonciature d'Espagne, et de Vicaire-Général des Armées du Roi d'Espagne. Enfin, accablé d'infirmités, il succomba à son zèle et à l'excès de son travail; il mourut au mois d'avril 1715, et fut enterré dans l'Eglise de S. Philippe de Néri; cet Oratoire, à l'établissement duquel il avoit beaucoup contribué, et qui avoit été souvent le théâtre de son zèle, conserva le précieux dépôt de celui qui en avoit été le principal ornement. On lui fit, dans cette Eglise, des funérailles magnifiques, et son Oraison funèbre y fut prononcée au mois de juin suivant.

GELABERT (*Melchior*), né à Rivesaltes en Roussillon, le 23 août 1709, étudia la Philosophie et la Théologie à Perpignan, fut promu à l'Ordre de prêtrise, fut ensuite Vicaire à Ferrals, village du Diocèse de S. Pons en Languedoc, et se fit recevoir Docteur en Théologie à Avignon, le 26 février 1737. L'amour de la patrie le rappela en Roussillon; son mérite et ses vertus lui donnoient des droits sur les dignités ecclésiastiques; mais il craignit qu'elles ne lui fissent perdre un tems précieux qu'il avoit destiné à la conversion du pécheur; il se contenta toute sa vie de deux petits Bénéfices, qu'il posséda successivement à Ille et à Rivesaltes. Il se livra au Ministère de la Chaire; ses talens éclatèrent dans le grand nombre de Missions qu'il fit en Roussillon. Il mourut dans le lieu de sa naissance, le 18 avril 1757, âgé de quarante-huit ans. Il a laissé plusieurs ouvrages très-estimés (3).

JURISCONSULTES.

GIGINTA, ancienne famille du Roussillon, très-distinguée dans la Jurisprudence et la Magistrature, qui a donné naissance à quelques hommes célèbres. I. *François* GIGINTA, Chancelier de l'Université de Perpignan en 1488, Professeur en Droit dans cette Université en 1491, mort en 1522. II. *François* GIGINTA, fils du précédent, Docteur en

(1) *Summa Philosophiæ Rationalis, Naturalis, Moralis et Primæ;* Perpignan, 1668. in-12, 5 vol.

(2) *Doctor Angelicus divus* THOMAS *divinæ voluntatis et sui ipsius interpres;* 4 parties, les I et II à Rome en 1679; les III et IV à Lyon en 1686. Les quatre parties, Padoue, 1697. fol. 2 vol.

(3) *Compendiosa Regula Cleri;* Avignon, 1753. in-16... *Regla de vida;* Avignon, 1755. in-12... *Præparatio proxima ad mortem;* Avignon, 1756. in-12... *Regula Cleri ex sacris litteris, Sanctorum Patrum monumentis, Ecclesiasticisque Sanctionibus excerpta;* Avignon, 1757, in-12.

Droit de l'Université de Perpignan, Chancelier de cette Université en 1522 à la mort de son père, Prieur de la Faculté de Droit en 1523 ; profond dans la science des Lois, il se distingua dans la Magistrature ; il prit aussi les armes pour la défense de son Souverain et de sa patrie ; il fit éclater sur-tout son courage en 1542, pendant le siége de Perpignan par le Dauphin, ensuite Roi de France sous le nom de Henri II ; il y employa même une partie de sa fortune. Il mérita ainsi d'être élevé à la première place du premier Tribunal de la Catalogne ; il fut nommé Régent (1) de la Royale Audience de Barcelone (2), et ennobli ensuite le 7 janvier 1560 ; il mourut en 1569, dans un âge avancé, et laissa trois enfans ; 1. *Antoine* GIGINTA, Professeur en Droit dans l'Université de Perpignan en 1560, Chancelier de cette Université en 1569 à la mort de son frère, Chevalier de l'Ordre de Saint-Jacques en Espagne, mort en 1578 ; 2. *Onufre* GIGINTA, Bénédictin, Abbé de Saint-Martin-de-Canigou, Docteur en Droit de l'Université de Perpignan, Prieur de la Faculté de Droit en 1575, Chancelier de cette Université en 1578 à la mort de son frère, mort en 1587 ; 3. *Michel* GIGINTA, Bachelier en Droit Canonique de l'Université de Perpignan, Chanoine d'Elne, Vicaire-Général de ce Diocèse ; il a laissé quelques ouvrages de Théologie morale et ascétique (3).

ROS (*Antoine*), né à Perpignan au commencement du seizième siècle, fut aussi Docteur de la Faculté de Droit de l'Université de cette ville, Prieur de cette Faculté en 1541, et devint un célèbre Jurisconsulte ; il fut enfin Conseiller au Conseil Royal d'Aragon. Il nous a laissé un ouvrage de Droit (4).

DESCAMPS (*François-Vital*), fameux Jurisconsulte de Perpignan, lieu de sa naissance, Docteur en Droit de l'Université de cette ville le 27 août 1556, Recteur de cette Université le 7 janvier 1558, Prieur de la Faculté de Droit le 23 mai 1563, fut en même tems Avocat du Roi aux Siéges royaux de la Viguerie et du Bailliage de Perpignan, et à la Cour des Domaines ; il en remplit les fonctions avec distinction, et rendit à son Souverain des services importans, qui lui méritèrent, en 1585, des Lettres de Noblesse avec l'armature ; il fut élevé, peu de tems après, à la première dignité de la Magistrature de la Catalogne, par sa nomination à la place de Régent de la Royale Audience de Barcelone.

RAMON (*Joseph*), né à Perpignan, et Professeur en Droit dans l'Université de cette ville en 1599, y exerça quelque tems la profession d'Avocat ; il alla remplir ensuite une chaire de Droit dans l'Université de Barcelone. Il donna un Recueil des Arrêts et Décisions de la Royale Audience de cette ville (5).

OLIBA (*Antoine*) naquit à Porta, village de la Cerdagne ; il commença l'étude du Droit à Perpignan, la continua à Toulouse et à Lérida, reçut les honneurs du Doctorat à Perpignan en 1580, fut ensuite Professeur en Droit à Lérida, alla à Barcelone, où il devint l'oracle du Barreau, et fut enfin Conseiller et Avocat du Roi à la Royale Audience de cette ville. Il publia à-la-fois trois ouvrages (6), très-utiles pour l'intelligence des lois et constitutions de Catalogne et des usages de Barcelone, et un quatrième (7), dont la première partie contient la pureté des principes du Droit Romain, et la seconde est relative à l'usage du Barreau dans la principauté de Catalogne.

MÉDECINS.

MIRO, dans la suite MIRON, nom d'une famille illustre par ses alliances, les places qu'elle a occupées, et les services qu'elle a rendus à l'Etat ; elle est originaire du Roussillon, et descend de deux Médecins, l'un et l'autre nés à Perpignan.

(1) C'est-à-dire, Premier Président.

(2) C'est le Parlement de Catalogne.

(3) *Tratado de remedio de pobres* ; Coïmbre, 1579. 8°... *Exhortacion à la compassion* ; Madrit et Çaragoça, 1584. 4°... *Cadena de oro del remedio de los pobres* ; Perpignan, 1584. 8°... *Atalaya de caridat* ; Çaragoça, 1587. 8°.

(4) *Memorabilium Juris libri tres* ; Barcelone, 1564. 4°.

(5) *Consilia, unà cum Sententiis et Decisionibus Audientiæ Regiæ Barcinonensis* ; Barcelone, 1628. fol.

(6) *In Usaticum* alium namque... *De Jure Fisci*... *Brevis Summa Jurium Regalium Regis Aragonum, et Comitis Barcinonensis* ; Barcelone, 1600. 4°.

(7) *Comment. de Actionibus* ; Barcelone, 1606. fol.

Le premier est *Gabriel* MIRO, qui fut Professeur en Médecine dans l'Université de Montpellier, et nommé, en 1489, premier Médecin de Charles VIII, Roi de France; il mourut l'année suivante à Nevers, lorsqu'il se rendoit auprès de ce Prince pour occuper cette place; on voit encore sur la porte de l'Université de Montpellier une inscription où il est appelé l'*Oracle de la Médecine*, *MEDICINÆ DIVINUM ORACULUM*.

Le second est *François* MIRO, frère du précédent, qui vivoit aussi à la fin du quinzième siècle; il fut Conseiller et Médecin du même Roi Charles VIII, accompagna ce Prince dans son expédition du Royaume de Naples, mourut au retour, et fut enterré à Nanci. *Gabriel* MIRO, fils de ce dernier, fut Médecin Ordinaire du Roi, Premier Médecin et Chancelier de la Reine Anne de Bretagne, femme de Louis XII, et ensuite de la Reine Claude, femme de François I : il fonda une Chapelle dans l'Eglise des Cordeliers de Tours; il écrivit *de Regimine infantum Tractatus tres;* Tours, 1544, 1553, in-fol. Il eut une fille, *Jeanne Miro*, qui fut mariée avec *Bernard de Fortia*, dont les descendans ont occupé les premières places de l'Église, de l'Épée et de la Magistrature, et un fils, *François Miro*, Docteur en Médecine de Montpellier en 1509, et de Paris en 1514, et Médecin Ordinaire des Rois Henri II et Charles IX.

Ce dernier laissa trois enfans, I. *Marc*, Seigneur de l'Hermitage, Conseiller d'Etat et Premier Médecin du Roi Henri III, qui, de ses mariages avec *Marie Gentian* et *Geneviève de Morvillers*, de la maison du Chancelier de Chiverny, eut une fille mariée avec *Louis le Febvre de Caumartin*, Garde des Sceaux, et trois fils, l'un Président au Parlement de Paris, un autre Lieutenant Civil au Châtelet de cette ville et Prévôt des Marchands, et le troisième, appelé *Charles*, Evêque d'Angers en 1588, et Archevêque de Lyon en 1626. II. *Gabriel*, Seigneur de Beauvoir, Conseiller au Parlement de Paris, et ensuite Lieutenant Civil au Châtelet de cette ville; il eut de son mariage avec *Magdeleine Bastonneau*, *François*, successivement Conseiller au Parlement de Paris, Maître des Requêtes, Président au Grand Conseil, Chancelier du Dauphin, Lieutenant Civil et Prévôt des Marchands; son nom est très-connu dans l'histoire par la manière distinguée dont il remplit cette place, dont les fonctions étoient très-délicates dans un tems de troubles. III. *Robert*, Seigneur de Tremblay, d'abord Intendant des Finances, ensuite Contrôleur-Général des Finances vers 1583, et Intendant des Ordres du Roi en 1584, dont la postérité a donné des Conseillers au Parlement de Paris, à la Chambre des Comptes, au Conseil d'Etat, des Intendans d'armée et des provinces, des Prévôts des Marchands de la ville de Paris, des Ambassadeurs dans les Cours étrangères, et plusieurs Chevaliers de Malte.

CAMANYAS (*Pierre*) naquit à Villefranche en Conflent, vers le milieu du seizième siècle; il étudia la Médecine à Perpignan, et y reçut les honneurs du Doctorat en 1586; il passa peu de tems après à Valence en Espagne, se fit aggréger à la Faculté de Médecine de cette ville, et y exerça sa profession avec distinction. Il a donné un *Commentaire sur Galien* (1).

ROCA (*Thomas*), Médecin du siècle dernier, qui, après avoir étudié la Philosophie et la Médecine dans l'Université de Perpignan, y prit le degré de Docteur dans chacune de ces deux Facultés. Il s'attacha ensuite à *Fréderic-Henri de Cabrera*, Amirante de Castille. Il s'étoit livré à l'*Astrologie judiciaire;* il vouloit en déduire des conséquences pour la pratique de la Médecine; le cours des Astres, la conjonction des Planètes, le concours des choses naturelles et non-naturelles le dirigeoient dans le choix et l'emploi des médicamens. Il a laissé plusieurs ouvrages relatifs à l'application de cette science à la Médecine (2).

CARRÈRE, nom d'une ancienne famille du Roussillon, qui s'est livrée depuis long-tems

---

(1) *In libros duos Artis Curativæ* GALENI *ad Glauconem Comment.* Valence, 1625. 4°.

(2) *Redargutio in libros tres Augustini Niphi... Utilis compilatio terminorum Astrologiæ : cum regulis Physico practicanti utilibus in exhibitione Medicinarum, &c... Epistola contra Necromanticos... Epistola, fatua in Astrologium scripta meritò reprehendens... Mira pronosticatio pro anno 1622...* Publiés ensemble à Burgos, 1623. fol.

à l'exercice de la Médecine ; elle a produit plusieurs Médecins, connus par les ouvrages qu'ils ont donnés au public.

I. *François Carrère*, né à Perpignan le 11 mars 1622, Docteur en Médecine de l'Université de Barcelone en 1654, appelé à la Cour de Madrid en 1667, Premier Médecin des Armées du Roi d'Espagne en 1676 ; il se retira dans sa patrie en 1690 avec une pension de deux cents ducats, que ce Prince lui accorda ; il mourut à Barcelone dans un voyage qu'il fit dans cette ville, le 14 mai 1695 ; il avoit employé son crédit pour faire répandre les bienfaits du Souverain sur la Faculté de Médecine de Barcelone ; aussi cette Faculté consacra-t-elle à sa mémoire une inscription très-honorable, qu'elle fit placer sur la porte de ses Ecoles. Il écrivit contre l'*Astrologie judiciaire* (1) et sur les *précautions nécessaires pour la conservation de la santé des soldats* (2) ; il est le premier qui se soit occupé de cet objet important.

II. *Joseph Carrère*, né à Perpignan le 8 décembre 1680, Docteur en Médecine dans l'Université de cette ville le 22 décembre 1704, Recteur de cette Compagnie en 1716, 1723 et 1737, mort à Perpignan le 12 avril de cette année ; il avoit exercé la Médecine avec distinction ; il laissa trois enfans, qui suivirent tous les trois la profession de leur père. Il écrivit sur *la circulation du sang* (3) et sur *les fièvres* (4).

III. *Thomas Carrère*, fils du précédent, né à Perpignan le 11 février 1714, Docteur en Médecine de l'Université de Perpignan le 22 janvier 1737, Professeur en Médecine dans cette Université au mois d'octobre suivant, Recteur de cette Compagnie en 1752, Médecin de l'Hôpital Militaire de Perpignan le 12 février 1753, chargé d'inspecter l'Hôpital Militaire de Collioure en 1757, et les Soldats envoyés de Minorque en France pour raison de santé en 1758, Correspondant de la Société Royale des Sciences de Montpellier en 1757, Médecin du Roi près la Cour du Conseil Souverain du Roussillon le 21 mai 1759, Doyen perpétuel de sa Faculté le 25 mai 1761, Proto-médic de la province du Roussillon le 30 juin suivant, mort à Perpignan le 26 juin 1764. Il a beaucoup contribué par son crédit et par ses projets au rétablissement de l'Université de Perpignan, dont il avoit jeté les fondemens pendant l'année de son Rectorat ; aussi mérita-t-il de cette Compagnie d'être nommé son Commissaire perpétuel. Il a écrit sur *la nécessité de la connoissance des Plantes* (5), sur *la Péripneumonie catarrheuse* (6), sur *la Génération* (7), sur l'*utilité de l'ouverture des Cadavres* (8), sur *la putréfaction du Sang* (9), sur l'*inspection du Sang après la saignée* (10), et sur *les Eaux minérales de la province du Roussillon* (11). Il est le premier qui ait fait connoître ces dernières, et le seul qui s'en soit occupé jusqu'ici. Il a laissé un fils, qui, après avoir été Professeur d'Anatomie et de Chirurgie dans l'Université de Perpignan, et Inspecteur général des Eaux minérales de la province du Roussillon, exerce aujourd'hui la Médecine à Paris, où il est Censeur Royal et Membre de la Société Royale de Médecine.

AMANRICH (*Cyr*) naquit à Pia, village du Roussillon, fit ses études à Perpignan, y fut reçu Docteur en Médecine le 13 février 1676, y exerça la Médecine avec la plus grande réputation, fut Professeur dans l'Université de cette ville en 1700, se retira à la campagne en 1720, mais ne put se refuser aux sollicitations des habitans de Perpignan, revint dans cette ville, et y mourut en 1728, étant l'ancien de la Faculté depuis 1715. Nous croyons devoir rapporter ici une anecdote singulière, qui fait l'éloge des talens d'*Amanrich* et de

(1) *De vario, omnique falso Astrologiæ conceptu* ; Barcelone, 1657. 4°.

(2) *De Salute militum tuendâ* ; Madrit, 1679. 8°.

(3) *Animadversiones in circulatores* ; Perpignan, 1714, 4°.

(4) *De Febribus* ; Perpignan, 1718. 4°... *Essai sur les effets de la méthode du bas peuple pour guérir les Fièvres* ; Perpignan, 1721. in-12.

(5) *Réponse à une question de Médecine, dans laquelle on examine si la théorie de la Botanique est nécessaire à un Médecin* ; 1740. 4°.

(6) *Lettre d'un Médecin de province* ; 1743. 4°... *Réponse à la Lettre raisonnée de M.**** ; 1743. 4°... *Lettre à M. GOURRAIGNE* ; 1743. 4°... *Réflexions sur les éclaircissemens que M. SIMON a donnés sur la maladie d'un Officier d'Artillerie* ; 1744. 4°.

(7) *De Hominis Generatione* ; Perpignan, 1744. 4°.

(8) *Dissert. sur l'impossibilité de reconnoître, par l'ouverture des Cadavres, les causes des Maladies* ; 1755, in-12.

(9) *De Sanguinis putredine* ; Perpignan, 1759. 4°.

(10) *De Hæmatoscopiâ* ; Montpellier, 1759. 8°.

(11) *An veræ Phthysi pulmonari Aquæ Prestenses* ? Perpignan, 1748. 4°... *Essai sur les Eaux Minérales de Nossa en Conflent* ; Perpignan, 1754. in-12... *Traité des Eaux Minérales du Roussillon* ; Perpignan, 1756. 8°.

la

la modeste franchise d'un Médecin des plus célèbres du Royaume; *Chicoyneau*, Chancelier de l'Université de Montpellier, appelé à Perpignan, en 1695, auprès de M. de Montmort, Evêque de cette ville, fut scandalisé de la manière simple et singulière, on peut dire même ridicule, dont *Amanrich* étoit habillé; on eut beaucoup de peine à l'engager à consulter avec lui: mais après l'avoir entendu, il se rendit auprès du malade, et lui annonça son départ, en ajoutant: *Vous n'avez plus besoin de moi, j'ai trouvé mon maître.* Cet aveu, qui seroit très-rare aujourd'hui, fait beaucoup d'honneur à *Amanrich;* mais il honore encore plus celui qui n'a pas rougi de le faire. Il écrivit sur *la dignité de la Médecine* (1), sur *la circulation du Sang* (2), et sur *la Médecine théorique et pratique* (3).

Amanrich laissa trois enfans: *Cyr*, qui fut Docteur en Médecine; *Jacques*, qui succéda à son père dans les fonctions de la Régence, et *Thomas*, qui entra dans l'Ordre des Dominicains, et fut, pendant vingt-sept ans, Professeur en Théologie dans l'Université de Perpignan, et Recteur de cette Compagnie en 1733: il fut regardé comme le flambeau des Théologiens du Roussillon et de la Catalogne, et n'acquit pas moins de réputation dans les fonctions du Ministère apostolique; son nom étoit cité, et ses décisions respectées dans les écoles de toute l'Espagne; son mérite le fit choisir par le Général de son Ordre pour remplir une place au Collége de Casenati à Rome; mais l'amour de la patrie l'empêcha de l'accepter.

BARRÈRE (*Pierre*), natif de Perpignan, et reçu Docteur en Médecine dans l'Université de cette ville le 29 juin 1718, se livra particulièrement à l'étude de la Botanique et de l'Histoire Naturelle; il passa, en 1722, à l'île de Cayenne, en qualité de Médecin-Botaniste du Roi. Après trois ans de séjour dans cette île, il revint dans sa patrie, où il fut successivement Professeur en Médecine en 1727, Médecin de l'Hôpital Militaire en 1728, Proto-Médic de la province du Roussillon en 1753, et Recteur de l'Université le 7 janvier 1755; il mourut au mois de novembre suivant, pendant l'année de son Rectorat. Il étoit Correspondant de l'Académie Royale des Sciences de Paris, et Associé libre de la Société Royale des Sciences de Montpellier. Il a publié un Recueil d'*Observations anatomiques* (4); il a écrit encore sur *la Botanique* (5), *la Physique* (6) et *l'Histoire Naturelle* (7). Ce Médecin avoit formé un très-beau Cabinet d'Histoire Naturelle, composé des productions de la Cayenne et du Roussillon.

LITTÉRATEURS.

NAVARRO (*Bernard*), naquit à Perpignan en 1561, entra dans l'Ordre des Augustins, y fit ses vœux en 1583, fut Lecteur de Théologie dans le Couvent de son Ordre à Barcelonne en 1590, Lecteur de l'Ecriture-Sainte dans la Cathédrale d'Urgel en 1600. De retour dans sa patrie, il s'y fit recevoir Docteur en Théologie en 1605; il fut successivement Recteur du Collége Saint-Guillaume, Prieur des Couvens de Perpignan, de Çaragoça et de Barcelonne, Définiteur, et enfin, en 1620, Provincial de son Ordre. Il mourut à Barcelonne le 26 juillet 1629. Il a écrit l'*Histoire de la Vie de S. Nicolas le Tolentin.*

SOLER (*François*), naquit à Perpignan, d'une famille qui a donné à l'Université de cette ville un Recteur en 1594, et deux Professeurs en Droit en 1608 et 1609. Il y fut luimême reçu au Doctorat en Droit, et y fut ensuite Recteur en 1599, Professeur en Droit en 1604, et Prieur de la Faculté de Droit en 1607. Il écrivit sur *les Monnoies* (8).

---

(1) *Medicus in conspectu Magnatum extollendus;* Perpignan, 1702, 4°.

(2) *De Insaniâ Circulationis et Circulatorum;* Perpignan, 1705, 4°.

(3) *Disquisitiones de universâ Medicinâ;* Perpignan, 1706, 4°.

(4) *Observations Anatomiques, tirées de l'ouverture des Cadavres;* Perpignan, 1751, 4°. 1753, 4°, fig.

(5) *Question de Médecine, où l'on examine si la Théorie de la Botanique est nécessaire à un Médecin;* Narbonne, 1740, 4°.

(6) *Dissert. sur la Cause physique de la couleur des Nègres, de la qualité de leurs cheveux, &c.* Paris, 1742, 4°... *Dissert. Physico-Medica cur tanta humani ingenii diversitas?* Paris, 1742, 4°.

(7) *Essai sur l'Histoire Naturelle de la France équinoxiale;* Paris, 1743, in-12, fig... *Nouvelle Relation de la France équinoxiale;* Paris, 1743, in-12, fig... *Ornithologiæ specimen novum;* Perpignan, 1745, 4°, fig... *Dissertation sur les Pierres figurées;* Paris, 1746, 8°, fig.

(8) *De Monetarum reformatione in Catalauniâ;* Barcelone, 1611, 4°.

BOSCH (*André*), né à Perpignan vers la fin du seizième siècle, fut reçu Docteur en Droit dans l'Université de cette ville le 9 mai 1609, et devint dans la suite Juge des premières Appellations du Roussillon et des secondes Appellations de la Cerdagne. Il a écrit l'*Histoire de la Catalogne et du Roussillon* (1); c'est l'ouvrage le plus complet que nous ayons jusqu'ici sur l'histoire de cette dernière province; on le taxe de peu d'exactitude; mais ce reproche ne peut porter que sur la facilité de l'Auteur à adopter les préjugés et les traditions populaires, et les idées de quelques Historiens qu'il a consultés; les faits appuyés sur les chartes et les monumens sont vrais, et les citations exactes. On doit lui tenir compte des recherches qu'il a faites avec soin; elles peuvent frayer la route à ceux qui voudront entreprendre l'Histoire du Roussillon.

COMA (*Joseph*), naquit à Perpignan vers le milieu du seizième siècle, fut reçu Docteur en Théologie dans l'Université de cette ville, Recteur de cette Compagnie en 1687, et Commis par le Roi à la Régie de la Chancellerie de cette Université en 1721. Il fut d'abord Chanoine de la Collégiale de la Réal de Perpignan, et ensuite de la Cathédrale. Le zèle dont il étoit animé pour le Chapitre de cette Eglise, l'avoit engagé à des recherches longues, pénibles et laborieuses propres à en établir incontestablement les droits et les privilèges; elles lui servirent à faire l'Histoire des Chapitres de la Cathédrale d'Elne et de la Collégiale de S. Jean de Perpignan, et un Abrégé de celle des Evêques: c'est un manuscrit de 500 pages in-folio, écrit en catalan, qu'on garde dans les Archives du Chapitre de la Cathédrale, qui, quoique peu exact sur beaucoup d'objets, contient cependant des recherches immenses, qui peuvent devenir très-utiles.

XAUPY (*Joseph*), naquit à Perpignan le 6 mars 1688, de *Joseph Xaupy*, Docteur en Médecine; il étudia la Théologie dans l'Université de Paris, et fut reçu au Doctorat dans la Faculté de Théologie de cette ville. Il étoit à peine promu à l'Ordre de prêtrise, qu'il fut nommé par le Roi à l'Abbaye de Jau; il a été ensuite Chanoine de la Cathédrale de Perpignan, Archidiacre du Vallespir, Correspondant de l'Académie de Bordeaux, enfin, Doyen de la Faculté de Théologie de Paris en 1764. Il est mort dans cette ville le 7 décembre 1778, âgé de quatre-vingt-dix ans. Il avoit prononcé, en 1715, dans l'Eglise Cathédrale de Perpignan, l'Oraison funèbre de Louis XIV (2). Il a écrit sur l'*Edifice de l'Eglise Métropolitaine de Bordeaux* (3), et sur *le prétendu Épiscopat de Pierre de Gramont, élu Archevêque de Bordeaux en* 1529; il a donné encore des *Recherches historiques sur la noblesse des Citoyens honorés de Barcelonne et de Perpignan* (4).

ARTISTES.

RIGAUD (*Hiacinthe*), naquit à Perpignan, le 25 juillet 1663, de *Matthias Rigaud*, Peintre. Il perdit son père à l'âge de huit ans: il avoit déja pris du goût pour la Peinture, et alla se former dans les Ecoles de Montpellier et de Lyon, et se perfectionner dans celle de Paris; il y remporta, en 1682, le premier Prix de l'Académie Royale de Peinture; il fut admis, en 1700, dans cette Académie, dont il devint successivement Professeur, Recteur et Directeur, et dont il travailla à rédiger les statuts. La ville de Perpignan, voulant honorer les talens de cet homme célèbre, qu'elle se glorifie d'avoir produit, le créa Bourgeois honoré en 1709; *Rigaud*, sensible à cette distinction, en cônserva la plus vive reconnoissance; il crut ne pouvoir mieux s'acquitter, qu'en offrant dans la suite à cette Ville, le portrait de Louis XV en pied, dans toute la majesté de la Royauté. Ce tableau, qu'on conserve dans la grand'salle de l'Hôtel-de-Ville de Perpignan, et dans lequel ce Prince est peint dans sa grandeur naturelle, est un de ses meilleurs ouvrages; *Rigaud* y a déployé tous ses talens. En vertu de cette création et d'un Arrêt du Conseil du 8 novembre 1723, il fut inscrit parmi les Nobles du Royaume, et fut fait Chevalier de l'Ordre

(1) *Summari, Index o Epitome dels Titols de honor de Catalunya, Rossello y Cerdanya*; Perpignan, 1628, in-fol.
(2) Imprimée à Perpignan, 1715, 4°.
(3) Bordeaux, 1751, 4°.
(4) Paris, 1763, in-12, 2 vol.

du Roi le 22 juillet 1727. Il jouit de la considération la plus distinguée ; on vouloit l'avoir par-tout ; il ne pouvoit suffire à l'empressement des Princes, des Grands et des Etrangers les plus distingués. Le Duc de Mantoue, étant à Paris en 1704, l'honora d'une visite. Cet homme célèbre, comblé d'honneurs, mourut à Paris, sans postérité, le 29 décembre 1743.

Rigaud s'étoit d'abord livré à l'Histoire : on a de lui un Crucifiment et une Présentation, qui font l'admiration des connoisseurs ; mais la réputation qu'il acquit dans le portrait, lui donna tant d'occupations, qu'il fut obligé de l'abandonner. Le nombre de portraits excellens, qu'on conserve comme des morceaux précieux, est prodigieux ; la liste n'en finiroit point : nous nous contenterons de dire qu'il eut l'honneur de peindre plusieurs Souverains, un grand nombre de Princes, et tout ce qu'il y a eu de plus grand et de plus distingué dans le Royaume. Le portrait du Cardinal de Bouillon, ouvrant l'Année Sainte à Rome, est un de ses chefs-d'œuvre, et le portrait de Louis XV, dont il fit présent à la ville de Perpignan, peut lui être comparé. Un très-grand nombre de ses ouvrages a occupé le burin des plus célèbres Graveurs. Il avoit pris *Van-Dyck* pour modèle : il joignit à l'aimable naïveté et à la belle simplicité de ce Peintre célèbre, une noblesse dans les attitudes et un contraste gracieux qui lui ont été particuliers. Il répandit dans ses compositions cette grandeur et cette magnificence qui caractérisent la majesté des Rois et la dignité des Grands, dont il fut le Peintre par prédilection. Il l'a emporté sur tous ceux qui l'avoient précédé dans l'art d'imiter la couleur locale de la Nature, et la touche des étoffes, principalement des velours, de jeter les draperies avec autant de noblesse que de choix, et de les faire paroître d'un seul morceau par la liaison des plis. Ses tableaux présentent une exécution et une fraîcheur de carnations, qui annoncent un pinceau libre et facile ; ils portent un caractère de noblesse qui leur est propre, et qui répond à la grandeur d'ame et aux sentimens élevés de *Rigaud*, soutenus par un air de distinction qui éclatoit dans sa personne et ses manières.

GUERRA (*Antoine*), contemporain, émule et ami de *Rigaud*, auroit pu l'égaler, peut-être le surpasser ; il ne lui manqua qu'un théâtre où il eût pu perfectionner et développer ses talens ; mais une insouciance, soutenue pendant tout le cours de sa vie, le retint constamment dans sa patrie. Né à Perpignan presque en même tems que *Rigaud*, il y prit les premiers élémens du Dessin et de la Peinture ; livré ensuite à lui-même, sans maîtres, n'ayant d'autres ressources que son goût naturel et son génie, il se perfectionna, et fit des progrès rapides. Il résista constamment aux sollicitations de *Rigaud*, qui vouloit l'attirer à Paris ; l'amour de sa patrie, et plus encore le desir de mener une vie tranquille, lui firent refuser les offres avantageuses de son ancien ami. Philippe V, Roi d'Espagne, dont il eut l'honneur de faire le portrait, au passage de ce Prince à Perpignan, en 1706, l'attacha à sa personne. *Guerra*, devenu Peintre de ce Souverain, le suivit à Madrid ; mais, dégoûté bientôt du nouveau genre de vie qu'il étoit obligé d'adopter, il regretta le repos dont il avoit joui dans le lieu de sa naissance ; il renonça à tout espoir d'honneurs et de fortune, revint à Perpignan, continua d'y exercer l'Art de la Peinture avec un noble désintéressement, et y mourut sans fortune vers le milieu de ce siècle. Le Portrait et l'Histoire Sainte étoient les genres qu'il avoit adoptés ; on conserve en Roussillon, dans les Eglises et chez des particuliers, un grand nombre de ses tableaux, dont plusieurs sont très-estimés : tels sont une Vierge de la Pitié, une Ascension, une Nativité, un S. Michel, etc. ; ils sont remarquables par la correction du dessin, la délicatesse du pinceau, et la fraîcheur du coloris.

TROUBADOURS.

Le Roussillon a partagé, avec la Provence et les autres provinces méridionales, la gloire d'avoir donné à la France les premiers *Troubadours*, ces génies heureux, qui, favorisés par la beauté du Ciel et du pays qui les virent naître, furent, dans nos climats, les pères de la Poésie moderne, et fleurirent dans un temps où l'Europe étoit plongée dans la barbarie et l'ignorance. Il eut, dès le douzième siècle, ses *Cabestany*, ses *Barba*, ses *Palasol*, qui, à l'exemple de leurs pareils, visitèrent les Cours des Souverains, y furent accueillis, et en firent les délices; qui, tour-à-tour, chantèrent l'Amour et les combats, les Héros et la Beauté, et répandirent les fleurs de la Poésie sur les lauriers du Champ de Mars et les myrtes de l'Amour.

GUILLAUME DE CABESTANY (1) fut le plus célèbre par la douceur et l'harmonie de ses vers, et sur-tout par sa fin tragique. Issu d'une famille noble du Roussillon, mais sans fortune, il s'attacha au Seigneur de *Castell-Rossello*, aujourd'hui Château-Roussillon, et à Marguerite, sa femme : une physionomie heureuse, de l'esprit, des qualités aimables, prévinrent la Dame en sa faveur, et insensiblement l'amour se mit de la partie; *Cabestany* chanta sa Maîtresse; ses chansons, remplies de tendresse, exprimèrent sa passion avec une délicatesse peu commune dans son siècle; elles touchèrent la Dame, mais elles firent le malheur des deux amans; elles firent naître des soupçons dans l'esprit du Seigneur de Château-Roussillon. La jalousie s'empara de son cœur; furieux, et ne respirant que la vengeance, il attira *Cabestany* dans un lieu écarté, le tua, lui coupa la tête, lui arracha le cœur, le fit préparer par son Cuisinier, et servir à sa femme, qui en mangea avec plaisir. » Savez-vous, lui dit ensuite son mari, ce que vous venez de manger ?... Non, répondit » la Dame, mais je l'ai trouvé excellent.... Je le crois, repliqua-t-il; c'est ce que vous » avez le plus aimé; il est juste que vous aimiez mort ce que vous avez tant aimé vivant; » voilà (en montrant la tête de *Cabestany*) celui dont vous venez de manger le cœur «. A ces mots, à cette vue, *Marguerite* pâlit, trembla, s'évanouit, mais reprenant bientôt ses sens, s'écria dans l'excès de sa douleur; » Oui, barbare, je l'ai trouvé si délicieux, » ce mets, que je n'en mangerai jamais d'autre, pour ne pas en perdre le goût «. Le mari, transporté de rage, mit l'épée à la main, la poursuivit; elle prit la fuite, se précipita d'un balcon, et mourut de sa chute. Les parens de *Marguerite* et de *Cabestany*, et tous les Chevaliers se liguèrent contre le meurtrier; Alphonse, Roi d'Aragon, le fit arrêter, et honora, par de pompeuses funérailles, la mémoire des deux amans. On les mit dans le même tombeau devant une Eglise de Perpignan, et, pendant long-tems, les Chevaliers du Roussillon, de la Cerdagne et du Narbonnois, assistèrent tous les ans à un service solennel, institué en leur mémoire par le Roi d'Aragon (2).

Il nous reste sept chansons de *Guillaume de Cabestany*; la poésie en est douce et harmonieuse; elles expriment d'une manière naturelle et tendre les sentimens de son cœur; elles contiennent une peinture douce, mais expressive, de son amour et des qualités aimables et séduisantes de la beauté qui l'enflammoit.

PONS BARBA vivoit à la fin du douzième siècle : il étoit né en Roussillon, et s'attacha à Alphonse II, Roi d'Aragon, qui étoit devenu son Souverain en 1172. Entre autres poésies,

---

(1) M. *l'Abbé Millot* l'appelle CABESTAING; mais ce nom, ainsi écrit, n'est ni Catalan, ni Roussillonnois; le vrai nom est *Cabestany*; c'est celui d'un village qui existe encore à une demi-lieue de Perpignan et de Castell-Rossello, et qui avoit donné son nom à la famille de ce Troubadour.

(2) Nous ne garantissons point la vérité de cette Histoire; nous la copions dans l'*Histoire Littéraire des Troubadours* de M. *l'Abbé Millot*, qui l'a prise dans plusieurs manuscrits du treizième et du quatorzième siècles : elle avoit été déja rapportée par l'Auteur de l'*Histoire de Provence*, et par *Nostradamus* (ce dernier fait *Cabestany* Provençal, tandis que tous les autres le disent du Roussillon). Mais nous ne pouvons nous empêcher de convenir qu'elle est absolument ignorée dans cette province, qu'il n'en reste aucune tradition, aucun monument; nous y avons fait même, il y a long-temps, des recherches à ce sujet, à la prière de M. *de Sainte-Palaye*, et nous n'avons pu en découvrir aucun vestige. Cependant il est certain qu'il existoit en Roussillon, dans le douzième siècle, deux maisons, l'une de *Château-Roussillon*, l'autre de *Cabestany*, et qu'il y avoit même un Chevalier issu de celle-ci, du nom de *Guillaume*. On trouve la souscription de plusieurs Seigneurs de la première, qui étoit une des plus distinguées de cette province, dans plusieurs chartes de ce tems-là, telles qu'une transaction entre Artaud, Evêque d'Elne, et Gaubert de Avalrino, du 18 des kalendes de décembre 1155; la déclaration authentique du testament de Gaufred, pénultième Comte du Roussillon, du 8 des ides de mai 1164; une charte de Josbert, Vicomte de Castell-Nou, en faveur du Monastère d'Arles, du 5 des ides de juin 1193. Nous sommes certains encore d'avoir vu la souscription d'un *Guillaume de Cabestany* au bas d'une charte de la fin du règne du dernier Comte Gerard, ou du commencement de celui du Roi Alphonse II; mais notre éloignement ne nous a pas permis de le vérifier dans ce moment. L'existence de ces deux maisons peut donner un certain degré de vraisemblance à l'histoire de notre Troubadour; mais elle ne suffit point pour en démontrer la certitude.

Une note ajoutée par M. *l'Abbé Millot*, à l'article de *Cabestany*, contient plusieurs erreurs que nous ne pouvons nous empêcher de relever, parce qu'elles paroissent détruire quelques-unes de nos assertions précédentes.

1°. Il dit que le Comté de Roussillon fut réuni à celui de Cerdagne en 1113, et que ces deux Comtés passèrent au Comte de Barcelonne en 1118. Il y a ici trois erreurs;

il nous reste de lui un *Sirvente*, où il reproche à ce Prince, avec une liberté trop poétique, de démentir sa sagesse et sa générosité en se livrant aux flatteurs.

BÉRENGER DE PALASOL, Chevalier du Roussillon, vivoit, suivant l'Historien du Languedoc, sous Raimond V, Comte de Toulouse, par conséquent vers la fin du douzième siècle. Il joignit aux travaux de la Chevalerie, les plaisirs de l'amour et le goût des vers, s'attacha à Ermèsine, femme d'Arnaud d'Avignon, et fille de Marie de Pierrelatte, et en fit l'objet de ses chansons : celles-ci sont assez nombreuses ; elles sont en général harmonieuses, tendres et naturelles ; il y en a une cependant où le *Troubadour*, livré à la jalousie, paroît sortir de son caractère ; il invective sa Maîtresse, et la dépeint comme une coquette habile et remplie d'artifice. On ne doit point confondre ce poète avec un autre du même nom, que *Nostradamus* dit natif de Sisteron ; ils ont été très-bien distingués par *Crescimbeni*, M. *l'Abbé Millot* et les Auteurs des Vies manuscrites des Troubadours, que ce dernier a consultées.

PIERRE DE CORBIAC étoit né en Conflent, dans le voisinage de Mosset, auprès du lieu de Corbiac, célèbre autrefois par un Hermitage très-renommé. C'est un des Troubadours les plus remarquables par la quantité de ses poésies, la variété des sujets qu'elles ont traités, les connoissances qu'elles doivent faire supposer dans leur Auteur, peu communes dans son siècle, et l'indifférence qu'elles inspirent pour tout ce qui ne tient ni aux Lettres, ni aux Sciences. Une de ses Poésies est relative à l'Histoire ; elle contient celle de la Création du Monde, des Patriarches, des Juges et des Rois Juifs, des Prophètes et des Machabées, la Vie et la Passion de Jésus-Christ, le Martyre des Apôtres, et se termine aux évènemens qui arriveront au Jugement universel. Une autre traite d'abord des Arts libéraux, de la Grammaire, de la Langue Latine, de la Dialectique, de la Rhétorique, du Droit, de la Musique, de l'Arithmétique, de la Géographie, de l'Astronomie, de l'Indiction, de l'Epacte et du Comput Ecclésiastique, de la Médecine, de la Pharmacie, de la Chirurgie, de la Nécromancie, de la Géomancie, de la Magie, de la Divination, de la Mythologie ; elle contient ensuite quelques parties de l'Histoire Grecque et Romaine, de l'Histoire de France, de celle d'Angleterre, de celle de quelques autres Nations. Il a donné encore des chansons, des poésies amoureuses, des pastourelles, des pièces de dévotion ; mais ce Troubadour a déprécié ses talens, son amour pour les Lettres, son mépris pour le faux éclat de la fortune, par une présomption démesurée, qu'il laisse éclater sur-tout dans l'Exorde peu modeste de la première de ses Poésies.

Nous pourrions citer encore plusieurs autres *Troubadours* de la même province, comme un *FOUMIT DE PERPIGNAN*, qui nous a laissé peu de chose ; un *BISTORTS DE ROUSSILLON*, dont nous avons deux couplets, l'un pour remercier un de ses amis de l'avoir repris de ses fautes, et l'autre contre la fausseté et la luxure du Clergé ; et quelques autres beaucoup moins connus, dont les foibles productions sont à peine parvenues jusqu'à nous.

1°. Ces deux Comtés n'ont jamais été réunis ; nous allons en donner la preuve ;

2°. La réunion de la Cerdagne au Comté de Barcelonne, a été faite, suivant les uns, en 1117, suivant les autres, en 1120, à la mort du Comte Bernard-Guillaume, et aucun Historien n'a rapporté la date de 1118 ;

3°. Le Comté de Roussillon n'a jamais été réuni à celui de Barcelonne ; celui-ci étoit déja passé, en 1134, à la Couronne d'Aragon, dans un tems où le Roussillon avoit encore ses Comtes particuliers ; *Guinard* ou *Gerard*, fils de *Gelabert*, y régnoit en 1113, et mourut cette même année ; il eut pour successeurs, 1°. *Arnaud-Gausfred*, selon les uns, Comte, selon les autres, tuteur du suivant ; 2°. *Gausfred*, qui mourut en 1163, après avoir légué le Comté à *Gerard* son fils ; nous avons cité ailleurs son testament ; 3°. enfin, *Gerard*, qui, par son testament du 4 des nones de juillet 1172, légua ses Etats à Alphonse II, Roi d'Aragon.

II°. Il donne quatre fils à *Raymond IV*, Comte de Barcelonne, qu'il présente comme n'ayant été qu'Apanagistes des Etats qu'ils ont possédés : *Alphonse*, qui eut l'Aragon et la Catalogne ; *Raymond-Bérenger*, qui fut Comte de Provence ; *Pierre*, qui posséda le Roussillon et la Cerdagne, et *Sanche*, qui succéda à ces deux Comtés après la mort de son frère, et qui devint ensuite Comte de Provence.

1°. *Raymond IV* n'eut aucun fils des noms d'*Alphonse*, de *Pierre* et de *Sanche*.

2°. Il eut un fils, *Raymond V*, qui succéda à ses Etats, dont M. *Millot* ne parle point.

3°. *Alphonse*, *Pierre* et *Sanche* furent fils de *Raymond V*.

4°. *Raymond-Bérenger* n'eut pas la Provence comme apanage, mais comme succédant aux droits de *Douce*, sa mère, fille et héritière de *Gibert*, Comte de Provence.

5°. *Alphonse* n'eut ni la Catalogne, ni l'Aragon en apanage, il les posséda comme fils aîné, héritier et succédant aux Etats de *Raymond V*, son père, pour la Catalogne, et de *Pétronille*, sa mère, pour l'Aragon.

6°. *Pierre* fut Comte de Carcassonne, et non de Cerdagne.

7°. *Sanche* fut Comte de Cerdagne, ne posséda jamais le Roussillon, et ne devint point Comte de Provence. On a confondu celui-ci avec *Sanche*, fils d'*Alphonse II*, Roi d'Aragon, qui posséda le Roussillon et la Cerdagne à titre d'apanage au commencement du treizième siècle, et les transmit à *Nunyo Sanche*, son fils.

Si nous ne nous étions imposé la loi de garder le silence sur les personnes vivantes, nous en ferions connoître quelques-unes qui honorent leur patrie par leurs productions, leurs talens, l'étendue et l'utilité de leurs travaux ; nous citerions avec éloge,

1°. Mlle *Susanne* BODIN DE BOISMORTIER, née à Perpignan du fameux Musicien de ce nom, à laquelle, outre plusieurs pièces de Théâtre, nous devons quelques Romans intéressans, comme des *Histoires morales*, les *Mémoires de la Comtesse de Marienberg*, l'*Histoire de Jacques Feru et d'Agathe Mignard*, etc.

2°. M. *Antoine* LERIS, né au Mont-Louis, aujourd'hui Premier Huissier de la Chambre des Comptes de Paris, qui nous a donné une *Géographie rendue aisée*, et un *Dictionnaire historique et littéraire des Théâtres*.

3°. Dom BRIAL, Bénédictin de la Congrégation de Saint-Maur, natif de Baixas, près de Perpignan, un des travailleurs des plus distingués de la Maison des Blancs-Manteaux de Paris et de son Ordre, où il est très-estimé ; il s'est chargé de la continuation de la Collection intéressante des Historiens de France, dont il a déjà publié les douzième et treizième volumes, qui ont été accueillis avec distinction.

4°. M. *François* FOSSA, Professeur et Doyen de la Faculté de Droit de l'Université de Perpignan, sa patrie, et Avocat distingué au Conseil Souverain du Roussillon, dont les talens et les services viennent de lui mériter des Lettres d'annoblissement; nous lui devons des ouvrages estimés sur *le Droit Public de la Catalogne et du Roussillon*; il s'est livré encore avec succès depuis vingt ans à des recherches pénibles et laborieuses sur l'Histoire de cette dernière province, qu'il se dispose à publier incessamment.

5°. M. *Pierre* BARRÈRE, natif de Prades en Conflent, Docteur en Médecine de l'Université de Toulouse, Médecin de l'Hôpital Militaire du Mont-Louis, dont les travaux utiles sur les Epidémies et sur la Topographie médicale du pays qu'il habite, ont été couronnés trois fois par la Société Royale de Médecine, et lui ont mérité d'être nommé à une place d'Associé Regnicole de cette Compagnie.

6°. M. *Joseph-Barthelemi-François* CARRÈRE, né à Perpignan de la famille des Médecins de ce nom, dont nous avons déjà parlé, qui, après avoir été Professeur d'Anatomie et de Chirurgie dans l'Université du lieu de sa naissance, Directeur du Cabinet d'Histoire Naturelle de cette Université et Inspecteur-Général des Eaux Minérales de la province du Roussillon et du Comté de Foix, exerce aujourd'hui la Médecine à Paris, où il est Médecin du Garde-Meuble de la Couronne, Censeur Royal, Membre de la Société Royale de Médecine, et en même tems de plusieurs autres Académies nationales et étrangères; il est connu par vingt ouvrages qu'il a publiés sur l'Anatomie, la Bibliographie médicinale, la Matière médicale, les Eaux Minérales et la Médecine théorique et pratique.

FIN.

TABLE DES MATIÈRES.

Fin de la Table.

FAUTES A CORRIGER.

Pag. 2. lign. 35. *après* Barcelonne, *ajoutez* selon les uns en 1117, selon les autres
9. 11. latitude, *lisez* longitude
12. longitude, *lisez* latitude.
11. 10. deux, *lisez* dix
23. 11. l'a fait, *lisez* la fit
30. 33. momentanée, *lisez* momentané
37. 6. un plus, *lisez* un peu plus
44. 6. les puits, *lisez* le puits
64. 1. 1120, *lisez* 1220
84. 35. Pl. XXIX, *lisez* Pl. XXVIII.

L'Approbation et le Privilége se trouveront à la fin de la Description du Comté de Foix, qui est sous presse, et qui sera publiée incessamment.

www.ingramcontent.com/pod-product-compliance
Ingram Content Group UK Ltd.
Pitfield, Milton Keynes, MK11 3LW, UK
UKHW012041240726
13965UKWH00003B/960

9 782013 065177